U0517261

北京大學圖書館藏
“大倉文庫”書志

北京大學圖書館 編

（一）

中華書局

圖書在版編目（CIP）數據

北京大學圖書館藏“大倉文庫”書志 ： 全5册/北京大學圖書館編. -- 北京 ： 中華書局, 2014.5
ISBN 978-7-101-10081-5

Ⅰ.北… Ⅱ.北… Ⅲ.古籍－圖書館目録－北京市
Ⅳ.Z838

中國版本圖書館CIP數據核字(2014)第063129號

責任編輯：張　進
　　　　　陳利輝
　　　　　張學領
封面設計：劉　麗

北京大學圖書館藏“大倉文庫”書志
（全五册）
北京大學圖書館 編
*
中華書局出版發行
（北京市豐臺區太平橋西里38號　100073）
http://www.zhbc.com.cn
E-mail:zhbc@zhbc.com.cn
三河弘翰印務有限公司印刷
*
880×1230毫米 1/16·123¼印張
2014年5月第1版　2014年5月三河第1次印刷
印數：1-600册　定價：4000.00元

ISBN 978-7-101-10081-5

北京大學圖書館藏“大倉文庫”書志

編輯委員會

目　録

碑帖

序

中國以外，當今世界上收藏中國古代珍貴典籍最多的國家是日本。

中日文化交流可以遠紹隋、唐。從6世紀末到9世紀末大約三百年的歷史進程中，日本的遣隋使、遣唐使和求法僧，不斷來華留學、求法。這些使團成員和求法僧人，不但在中國學到治國理政思想、典章制度、佛教理論和理佛儀軌等，屆滿後還攜帶各類典籍文獻回至東瀛，藉以構建自己的國家。其後迭經南北兩宋，直至元、明、清，日本僧人、使團，乃至商旅船隊，前來中國者更是賡續有加，並在回國時都能得到多寡不一的朝廷賞賜、友朋贈送、自行採購的文獻典籍。與此同時，中國的高僧大德，如鑒真和尚等，也多次東渡，傳經說法，並帶去不少文獻典籍。兩宋時期，中國的雕版印書十分興盛，尤以福建刻書最夥，並且經銷四方，無遠不至。朱熹三傳弟子熊禾為朱氏翻蓋同文書院撰寫上樑文："兒郎偉，抛梁東，書籍日本高麗通。"可知日本和高麗乃彼時中國典籍的出口地。

1840年，帝國主義列强用堅船利炮敲開了中國大門，從此中國逐漸淪為半封建半殖民地社會，經濟蕭條，民生凋敝，不少珍貴典籍經書賈之手流向日本。晚清至民國，中國愈加積貧積弱，乃至著名藏書家的整體藏書，拱手賣與日本財團。其中陸心源皕宋樓、董康誦芬室、陶湘涉園藏書先後賣與日本人，大背景就是這種瀕臨崩潰的社會反映。

同治十三年（1874）陸心源出任福建鹽運使，幸獲肥缺，又值太平天國戰爭，書家不能自守，藏書紛紛散出，陸氏則趁機大量搜購，並營建皕宋樓以貯之。然好景不長，僅過三十餘年，其子陸樹藩便以經商失利之由，欲將陸氏藏書整體出賣日本靜嘉堂文庫。消息傳出，張元濟緊急進京，力勸當時的管學大臣榮慶撥款收購，以作京師圖書館的藏書基礎。奈，張謇並不見用，陸書遂於1907年東渡，歸於日本岩崎氏靜嘉堂文庫。十年後，即日本大正六年（1917），董康誦芬室的藏書又賣給了日本大倉文化財團。步他們後塵的還有陶湘，在上世紀三十年代將自己所藏五百七十四種兩萬七千多册的叢書，賣給了日本東方文化研究院京都研究所，其中就包含有宋本《百川學海》及明抄本《儒學警悟》。這些事件的發生，雖然都有其具體的動因，但積貧積弱的國家則是這些事件發生的大背景。今天想起來，仍令國人扼腕痛惜，並夢想早日實現中華民族的偉大復興。

2013年9月，筆者應北大圖書館邀請，赴東京鑒定大倉文化財團藏書，得以目睹其三百多種主體藏書。其中以明版書最令人矚目，而明版書中又以嘉、正以前版本為多。內容經、史、子、集四部咸備；版本宋、元、明、清齊全；類型則雕版印本、套版印本、活字排版印本、稿本、抄本、批校題跋本皆具，且書品完好，印紙瑩潔，賞心悦目。其價值遠超大倉文化財團固有的估量。如此珍貴的大倉藏書，能在百年後又整體回歸，不能不讓人浮想聯翩，感慨萬端。竊意，此事之成，其意義不僅在書之本身，更在書之外矣。

百年前售給大倉財團的珍貴典籍，能在百年後回歸故土，入藏北大圖書館，固與今日中國發展有關，但與大倉董事之人理念亦有關。大倉財團董事之人始終堅持七年前的定價，絕不隨行就市；始終堅持整體出讓，絕不拆散零售；始終堅持出讓公藏單位，絕不投向任何一家拍賣公司。正是這種理念，才使此事終成，書寫又一段書林佳話。

去年歲末，大倉藏書跨海西還，回歸中土，進入燕園。百日來，北大圖書館人不辭勞苦，日夜兼程，又編成了這部《書志》，這是一種忘我為公值得表彰的精神。此《書志》每款項目齊全，著録準確；類分有據，適當到位；款目組織有則，部居合理，眉目清楚，是一部有水平的古籍分類目録，是一部向讀者呈現可資借鏡的古籍善本書目。

别去又來兮，百年圓夢；燕園生輝兮，翰墨縹緗。是為序。

李致忠

2014年3月28日於國家圖書館

凡　例

一、本書志收録北京大學圖書館所藏“大倉文庫”典籍九百有六種，計二萬八千有十册，其中包括日本典籍一百九十種，計二千五百七十六册，朝鮮典籍一種，計二册。“大倉文庫”中現代出版的精裝、平裝書籍概不收録。

二、收録典籍參照《四庫全書總目》分為經、史、子、集四部，增設叢書、碑帖二部；部下酌設類、屬，經部之下增設群經類；類、屬之下依編著者時代排序，叢編置於各類、屬之首；個人獨撰群書依《歐陽文忠公全集》例入於集部别集類，或依據其主要内容置於相關類屬之下。

三、著録内容依次為以下數項：

第一項：題名。包括原書書名、種數卷數等。

第二項：版本。包括出版朝代、年代、出版者、出版類型等。

第三項：編號及函册數。

第四項：著者。包括著者姓名、生平履歷等。

第五項：版本形式描述。包括原書尺寸、版框尺寸、版式行款、刻工、書籤、内封、牌記、刊記、印記、諱字、裝幀形式等。

第六項：卷端描述。包括卷端第一行起至正文為止的所有文字内容。

第七項：書首書末描述。包括原書未被編入正文的所有其他文字内容。

第八項：殘闕配補。包括原書刻印之前的原闕狀况，以及原書流傳過程中的殘闕配補狀况。

第九項：批校題跋。記録原書流傳過程中衍生的後人批校題跋。

第十項：題字鈐印。記録原書流傳過程中衍生的後人題字鈐印。

第十一項：案語。記述上列各項未能揭示的重要信息。

以上各項内容有則著録，無則從闕。

四、編號由大寫英文字母"DC"及大倉集古館所編簡目順序號組成，同時亦作為北京大學圖書館排架號及索書號。

五、題名依照原書卷一卷端記録，若卷一殘缺則依原書所存首卷卷端記録。

六、版本項著録版刻朝代、年代、出版者、版刻形式，必要時也著録版印形式（朱印、藍印、套印等）、版印順序（初印、後印）等。

七、編著者生平履歴僅著録姓名、生卒年、字號、籍貫、科第、官職。

八、原書尺寸、版框尺寸使用單位為釐米，版框尺寸以半葉版框外廓為準。

九、刻工僅著録有無，兼舉一二刻工名，原書出現所有刻工不再全部羅列。

十、諱字依照其在歴史上出現的先後順序，一般僅著録其最晚出現者，原書出現所有諱字不再全部羅列。已有其他可明確判定版本年代依據者不再著録諱字。

十一、原書書籤、内封、牌記依據原書照録。

十二、裝幀形式僅用於揭示非線裝典籍。

十三、卷端文字及頂格、空格、大小字等形式依據原書照録。

十四、原書書首書末正文之外的序跋、識語、題記、凡例、目録等依原書所題照録並加引號，若原書未加標題則僅據原書著録其年代、撰者及序、跋等撰述形式。

十五、後人批校題跋體例同上。

十六、藏書印章依照出現於原書的先後順序客觀著録，不作眞僞辨别。著録内容包括印文及印色。印文中有不可辨識者以"□"表示。

十七、含有子目的古籍如有確切彙編年代刊記，或其子目版本無明顯差異，則合併著録；若子目版本各不相同，且無確切彙編年代刊記，則分别著録。

十八、版本相同者第二部以下題名著録"又一部"，其他著録項凡與該版本首部書相同者概不重複著録。

十九、每種古籍各附書影一幅，原則上選取正文卷一首頁。

經
部

景刊唐開成石經十四種附二種

民國十五年（1926）掖縣張氏皕忍堂摹刻紅印本

DC0455十四函七十四册

書高32.5釐米，寬21.6釐米。版框高23.1釐米，寬16.5釐米。每半葉六行，行十字，小字雙行，字數同。白口，無魚尾，四周單邊。版心上題經名，中記卷次及葉次，下刻“皕忍堂”。《唐石經校文》後十卷每半葉十一行，行二十四字，小字雙行，字數同，版心下刻“皕忍堂重刻”。

《周易》卷一首葉第一、二行大字題“周易上經乾傳第一”，第三行題“王弼注”，第四行起正文。內封題“景刊唐開成石經/附賈刻孟子嚴氏校文”，印“陸軍上將勳一位義威上將軍印”朱印，內封背面牌記“歲次丙寅/皕忍堂刊”。張序後書牌“義威上將軍掖縣張宗昌督刻印行”。書末有版權葉。函套書籤印“皕忍堂摸刻唐開成石壁十二經五經文字/九經字樣附清賈氏補刻孟子/清嚴氏石經校文”。

書首有民國十五年掖縣張宗昌序，民國十六年潘復序，例言，目録。

書中鈐“大倉文化財團藏書”朱印。

子目：

周易九卷略例一卷
尚書十三卷
毛詩二十卷
周禮十二卷
儀禮十七卷
禮記二十卷
春秋左傳三十卷
春秋公羊傳十一卷
春秋穀梁傳十二卷
孝經一卷
論語十卷
爾雅三卷
五經文字三卷　唐張參撰
九經字樣一卷　唐唐玄度撰
附刻：
孟子七卷
唐石經校文十卷　清嚴可均纂

周易上經乾傳第一

王弼注

☰ 乾下乾上 乾元亨利貞初九潛龍勿用九二見龍在田利見大人九三君子終日

仿宋相臺五經

清乾隆四十八年（1783）武英殿刻本

DC0404十二函七十册

書高30.8釐米，寬19.6釐米。版框高20釐米，寬13.6釐米。每半葉八行，行十七字，小字雙行，字數同。白口，雙黑魚尾，四周雙邊。版心上方刻“乾隆四十八年/武英殿仿宋本”，上魚尾下方題經名及卷次，下魚尾上方記葉次，版框左上有書耳，每卷末下書耳刻書版者。

卷一首葉第一行題“周易上經乾傳第一”，第二行題“王弼註”，第三行起正文。

書首有乾隆四十八年御笔“五經萃室記”。

書中鈐“大倉文化財團藏書”朱印。

子目：

周易十卷　晉王弼註

尚書十三卷　漢孔安國傳

毛詩二十卷　漢鄭玄箋

禮記二十卷　漢鄭玄註

春秋經傳集解三十卷附春秋年表一卷春秋名號歸一圖二卷　晉杜預撰

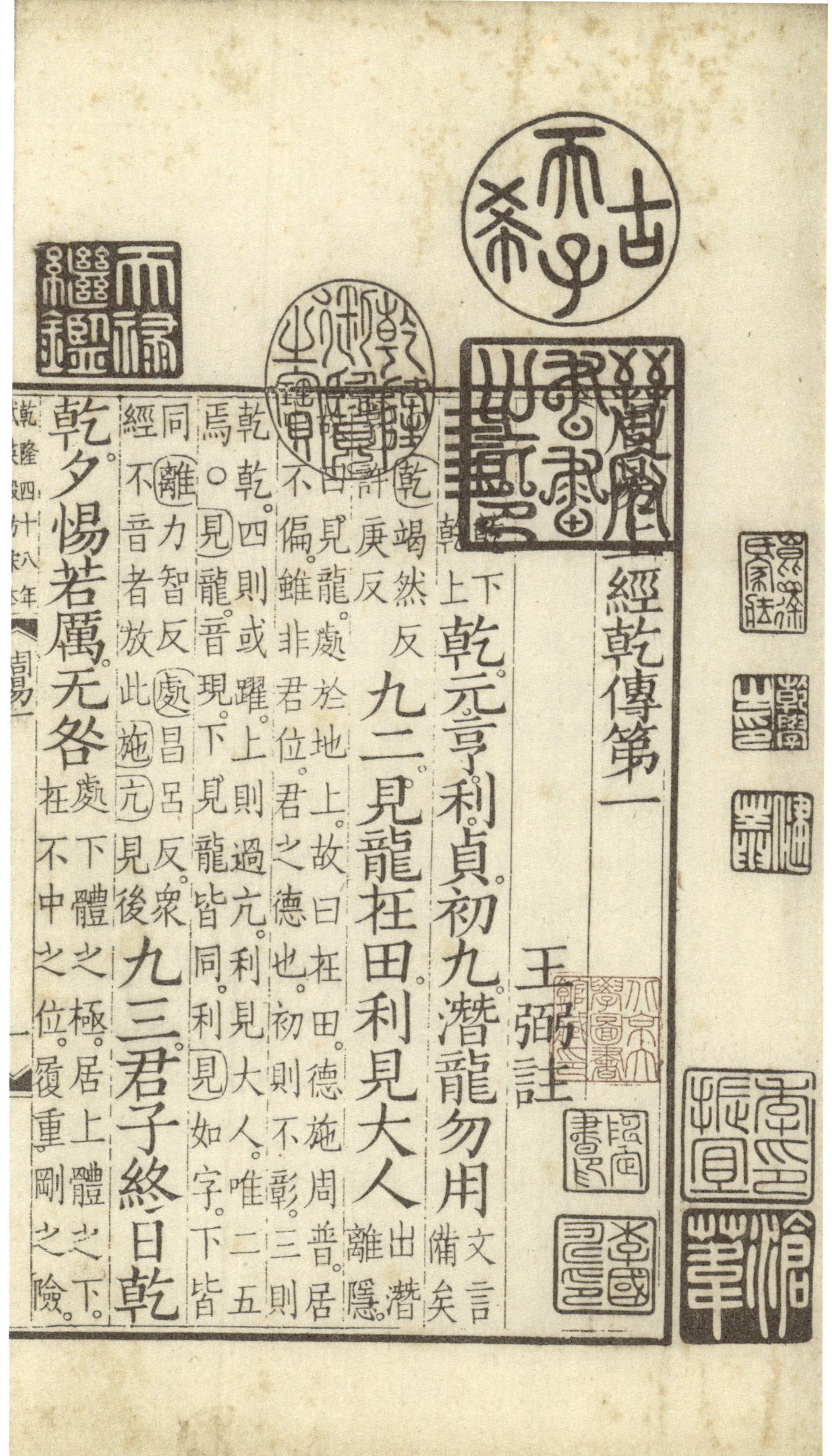

上經乾傳第一

王弼註

乾下乾上 乾元亨利貞初九潛龍勿用文言備矣

乾竭然反許庚反 九二見龍在田利見大人出潛離隱

曰見龍。處於地上。故曰在田。德施周普。居不偏。雖非君位。君之德也。初則不彰。三則

乾乾。四則或躍。上則過亢。利見大人。唯二五焉。○見龍音現。下見龍皆同。利見如字。下皆

同。離力智反。處昌呂反。衆經不音者放此。施亢見後 九三君子終日乾

乾夕惕若厲。无咎處下體之極。居上體之下。在不中之位。履重剛之險。

乾隆四十八年武英殿仿宋本 周易一 一

仿宋相臺五經

清乾隆四十八年（1783）武英殿刻後印本

DC0405五函四十二册

書高29.4釐米，寬17.9釐米。版框高20釐米，寬13.6釐米。每半葉八行，行十七字，小字雙行，字數同。白口，雙黑魚尾，四周雙邊。版心上方刻"乾隆四十八年/武英殿仿宋本"，上魚尾下方題經名及卷次，下魚尾上方記葉次，版框左上有書耳，每卷末下書耳刻書版者。

卷一首葉第一行題"周易上經乾傳第一"，第二行題"王弼註"，第三行起正文。

書首有乾隆四十八年御笔"五經萃室記"。

書中鈐"大倉文化財團藏書"朱印。

子目：

周易十卷　晉王弼註

尚書十三卷　漢孔安國傳

毛詩二十卷　漢鄭玄箋

禮記二十卷　漢鄭玄註

春秋經傳集解三十卷附春秋年表一卷春秋名號歸一圖二卷　晉杜預撰

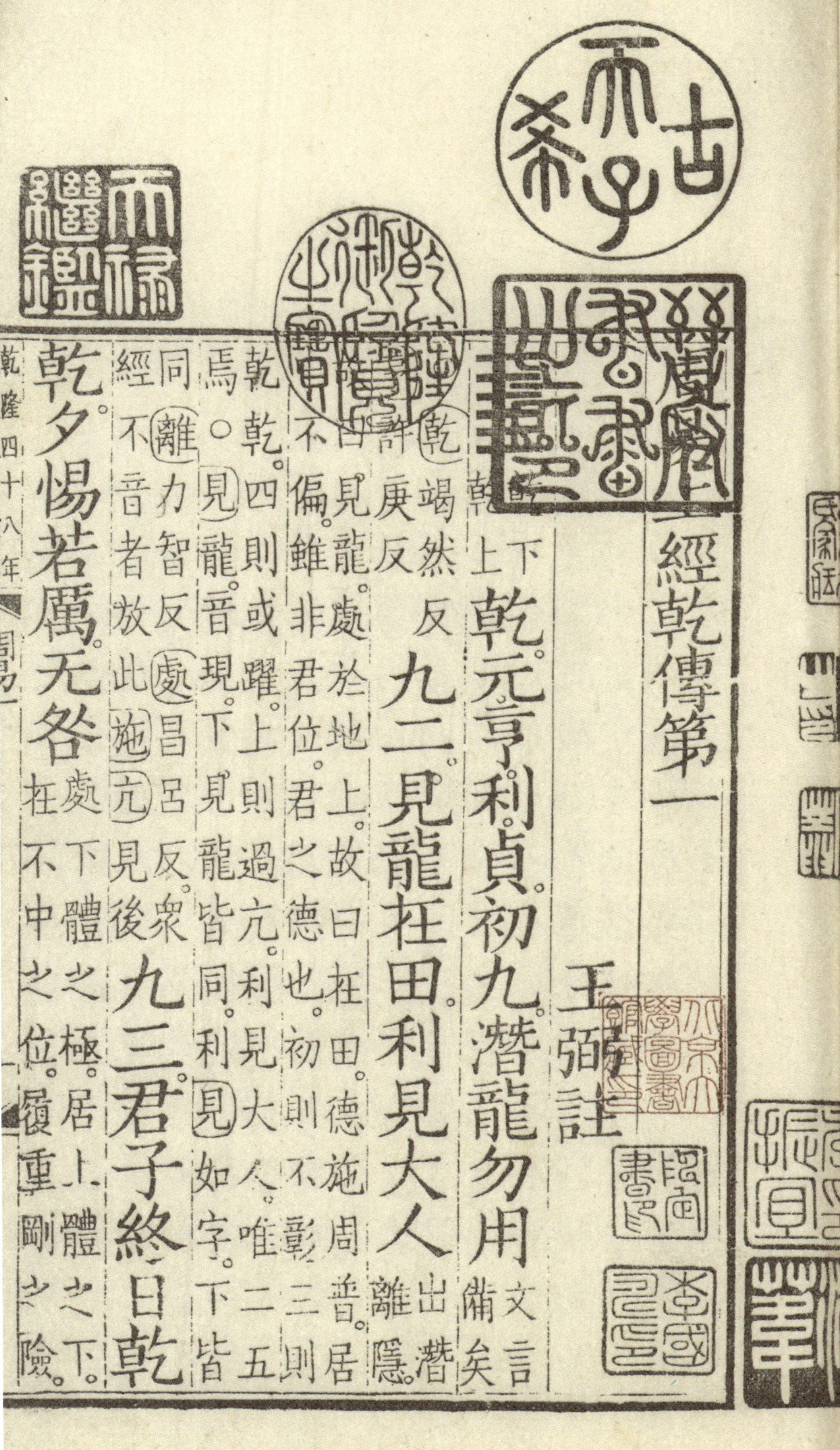

上經乾傳第一

王弼註

乾下乾上 乾元亨利貞初九潛龍勿用 文言備矣

乾竭然反 亨許庚反 九二見龍在田利見大人 出潛離隱

曰見龍處於地上故曰在田德施周普居不偏雖非君位君之德也初則不彰三則乾乾四則或躍上則過亢利見大人唯二五焉○見龍音現下見龍皆同利見如字下皆同離力智反處昌呂反衆經不音者放此施亢見後

九三君子終日乾乾夕惕若厲无咎 處下體之極居上體之下在不中之位履重剛之險

乾隆四十八年 周易一

重刊改正五經

日本刻本

DC0406九册

書高27.2釐米，寬18.9釐米。版框高21.2釐米，寬17.3釐米。每半葉八行，行十七字，字旁印有日文訓點。下黑口，上下花魚尾，中黑魚尾，偶見三花魚尾，四周雙邊。上魚尾下方題經名及卷次，下魚尾上記葉次。

卷一首葉第一行題“周易”，第二起正文。

書衣書籤上方小字題“重刊/改正”及經名，經名下小字印“林先生訓點”。

書中鈐“吉田藏書”、“大倉文化財團藏書”朱印。

子目：

易經二卷

書經二卷

詩經二卷

禮記四卷

春秋一卷

周易

上經

☰ 乾下乾上

乾元亨利貞○初九潛龍勿用○九二見龍
在田利見大人○九三君子終日乾乾夕惕
若厲无咎○九四或躍在淵无咎○九五飛
龍在天利見大人○上九亢龍有悔○用九
見群龍无首吉

倭板五經

日本刻本

DC0407十一册

日本雲川弘毅改定，日本山崎闇齋點。

書高27釐米，寬19.2釐米。版框高21釐米，寬16.6釐米。每半葉十行，行二十字，字旁印有日文訓點。白口，雙黑魚尾，四周單邊。上魚尾上方題"倭板"及經名，下刻"朱文公元本"，下魚尾下記葉次。

卷一首葉第一行題"周易"，第二行上空二格題"上經"，下空六格記"洛陽雲川弘毅改定"，第三行起正文。

書中鈐"吉田藏書"、"大倉文化財團藏書"朱印。

子目：

易經二卷

書經二卷

詩經二卷

禮記四卷

春秋一卷

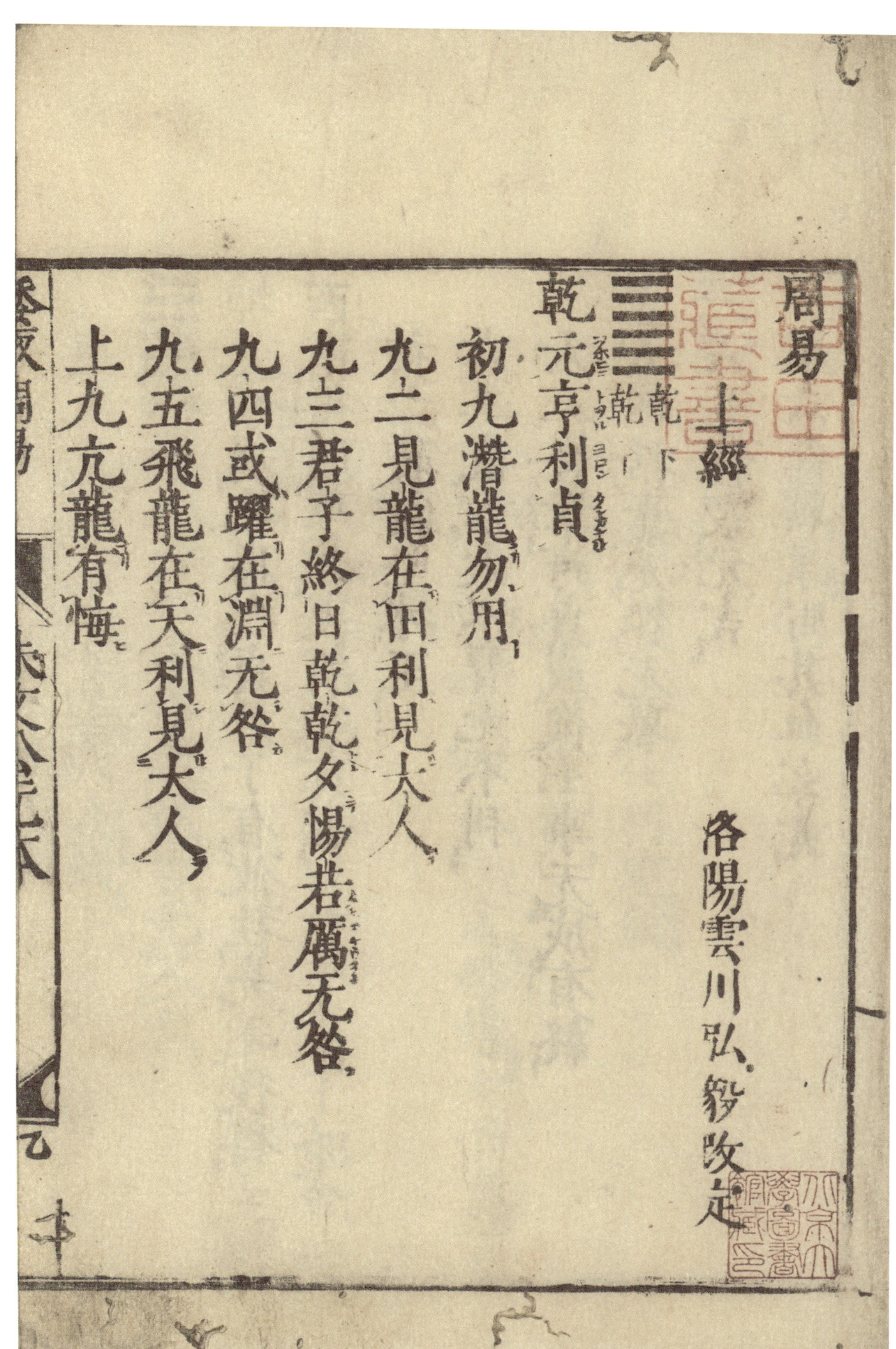

周易上經

乾下乾上

乾元亨利貞

初九潛龍勿用

九二見龍在田利見大人

九三君子終日乾乾夕惕若厲无咎

九四或躍在淵无咎

九五飛龍在天利見大人

上九亢龍有悔

洛陽雲川弘毅改定

改正音訓五經

日本文化十年（1813）刻本

DC0408十一册

日本後藤松陰訓點。

書高26.2釐米，寬18.8釐米。版框高23.6釐米，寬16.7釐米。二截版，每半葉九行，行十七字，字旁印有日文訓點。上截版每半葉二十七行，行七字。黑口，雙黑魚尾，四周單邊。版心上題"改正音訓"。上魚尾下題經名及卷次，下魚尾下記葉次，偶見版心下口刻"後藤點"。内封題"林家正本再刻/芝山後藤先生定本/改正音訓五經/男師周孫師邵同校"，鈐"讚岐儒學藤氏圖書"、"清默齋"朱印記。書末有文化十年北村四郎兵衛刊記。

卷一首葉第一行題"周易"，第二行起正文。

書首文化九年佐藤坦"再刻五經序"，寬政庚戌林信敬"後藤點五經序"。

書中鈐"大倉文化財團藏書"朱印。

子目：

易經二卷

書經二卷

詩經二卷

春秋一卷

禮記四卷

周易

上經

乾下
乾上

乾元亨利貞○初九潛龍勿用○九二見龍在田利見大人○九三君子終日乾乾夕惕若厲无咎○九四或躍在淵无咎○九五飛龍在天利見大人○上九亢龍有悔○用九見群龍无首吉

乾健也元大也亨通也利宜也貞正而固也
潛藏也
見龍之見賢遍反
或疑而未定之辭
亢過於上而不能下之意也

坤下
坤上

欽定篆文六經四書

清康熙內府刻本

DC0409四函二十八册

書高28.5釐米，寬18.5釐米。版框高22.5釐米，寬15.7釐米。每半葉八行，行十二字，小字雙行，字數同。白口，單白魚尾，左右雙邊。魚尾下方題經名，版心下方記葉次。

卷首列總閱官校對官銜名。儀禮卷十七後、孟子卷七後鐫“翰林院檢討加一級臣張照/編修加一級臣薄海奉/旨恭校刊”。

書中鈐“得復軒”、“大倉文化財團藏書”朱印。

子目：

周易十卷

尚書四卷

毛詩四卷

春秋十二卷

周禮六卷

儀禮十七卷

大學一卷

中庸一卷

論語十卷

孟子七卷

周易上經第一

䷀ 乾下乾上

乾元亨利貞　初九潛龍勿用　九二見龍在田利見大人　九三君子終日乾乾夕惕若厲无咎　九四或躍在淵无咎　九五飛龍在天利見大人　上九亢龍有悔　用九見羣龍无

十三經註疏

明嘉靖福建李元陽刻本

DC0410三十二函一百八十五册

書高29.4釐米，寬17.8釐米。版框高19.8釐米，寬13.2釐米。每半葉九行，行二十一字，小字雙行，字數同。白口，無魚尾，四周單邊。版心中記子目書名及卷次，下方記葉次，又下方鐫刻工姓名。

《周易兼義》卷一首葉第一行題“周易兼義上經乾傳第一”，第二行題“魏王弼注”，第三行題“唐孔穎達正義”，第四行正文。

書中鈐滿漢文官印、“大倉文化財團藏書”朱印。

子目：

周易兼義九卷附略例一卷音義一卷　魏王弼注　唐孔穎達正義　唐陸德明撰

尚書註疏二十卷　漢孔安國傳　唐孔穎達疏

毛詩註疏二十卷　漢鄭玄箋　唐孔穎達疏

周禮註疏四十二卷　漢鄭玄注　唐賈公彥疏

儀禮註疏十七卷　漢鄭玄註　唐孔穎達疏

禮記註疏六十三卷　漢鄭玄註　唐孔穎達疏

春秋左傳註疏六十卷　晉杜預註　唐陸德明釋文　唐孔穎達疏

春秋公羊註疏二十八卷　漢何休學

春秋穀梁註疏二十卷　晉范甯集解　唐楊士勳疏

論語註疏解經二十卷　魏何晏集解　宋邢昺疏

孝經正義九卷　唐玄宗注　宋邢昺疏

爾雅註疏十一卷　晉郭璞註　宋邢昺疏

孟子註疏解經十四卷　漢趙岐註　宋孫奭疏

周易兼義上經乾傳第一

魏王弼注

唐孔穎達正義

䷀乾下乾上

乾元亨利貞疏正義曰乾者此卦之名謂之卦者易緯云卦者掛也言懸掛物象以示於人故謂之卦但二畫之體雖象陰陽之氣未成萬物之象未得成卦必三畫以象三才寫天地雷風水火山澤之象乃謂之卦也故繫辭云八卦成列象在其中矣是也但初有三畫雖有萬物之象於萬物變通之理猶有未盡故更重之而有六畫備萬物之形象窮天下之能事故六畫成卦也此乾卦本以象天天乃積諸陽氣而成天故此卦六爻皆陽畫成卦也此既象天何不謂之天而謂之乾者天者定體之名乾者體

十三經註疏附考證

清乾隆四年(1739)武英殿刻本

DC0411十八函一百一十五册

書高28.6釐米,寬18釐米。版框高22.7釐米,寬15.7釐米。每半葉十行,行二十一字,小字雙行,字數同。白口,單黑魚尾,左右雙邊。版心上鐫"乾隆四年校刊",中題子目書名及卷次,下記葉次。

書首有乾隆十二年"御製重刊十三經序",乾隆十一年和碩和親王等校刻十三經告竣呈表,"奉旨開列校刻十三經諸臣職名"。

書中鈐"大倉文化財團藏書"朱印。

子目:

周易注疏十三卷略例一卷附考證　魏王弼注　唐陸德明音義　唐孔穎達疏

尚書注疏十九卷附考證　漢孔安國傳　唐陸德明音義　唐孔穎達疏

毛詩注疏三十卷附考證　漢鄭玄箋　唐陸德明音義　唐孔穎達疏

周禮注疏四十二卷附考證　漢鄭玄注　唐陸德明音義　唐賈公彥疏

儀禮注疏十七卷附考證　漢鄭玄注　唐陸德明音義　唐賈公彥疏

禮記注疏六十三卷附考證　漢鄭玄注　唐陸德明音義　唐孔穎達疏

春秋左傳注疏六十卷卷附考證　晉杜預注　唐陸德明音義　唐孔穎達疏

春秋公羊傳注疏二十八卷附考證　漢何休學　唐陸德明音義

春秋穀梁傳注疏二十卷附考證　晉范甯集解　唐陸德明音義　唐楊士勛疏

論語注疏二十卷附考證　魏何晏集解　唐陸德明音義　宋邢昺疏

孝經注疏九卷附考證　唐玄宗御注　唐陸德明音義　宋邢昺校

爾雅注疏十一卷附考證　晉郭璞注　唐陸德明音義　宋邢昺疏

孟子注疏十四卷附考證　漢趙岐注　宋孫奭音義并疏

周易注疏卷一

魏王弼注　唐陸德明音義　孔穎達疏

上經　乾

☰☰ 乾下乾上

乾元亨利貞 【音義】乾竭然反依字作乾下乙乾從旦㫃㫃音偃說卦云乾健也此八純卦象天亨許庚反卦德也訓通也餘放此 【疏】正義曰乾者此卦之名謂之卦者易緯云卦者掛也言懸掛物象以示於人故謂之卦但二畫之體雖象陰陽之氣未成萬物之象未得成卦必三畫以象三才寫天地雷風水火山澤之象乃謂之卦也故繫辭云八卦成列象在其中矣是也但初有三畫雖有萬物之象於萬物變通之理猶有未盡故更重之而有六畫備萬物之形象窮天下之能事故六畫成卦也此乾卦本以象天天乃積諸陽氣而成天故此卦六爻皆陽畫成卦也此既象天何不謂之天而謂之乾者天者定體之名乾者體用之稱故

乾隆四年校刊

御纂周易折中二十二卷卷首一卷

清初翻刻武英殿本

DC0412二函十六册

清李光地纂。

李光地（1642—1718），字晉卿，號厚庵，别號榕村，泉州人。康熙九年進士，官至文淵閣大學士兼吏部尚書。

書高29釐米，寬19.6釐米。版框高22.6釐米，寬16.3釐米。每半葉八行，行十八字，小字雙行，行二十二字。白口，單黑魚尾，四周雙邊。版心上方題"御纂周易折中"，魚尾下記卷次，又下方記類目，版心下方記葉次。

卷一首葉第一行題"御纂周易折中卷第一"，第二行起正文。

書首康熙五十四年"御製周易折中序"，鈐"稽古右文之章"、"體元主人"印記，職名，"引用姓氏"，"御纂周易折中凡例"，"御纂周易折中目録"。

書中鈐"大倉文化財團藏書"朱印。

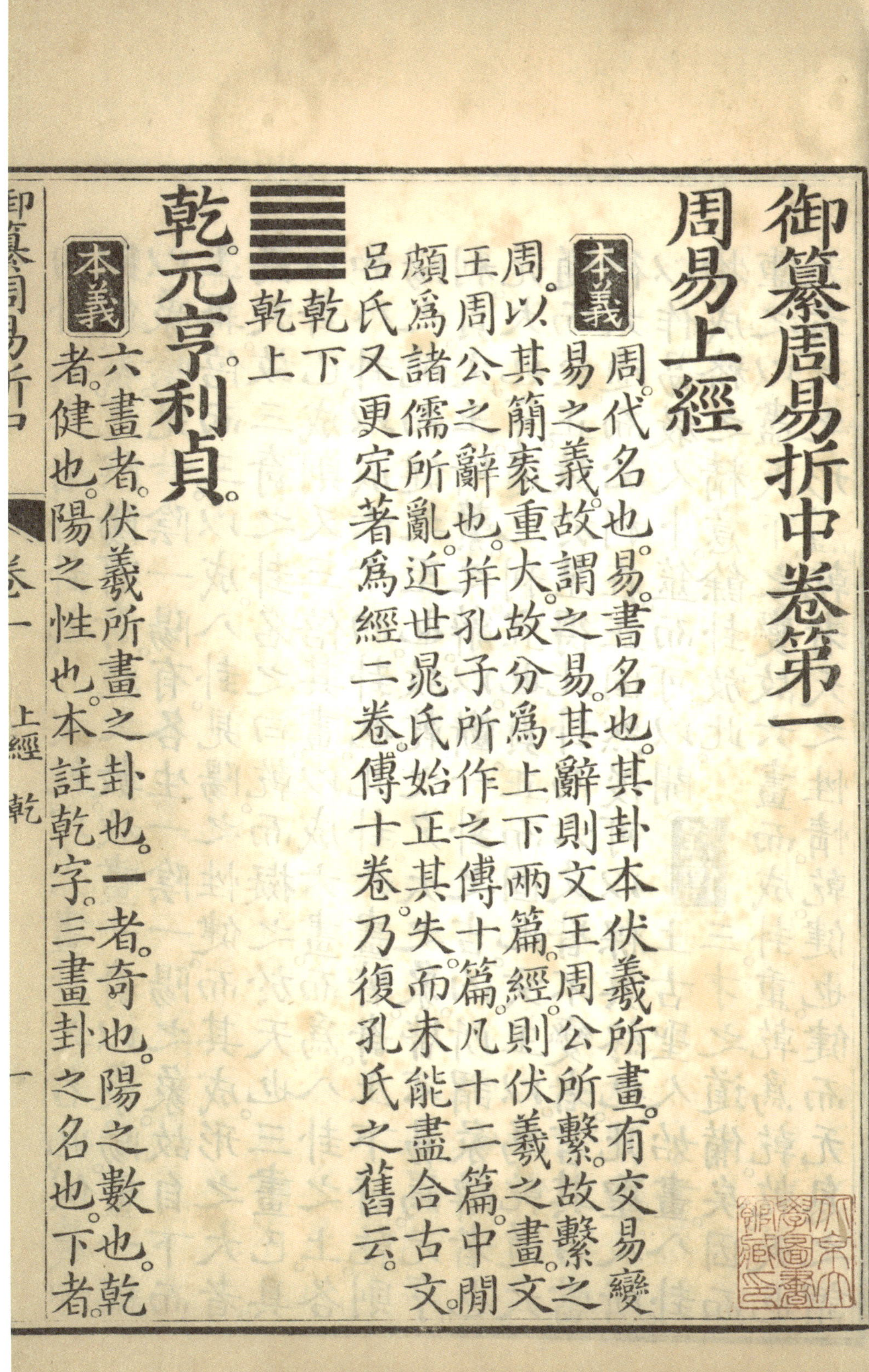

御纂周易折中卷第一

周易上經

本義 周代名也。易書名也。其卦本伏羲所畫。有交易變易之義。故謂之易。其辭則文王周公所繫。故繫之周。以其簡袠重大。故分爲上下兩篇。經則伏羲之畫文王周公之辭也。幷孔子所作之傳十篇。凡十二篇中閒頗爲諸儒所亂。近世晁氏始正其失。而未能盡合古文。呂氏又更定著爲經二卷。傳十卷。乃復孔氏之舊云。

☰ 乾下乾上

乾。元亨利貞。

本義 六畫者。伏羲所畫之卦也。一者。奇也。陽之數也。乾者。健也。陽之性也。本註乾字。三畫卦之名也。下者。乾

御纂周易折中 卷一 上經 乾 一

書經提要一卷

明末清初鈔本

DC0001一册

明章陬撰。

章陬（1412—1459），字仲寅，號釣齋、院橋前宅人，黄巖人。正統元年進士，官禮部主事。

書高26.5釐米，寬17.8釐米。無版框，每半葉十行，行十八字，小字雙行，字數同。版心上方題“書經提要”，下方記葉次。不避“玄”字。

目録首葉第一行題“書經提要目録”，第二行題“禮部主事天台章陬著述”，第三行題“門人任麒編輯”，第四行目録正文。首卷首葉第一行正文。末葉末行正文下題“梓人劉勝劉慶刊行”。

書首有正統三年章陬“書經撮要序”，“撮”字後人墨筆改為“提”字。書末有天順四年任麒“跋書經提要卷後”。

本書不分卷，分“天文”、“地理”、“圖書”、“律呂”四類，每類又各分細目，系以圖説。

書中鈐“潢川吳氏收藏圖書”、“敦復”、“吳城”、“篤生經眼”、“教經堂錢氏章”、“海陵錢氏青灃閣藏書畫之圖書”、“犀盦藏本”、“繡谷亭續藏書”、“錢犀盦珍藏印”、滿漢文“翰林院印”、“大倉文化財團藏書”朱印。原書書衣鈐“乾隆三十八年十一月浙江巡撫三寶送到吳玉墀家藏書經提要壹部計書壹本”朱木記，内“十一”、“書經提要壹部”、“壹”為朱筆填寫。

案語：《四庫全書總目》卷十四“經部十四·書類存目二”著録“書經提要無卷數，浙江吳玉墀家藏本”。

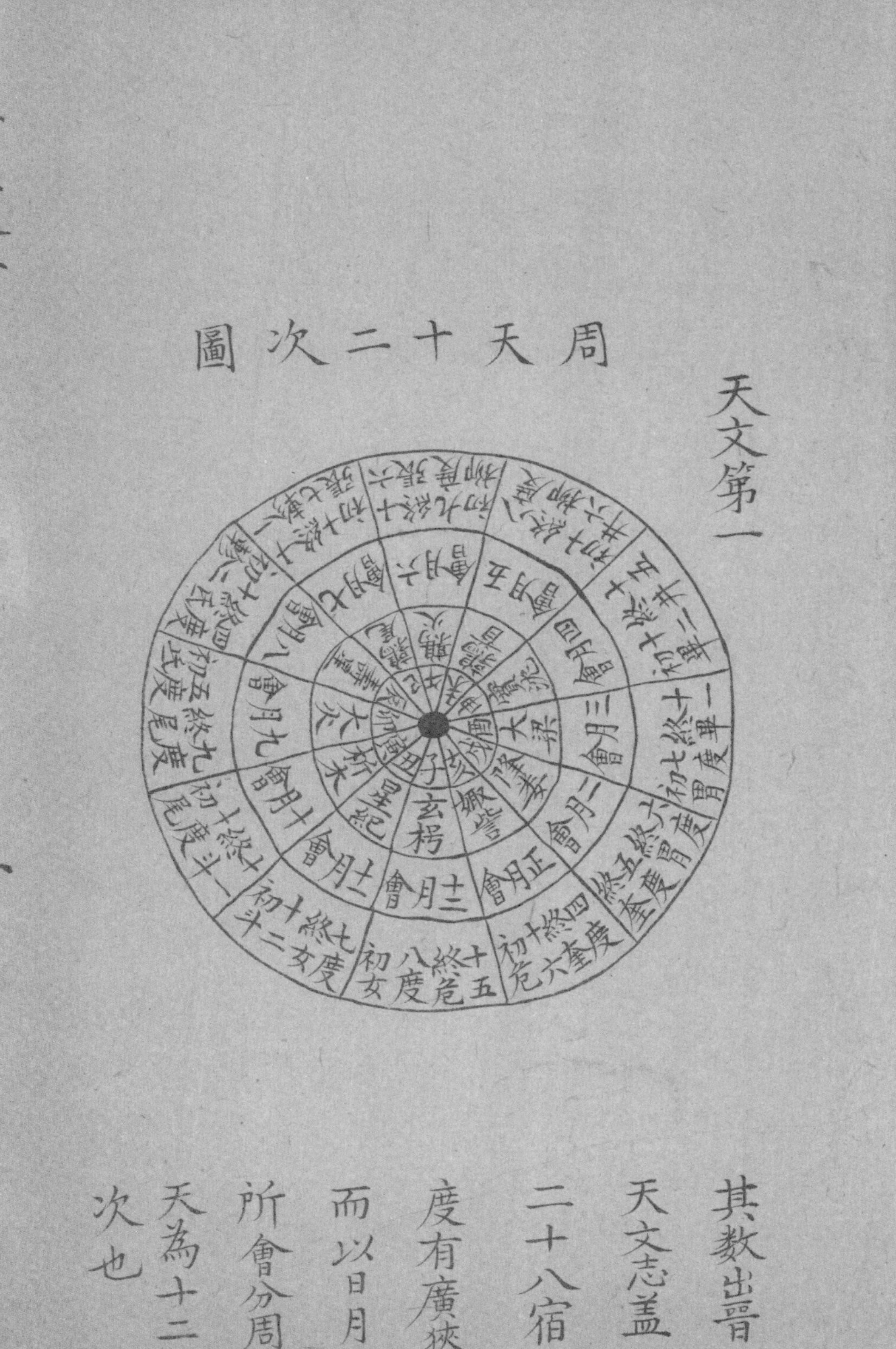

天文第一

周天十二次圖

其數出晉天文志蓋二十八宿度有廣狹而以日月所會分周天為十二次也

書經講義會編十二卷

明萬曆丁酉（二十五年，1597）徐銓刻本

DC0413一函八册

明申時行撰。

申時行（1535—1614），字汝默，號瑤泉，晚號休休居士。蘇州府長洲人。嘉靖四十一年狀元，歷任翰林院修撰、禮部右侍郎、吏部右侍郎兼東閣大學士、太子太師、中極殿大學士。

書高26.7釐米，寬17.1釐米。版框高22.2釐米，寬14.5釐米。每半葉十行，行二十二字。白口，單黑魚尾，四周單邊。版心上方記篇目，魚尾下記卷次，又下方記葉次，偶見版心下鐫刻工姓名。

卷一首葉第一行題“書經講義會編卷之一”，第二行空，第三行正文。

書首有萬曆丁酉申時行“刻書經講義會編引”，末鐫“甥李鴻編輯/子用懋用嘉校訂/後學徐銓校刊”。

卷十二第七十五至七十八葉鈔配。

書中鈐“名山閣記”、“洗心洞圖書記”、“清癡居秘笈印”、“大倉文化財團藏書”朱印。

書經講義會編卷之一

虞書

虞是帝舜有天下之號書共五篇皆是虞時史官所作以記當時之事者故曰虞書

堯典

這一篇書載唐堯的事所以謂之堯典

曰若稽古帝堯曰放勳欽明文思安安允恭克讓光被四表格于上下

史臣說曰若稽考古之帝堯他的功業極其廣大無一

毛詩二十卷詩譜一卷

日本寛延二年（1749）刻本

DC0414五册

漢鄭玄箋。

鄭玄（127—200），字康成，北海高密人。

書高26釐米，寬17.8釐米。版框高20.7釐米，寬15.7釐米。每半葉九行，行二十字，小數雙行，字數同。白口，單黑魚尾，左右雙邊。版心上題"毛詩"，魚尾下記卷次及類目，版心下記葉次。偶見天頭印刊校記。書衣書籤印"毛詩鄭箋"。

卷一首葉第一行題"毛詩卷第一"，第二行題"周南關雎詁訓傳第一"，第三行上空一格題"毛詩國風"，下空八格記"鄭氏箋"，第四行正文。

書末有寛延二年刊記。

書中鈐"清獻館"、"大倉文化財團藏書"朱印。

毛詩卷第一

周南關雎詁訓傳第一

毛詩國風　　鄭氏箋

關雎后妃之德也風之始也所以風天下而正夫婦也故用之鄉人焉用之邦國焉風風也教也風以動之教以化之詩者志之所之也在心爲志發言爲詩情動於中而形於言言之不足故嗟歎之嗟歎之不足故永歌之永歌之不足不知手之舞之足之蹈之也情發於聲聲成文謂之音發猶見也聲謂宮商角徵羽也聲成文者宮商

毛詩二十卷

日本享和二年（1802）刻本

DC0415四册

漢鄭玄箋。

書高25.4釐米，寬18釐米。版框高20.6釐米，寬15.7釐米。每半葉九行，行二十字，小字雙行，字數同。白口，單黑魚尾，左右雙邊。版心上口題"毛詩"，魚尾下記卷次及類目，版心下口記葉次及"正本"，偶見天頭印校記。

卷四首葉第一行題"毛詩卷第四"，第二行題"王黍離詁訓傳第六"，第三行上空一格題"毛詩國風"，下空八格記"鄭氏箋"，第四行起正文。

書衣書籤"毛詩鄭箋正本"。書末有享和二年刊記，鈐"明經道章"印記。

存卷四至卷二十。

書末鈐"松文堂書店"印記。書中鈐"大倉文化財團藏書"朱印。

毛詩卷第四

王黍離詁訓傳第六

毛詩國風　　　鄭氏箋

黍離閔宗周也周大夫行役至于宗周過故宗廟宮室盡爲禾黍閔周室之顛覆彷徨不忍去而作是詩也○宗周鎬京也謂之西周周王城也謂之東周幽王之亂而宗周滅平王東遷政遂微弱下列於諸侯其詩不能復雅而同於國風焉

彼黍離離彼稷之苗○彼彼宗廟宮室箋云宗廟宮室毀壞而其地盡爲禾黍我以黍離離時至稷則尚苗行邁靡靡中心搖搖○邁行也靡靡猶遲遲也搖搖憂無所愬

詩經二十卷詩譜一卷

日本天明六年（1786）刻本

DC0416五册

漢鄭玄箋。

書高26釐米，寬18.3釐米。版框高23.6釐米，寬16.3釐米。二截版，每半葉十行，行二十二字，小字雙行，字數同，上截十九行，行十三至十六字不等。白口，單黑魚尾，四周單邊。魚尾下記卷次，又下方記類目，版心下方記葉次。上截版心題"詩經古註標記"。內封題"江都東山先生訂正/詩經古註標註"，并鐫天明六年丙午冬東都書肆崇文堂識語。書末有天明六年刊記。《詩譜》後有天明乙巳刻書識語。書衣書籤印"毛詩鄭箋標註"。

卷一首葉第一行題"詩經卷一"，第二、三行題"周卜子夏序漢毛公傳/鄭氏箋明金蟠訂"，第四行起正文。

書中鈐"不爭"、"大倉文化財團藏書"朱印。

釋文云詩是此書之名毛者傳詩人姓既有齊魯韓三家故題姓以別之正義云詩國風舊題也毛字漢世加之六藝論云河閒獻王好學其博士毛公善說詩獻王號之曰毛詩後漢書云趙人毛長傳詩是為毛詩譜云魯人大毛公為訓詁傳於其家河閒獻王得而獻之以小毛公為博士然則大毛公為其傳由小毛公而題毛也鄭於諸經皆謂之注此言箋者字林云箋者表也識也鄭以毛學審備遵暢厥旨所以表明毛意記識其事故特稱為箋

諸序皆一篇之義但詩理深廣此為篇端故以詩之大綱併舉於此今分為十五節

礼記曲礼曰天子之妃曰后注云后之言後也執理內事在夫之後也釋詁云妃媲也言媲匹於夫也天子之

詩經卷一

周 卜子夏序　漢 毛公傳 鄭氏箋　明 金蟠訂

國風

周南第一

關雎后妃之德也（箋）關雎舊解云三百一十一篇詩並是作者自為名○妃芳非反風之始也所以風天下而正夫婦也故用之鄉人焉用之邦國焉（箋）風之始此風謂十五國風風是諸侯政教也下云所以風天下論語云君子之德風並是此義風風也教也風以動之教以化之風也福鳳反詩者志之所之也在心為志發言為詩情動於中而形於言言之不足故嗟歎

詩經二十卷詩譜一卷

日本天明六年（1786）刻本

DC0417八册

漢鄭玄箋。

書高26釐米，寬18.3釐米。版框高23.6釐米，寬16.3釐米。二截版，每半葉十行，行二十二字，小字雙行，字數同，上截版每半葉十九行，行十三至十六字不等。白口，單黑魚尾，四周單邊。魚尾下記卷次，又下方記類目，版心下方記葉次。上截版心題“詩經古註標記”。内封題“江都東山先生訂正/詩經古註標註”，并鐫天明六年丙午冬東都書肆崇文堂識語。書末有天明六年刊記。《詩譜》後有天明乙巳刻書識語。書衣書籤印“毛詩鄭箋標註”。

卷一首葉第一行題“詩經卷一”，第二、三行題“周卜子夏序漢毛公傳/鄭氏箋明金蟠訂”，第四行起正文。

書中鈐“僊臺澀谷氏”、“川嶋”、“南陽”、“大倉文化財團藏書”朱印。

案語：與DC0416同版，書末刊記有異。

釋文云詩是此書之名毛者傳詩人姓既有齊魯韓三家故題姓以别之正義云詩國風舊題也毛字漢世加之六藝論云河間獻王好學其博士毛公善說詩獻王號之曰毛詩後漢書云趙人毛長傳詩是為毛詩譜云魯人大毛公為訓詁傳於其家河間獻王得而獻之以小毛公為博士然則大毛公為其傳由小毛公而題毛也鄭於諸經皆謂之注此言箋者字林云箋者表也識也鄭以毛學審備遵暢厥旨所以表明毛意記識其事故特稱為箋

諸序皆一篇之義但詩理深廣此為篇端故以詩之大綱倂舉於此今分為十五節

礼記曲礼曰天子之妃曰后注云后之言後也執理内事在夫之後也釋詁云妃媲也言媲匹於夫也天子之

詩經卷一

周　卜子夏序

漢　毛公傳

　　鄭氏箋

明　金蟠訂

國風

周南第一

關雎后妃之德也（箋）關雎舊解云三百一十一篇詩並是作者自為名○妃芳非反 風之始也所以風天下而正夫婦也故用之鄉人焉用之邦國焉（箋）風之始此風謂十五國風風是諸侯政教也下云所以風天下論語云君子之德風並是此義 風風也教也風以動之教以化之 風也福鳳反 詩者志之所之也在心為志發言為詩情動於中而形於言言之不足故嗟歎

詩經二十卷詩譜一卷

日本天明六年（1786）刻本

DC0418四册

漢鄭玄箋。

書高26釐米，寬18.3釐米。版框高23.6釐米，寬16.3釐米。二截版，每半葉十行，行二十二字，小字雙行，字數同，上截版每半葉十九行，行十三至十六字不等。白口，單黑魚尾，四周單邊。魚尾下記卷次，又下方記類目，版心下方記葉次。上截版心題“詩經古註標記”。內封題“江都東山先生訂正/詩經古註標註”，并鐫天明六年丙午冬東都書肆崇文堂識語。書末有天明六年刊記。《詩譜》後有天明乙巳刻書識語。書衣書籤印“毛詩鄭箋標註”。

卷三首葉第一行題“詩經卷三”，第二、三行題“周卜子夏序漢毛公傳/鄭氏箋明金蟠訂”，第四行起正文。

存卷三至卷二十。

書中鈐“彥藩石青孟藏書印”、“家在□□之西”“塙藏書印”、“大倉文化財團藏書”朱印。

案語：與DC0416、DC0417同版，刊記與DC0417同。

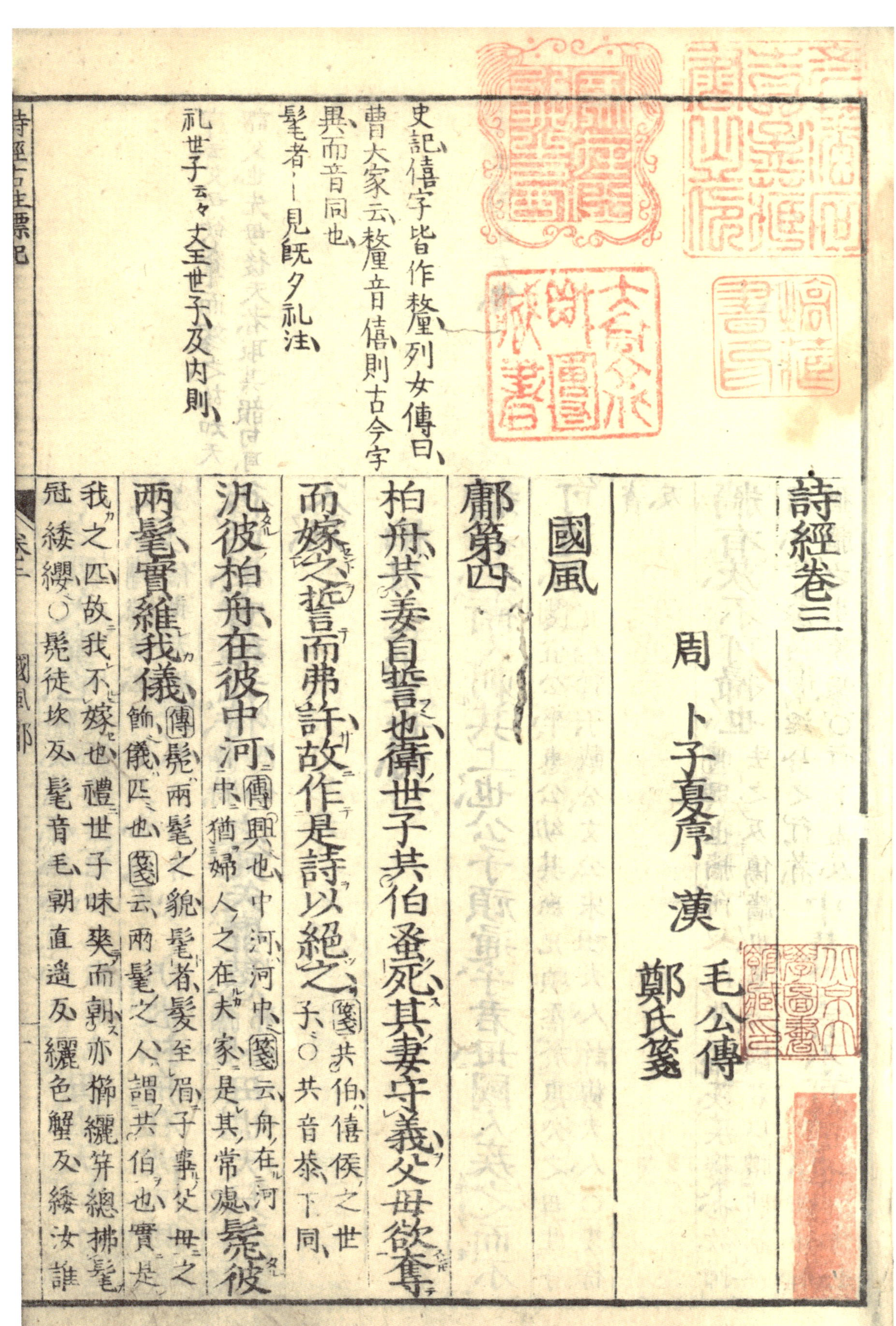
史記僖字皆作釐、列女傳曰、曹大家云、釐音僖則古今字異而音同也、
髦者ー見既夕礼注、
礼世子云々 大全世子及内則、

詩經卷三

周 卜子夏序 漢 毛公傳 鄭氏箋

國風

鄘第四

柏舟共姜自誓也、衛世子共伯蚤死、其妻守義、父母欲奪而嫁之、誓而弗許、故作是詩以絕之、[箋]共伯、僖侯之世子。○共音恭、下同、

汎彼柏舟、在彼中河、[傳]興也、中河、河中、[箋]云、舟在河中、猶婦人之在夫家、是其常處、髧彼兩髦、實維我儀、[傳]髧、兩髦之貌、髦者、髮至眉、子事父母之飾、儀、匹也、[箋]云、兩髦之人、謂共伯也、實是我之匹、故我不嫁也、禮、世子昧爽而朝、亦櫛纚笄總拂髦冠緌纓、○髧徒坎反、髦音毛、朝直遙反、纚色蟹反、緌汝誰

詩經八卷

日本寬政三年（1791）刻本

DC0419八册

宋朱熹集傳。

朱熹（1130—1200），字元晦，一字仲晦，號晦庵，晚稱晦翁，又稱紫陽先生、考亭先生、滄州病叟、雲谷老人、逆翁，謚文。徽州府婺源人。紹興十八年進士，官至江南西路提點刑獄公事。

書高26.1釐米，寬19.1釐米。版框高23.9釐米，寬16.5釐米。二截版，每半葉八行，行十七字，小字雙行，字數同，上截版每半葉二十行，行八字。白口，單線魚尾，四周單邊。魚尾下題“詩經”及卷次，版心下記葉次。書衣書籤印“新刻/頭書詩經集註”。書末有寬政三年刊記。

卷一首葉第一行頂格題“詩經卷之一”，下空五格題“朱熹集傳”，第二起正文。

書首有淳熙四年朱熹“詩經集傳序”，“詩經篇目”。

書中鈐“大倉文化財團藏書”朱印。

○古今大全明王禽州曰南言向化自北而南也周南者周之南也召南者召之南也周召皆岐周故地文王既徙於豊乃分岐周爲周公旦召公奭采邑二詩是美文王后妃之化而係之周南召南者見其化始於岐周而及於南方諸侯之國也故曰文王之地止於百里文王之德達於天下也舊說以周南係之周公召南係之召公似無謂也○衍義安成劉氏曰集傳於國風之下係以一者以國風居四詩之首也下文周南一之一者周南又居國風中十五國之首也後倣此○按周南言文王之德而係之周公者以周公主內治故也召南亦言諸侯之國被文王之化以成德而係之召公者以召公

詩經卷之一　朱熹集傳

國風一

國者諸侯所封之域而風者民俗歌謠之詩也謂之風者以其被上之化以有言而其言又足以感人如物因風之動以有聲而其聲又足以動物也是以諸侯采之以貢於天子天子受之而列於樂官於以考其俗尚之美惡而知其政治之得失焉舊說二南爲正風所以用之閨門鄉黨邦國而化天下也十三國爲變風則亦領在樂官以時存肄備觀省而垂監戒耳合之凡十五國云

周南一之一

周國名南南方諸侯之國也周國本在禹貢雍州境内岐山之陽后稷十三世孫古公亶父始居其地傳子王季歷至孫文王昌辟

詩經八卷

日本慶應乙丑(元年, 1865)刻本

DC0420七册

宋朱熹集傳。

書高25.4釐米, 寬18釐米。版框高24.6釐米, 寬16.2釐米。二截版。每半葉八行, 行十七字, 小字雙行, 字數同。上截版每半葉二十行, 行八字。白口, 單線魚尾, 四周單邊。魚尾下記"詩經"及卷次, 版心下記葉次。書衣書籤題"再刻/頭書詩經集註"。書末有慶應乙丑刊記。

卷二首葉第一行頂格題"詩經卷之二", 下空五格題"朱熹集傳", 第二起正文。

書末有寬正辛亥鈴木溫識語, 識語後列浪華書肆。

存卷二至卷八。

書中鈐"磯田文庫"、"磯田"、"磯田藏書"、"大倉文化財團藏書"朱印。

○衍義程子曰一國之詩而三其名得于衛地者爲衛得邶地者爲邶鄘

○左傳襄公二十九年歌之邶鄘衛林堯叟註云武王伐紂分其地爲三監三監叛周公滅之並其地封康叔故邶鄘衛盡被康叔之化云云

○戴公文公俱公子頑

詩經卷之二　朱熹集傳

邶一之三

邶鄘衛三國名。在禹貢冀州。西阻太行，北逾衡漳，東南跨河，以及兖州桑土之野。及商之季而紂都焉。武王克商，分自紂城朝歌而北謂之邶，南謂之鄘，東謂之衛，以封諸侯。邶鄘不詳其始封，衛則武王弟康叔之國也。衛本都河北朝歌之東，淇水之北，百泉之南。其後不知何時并得邶鄘之地。至懿公爲狄所滅，戴公東徙渡河，野處漕邑。文公又徙居于楚丘。朝歌故城在今衛州衛縣西二十二里，所謂殷墟。衛故都即今衛縣。漕、楚丘皆在滑州。大抵今懷、衛、澶、相、滑、濮等州，開封、大名府界，皆衛境也。但邶鄘地既入衛，其詩皆爲

詩緝三十六卷

明趙府味經堂刻本

DC0421一函十二册

宋嚴粲述。

嚴粲，生卒年不詳，字坦叔，又字明卿，號華穀，南宋後期邵武人。進士，官知清湘縣、徽州掾。

書高30釐米，寬18.2釐米。版框高19.7釐米，寬14.4釐米。每半葉九行，行十八字，小字雙行，字數同。白口，單白魚尾，四周雙邊。版心上鐫“味經堂”，魚尾下題“詩緝”及卷次，版心下記葉次。

卷一首葉第一行題“詩緝卷之一”，第二行題“朝奉大夫臣嚴粲述”，第三行起正文。

書首有林希逸“嚴氏詩緝序”，淳祐戊申嚴粲序，“蒙齋袁先生手帖”，“詩緝條例”，“詩緝清濁音圖”，“十五國風地理圖”，“毛詩綱目”。

書中鈐“會稽章氏藏書”、“繹經室”，“大倉文化財團藏書”朱印。

詩緝卷之一

朝奉大夫臣嚴粲述

周南　國風

譜曰周名者禹貢雍州岐山之陽地名今屬右扶風美陽縣太王避狄難自豳始遷焉商王帝乙之初命其子王季爲西伯至紂又命文王典治南國江漢汝旁之諸侯文王作邑於豐乃命岐邦周召之地爲周公旦召公奭之采地武王定天下廵狩述職陳誦諸國之詩以觀民風俗得二公之德教尤純屬之太師分而國之謂之周南召南周公作樂用之鄉人焉用之邦國焉或謂之房中之樂者后妃夫人侍御於其君子女史歌之周公封魯召公封燕元子世之其次子亦世守采地在王官春秋時周公召公是也采音菜○疏曰緜言太王遷於周原召是周內

詩經說約二十八卷

日本寬文己酉（九年，1669）刻本

DC0422十四册

明顧夢麟纂述，明楊彝参訂。

顧夢麟（1585—1653），字麟士，號中庵，時稱織簾先生，顧炎武族兄。江南太倉人。崇禎六年鄉試副榜，入國子監。楊彝（1583—1661），字子常，號穀園，明末常熟人。

書高24.5釐米，寬16.7釐米。版框高19.7釐米，寬14.5釐米。每半葉十一行，行二十五字。白口，單黑魚尾，四周單邊。無行欄。版心上鐫"詩經說約"，魚尾下題卷次、類目，又下方記葉次，版心下方鐫"織簾居"。内封刻"楊子眥/顧麐士兩先生手授/詩經說約/註疏大全及本義詩傳詩緝讀詩記疏義語類通解合纂及臆說間附/吳門張叔籟梓"。書衣書籤印"詩經說約"。

卷一首葉第一行題"詩經說約卷之一"，第二行題"太倉顧夢麟纂述"，第三行題"常熟杨彝参訂"，第四行正文。

書首有崇禎壬午顾夢麟"詩經說約序"，"鑒定師友"，"詩經集傳說約總目"。書後有寬文己酉刊記，末葉印"京師三條通升屋町/御書物所/出雲寺和泉掾"。

書中鈐"高瀧氏藏書記"、"三多"、"大倉文化財團藏書"朱印。

詩經説約卷之一

太倉顧夢麟纂述
常熟楊彝參訂

國風一

國者，諸侯所封之域；而風者，民俗歌謠之詩也。○謂之風者，以其被上之化以有言，而其言又足以感人，如物因風之動以有聲，而其聲又足以動物也。是以諸侯采之以貢於天子，天子受之而列於樂官，於以考其俗尚之美惡，而知其政治之得失焉。舊説二南為正風，所以用之閨門鄉黨邦國而化天下也；十三國為變風，則亦領在樂官，以時存肄，備觀省而垂監戒耳。合之凡十五國云。

詩所八卷

清雍正戊申（六年，1728）刻本

DC0423一函四册

清李光地註。

書高24.3釐米，寬16.1釐米。版框高17.8釐米，寬13.6釐米。每半葉九行，行二十字，小字雙行，字數同。白口，單黑魚尾，左右雙邊，無行欄。版心上鎸“詩所”，中題卷次，下記葉次。

卷一首葉第一行頂格題“詩所卷之一”，下空七格題“安溪李光地註”，第二行起正文。

書首有康熙五十七年李光地“詩所序”，“詩所目録”，目録後有雍正戊申陳萬策識語。

書中鈐“大倉文化財團藏書”朱印。

詩所卷之一

安溪李光地註

國風一

朱傳之說備矣。

周南

文王之時。殷都以北、漸染汙俗。惟南國服從文王之化。延及江沱漢汭汝墳之閒。聞風慕義。形於謳歌。文王以服事殷。而黎庶歸心焉。故孔子曰、三分天下有其二也。及武王受命。周召二公分理中外。兼領采風之職。於是追摭謠俗。章盛德之感。顯受

詩毛氏傳疏三十卷附毛詩說一卷

清道光二十年至二十七年（1841—1848）陳氏掃葉山莊刻本

DC0427十册

清陳奐學。

陳奐（1786—1863），字碩甫，號師竹，晚自號南園老人，江蘇長洲人。咸豐元年舉孝廉方正。

書高25.5釐米，寬16.5釐米。版框高17.5釐米，寬13.2釐米。每半葉十行，行二十一字，小字雙行，字數同。上下細黑口，雙黑魚尾，左右雙邊。魚尾間記“詩”及卷次，下魚尾下記葉次。書內封鐫“詩毛氏傳疏/道光二十七年秋八月碩甫自題”，鈐“紋銀陸兩”墨方印。內封背面牌記刻“吳門南園掃葉山莊陳氏臧版”。各卷卷末刻“武林愛日軒朱光熊鐫”。

卷一首葉第一行題“詩毛氏傳疏卷一”，第二行題“長洲陳奐學”，第三行起正文。

書首有“詩毛氏傳疏目次”，小像及像贊，陳奐“敘録”，“條例十凡”，“條例”後有識語記著述雕成始末。

書中鈐“大倉文化財團藏書”朱印。

詩毛氏傳疏卷一

長洲陳奐學

周南關雎詁訓傳弟一　毛詩國風

周南之國十一篇三十四章百五十九句疏南南國也在江漢之域周雍州地名在岐山之陽譙周司馬貞說本大王所居扶風雍東北故周城是也周公食采於周故日周公當武王成王之世周公在王朝爲陝東之伯率東方諸矦攝政五年營治東都王城六年制作禮樂遂以文王受命以後與己陝內所采之詩編諸樂章屬歌於大師名之日周南焉先師金壇段氏玉裁毛詩小箋云章句既移篇前則都數宐在此毛三十四章鄭始三十六章

關雎三章一章四句二章章八句疏今本分章作五章此從故言陸德明釋文云五章鄭所分故言毛公本意後放此是也小箋云各本章句在篇後孔穎達正義

毛詩補傳三十卷卷首一卷

日本昭和四年（1929）斯文會刻本

DC0425四函十六册

日本仁井田好古撰。

書高27.8釐米，寬19釐米。版框高20.9釐米，寬15.1釐米。每半葉九行，行十八字，小字雙行，字數同。白口，單黑魚尾，四周雙邊。版心上題"毛詩補傳"，中鎸卷次及篇目，下記葉次。內封刻"紀藩南陽仁井田先生著/毛詩補傳十六册/斯文會藏板"，鈐"斯文會章"印記，書衣、函套書籤題"毛詩補傳"，書後有牌記"昭和四年十一月/斯文會藏版/東京市神田區今川小路二丁目/印刷及賣捌所/松雲堂書店"。

卷一首葉第一行題"毛詩補傳卷第一"，第二行題"紀伊仁井田好古撰"，第三行起正文。

書首有文政六年仁井田好古"毛詩補傳序"，"進毛詩補傳啓"，"毛詩補傳目録"。書後有天保五年仁井田長羣"毛詩補傳跋"，跋後鈐"斯文會章"印記，昭和四年節山學人跋。

書中鈐"大倉文化財團藏書"朱印。

毛詩補傳卷第一

紀伊 仁井田好古 撰

周南關雎詁訓傳第一

鄭玄曰周召者禹貢雍州岐山之陽地名今屬右扶風美陽縣周之先公曰大王者避狄難自豳始遷焉商王帝乙之初命其子王季爲西伯至紂又命文王典治南國江漢汝旁之諸侯於時三分天下有其二以服事殷文王作邑於豐乃分岐邦周召之地爲周公旦召公奭之采地好古曰至于武王遂克商而有天下以周召爲二伯自陝以東周公主之自陝以西召公主之武王崩子成王立周公相之制作禮樂於是取文王之詩分爲二篇周南以爲王者之風召南以爲諸侯之風雖取之於文王之風化多成於周公之手裁揚

毛詩品物圖攷七卷

日本天保十二年(1841)刻本

DC0426三册

日本岡元鳳纂輯。

書高24.5釐米，寬17.8釐米。版框高19.5釐米，寬14.1釐米。無行欄。白口，單黑魚尾，四周單邊。版心上記"品物圖攷"，魚尾下記卷次及篇名，版心下方記葉次。内封刻"岡公翼先生纂輯/毛詩品物圖攷/書坊平安杏林軒/浪華五車堂/仝梓"。書末有天保十二年刊記。書衣書籤印"毛詩品物圖攷"。

卷一首葉第一行題"毛詩品物圖攷卷一"，第二行題"浪華岡元鳳纂輯"，第三行起正文。

書首有天明四年甲辰那波師會"毛詩品物圖攷序"，乙巳柴邦彥"詩經品物圖攷序"，岡元鳳"毛詩品物圖攷序"，"毛詩品物圖攷目録"。書後有天明甲辰吉浪速木孔跋。

書中鈐"好古"、"此中有眞意"、"大倉文化財團藏書"朱印。

毛詩品物圖攷卷一

浪華岡元鳳纂輯

草部

參差荇菜 アサヽ

傳，荇接余也。集傳，根生水底，莖如釵股，上青下白，葉紫赤圓徑寸餘，浮在水面。○顏氏家訓，今荇菜是水有之黃華似蓴。按此方荇葉圓而稍羨，又不若蓴之尖也。彼中書多言蓴似荇而圓，蓋土產之異也。

毛詩會箋二十卷

日本大正九年（1920）鉛印本

DC0428十册

日本竹添光鴻會箋。

書高22釐米，寬15.2釐米。版框高18.9釐米，寬13.5釐米。每半葉十行，行十八字，小字雙行，行三十字。白口，無魚尾，四周單邊。版心中記“毛詩會箋”及類目篇名，下記葉次。版心下方記“獨抱樓”。書內封印“毛詩會箋/樊增祥題”。卷八後有大正九年版權葉。卷二十末印“中國上海商務印書館代印”。

卷一首葉第一行題“毛詩卷第一”，第二行題“竹添光鴻會箋”，第三行起正文。

書首有民國九年江瀚序，“毛詩會箋序說”，“毛詩篇目”。

書中夾“附正誤表”散葉數紙。

書中鈐“大倉文化財團藏書”朱印。

案語：前四册卷一至八為大正九年日本印，後六册卷九至二十為商務印書館續印。

毛詩卷第一

箋曰、五字卷子本無、今依唐石經及搢本延文本補、每卷首放之、

竹添光鴻會箋

周南關雎詁訓傳第一　毛詩國風

箋曰、鄭氏詩譜云、周召者禹貢雍州岐山之陽地名、今屬右扶風美陽縣、朱子集傳云、在鳳翔府岐山縣、明清因宋制不改、而漢美陽縣兼有今扶風縣之地、周、地名、猶之召亦地名、非後來之國號矣、周召同爲地名、猶之邶與鄘亦同爲地名也、周召皆畿內之地、則應同隸於王、必繫之周召者、以所得詩之地名之、存其舊也、二南皆民閒歌謠、其體係乎風、所稱淑女、君子、與夫公子、之子、皆自民閒口中說出也、正義曰、關雎者詩篇之名、既以關雎爲首、遂以關雎爲一卷之目、詁訓傳者注解之別名、漢初爲傳訓者、皆與經別行、三傳之文、不與經連、故石經書公羊傳、皆無經文、藝文志云、毛詩經二十九卷、毛詩故訓傳三十卷、是毛爲詁訓、亦與經別也、及馬融爲周禮之注、乃云欲省學者兩讀、故具載本文、然則後漢以來、始就經爲注、未審此詩引經附傳、是誰爲之、其毛詩經二十九卷、不知併何卷也、關雎第一、元是大師所題也、詁訓傳毛自題之、陸德明釋文云、故訓舊本多作故、今或作詁、案詁故皆是古義、所以兩行、今宜隨本、不煩改字、馬瑞辰曰、漢藝文志載詩凡六家、有以故名者、魯故・韓故・齊后氏故・孫氏故、是也、有以傳名者、齊后氏傳・孫氏傳・韓

周禮註疏四十二卷

明嘉靖間應檟刻白棉紙印本

DC0002二函二十册

漢鄭玄註，唐賈公彥撰，唐陸德明釋文。

賈公彥，生卒年不詳，唐州永年人。官至太常博士。陸德明（550？—630），名元朗，字德明，以字行，蘇州吳縣人。唐國子博士，封吳縣男。

書高27.3釐米，寬18.4釐米。版框高21.6釐米，寬15.6釐米。每半葉九行，行十八字，小字雙行，字數同。白口，單黑魚尾，四周雙邊。魚尾下方記“周禮”及卷次，下記葉次，版心下方記刻工。

卷一首葉第一行題“周禮註疏卷第一”，第二、三行題“朝散大夫行太學博士弘文館學士臣賈公彥等奉/敕撰”，第四行題“國子博士兼太子中允贈齊州刺史吳縣開國男臣陸德明釋文”，第五行題“提督直隸學政監察御史餘姚聞人詮校正”，第六行題“直隸常州府知府遂昌應檟刊行”，第七行起正文。卷二起第二行題“鄭氏註賈公彥疏”，餘同卷一。書根墨筆書“周禮註疏”及册次。

書首有賈公彥等“周禮正義序”，不署撰者“序周禮興廢”。

書中鈐“大倉文化財團藏書”朱印。

周禮註疏卷第一

朝散大夫行太學博士弘文館學士臣賈公彦等奉

勑撰

國子博士兼太子中允贈齊州刺史吳縣開國男臣陸德明釋文

提督直隸學政監察御史餘姚聞人詮校正

直隸常州府知府遂昌應檟刊行

天官冢宰第一 ○陸德明音義曰本或作冢宰上非餘卷放此 疏 天官冢宰 鄭目録云象天所立之官冢大也宰者官也天者統理萬物天子立冢宰使掌邦治亦所以總御衆官使不失職不言司者大宰總御衆官不主一官之事也○釋曰鄭云象天者周天有三

考工記二卷

明末朱墨套印本

DC0429一函二册

書高29.1釐米，寬18.3釐米。版框高20.4釐米，寬15.2釐米。無行欄。每半葉八行，行十八字，小字雙行。字數同。白口，無魚尾，左右雙邊。版心上題“考工記”及篇次，版心下記葉次。

卷一首葉第一行題“考工記”，第二行起正文。

書首有郭正域“批點考工記序”，序末鈐“史官”、“郭正域印”朱印。

書中鈐“大倉文化財團藏書”朱印。

秦焰既熄周禮獲出於漢而冬官闕焉河間獻王以千金購之弗獲於是以考工記補之嘻乎考工豈周書也然其文瑰奇變化乃天地間一種不可磨滅文字

考工記

上篇

國有六職百工與居一焉或坐而論道或作而行之或審曲面埶以飭五材以辨民器或通四方之珍異以資之或飭力以長地財或治絲麻以成之坐而論道謂之王公作而行之謂之士大夫審曲面埶以飭五材以辨民器謂之百工通四方之珍異以資之謂之商旅飭力以長地

考工記上篇　一

禮記正義七十卷

日本昭和五年（1930）東方文化學院影印本

DC0430一函二册

唐孔穎達等撰。

孔穎達（574—648），字沖遠、仲達，冀州衡水人。孔子三十二代孫。官至國子監祭酒。

書高28釐米，寬19.4釐米。版框高23.3釐米，寬16.5釐米。每半葉十五行，行二十六字。白口，單黑魚尾，左右雙邊。

卷第六十三首葉第一行題"禮記正義卷第六十三"，第二、三行題"唐國子祭酒上護軍曲阜縣開國子臣孔穎達等奉/勑撰"，第四行起正文。

每册書後鈐"東方文化叢書第二宋槧本禮記正義"朱戳，函套貼昭和五年版權籤。

據身延文庫藏宋刻殘本影印，原存卷六十三至七十。

書中鈐"大倉文化財團藏書"朱印。

禮記正義卷第六十三

唐國子祭酒上護軍曲阜縣開國子臣孔穎達等奉

勑撰

子曰至唯終　正義曰此一節明在下羣臣無問大小皆須恭敬謹慎又君無以小臣而謀大事也　大臣不親百姓不寧則忠敬不足富貴已過也者沈氏云謂大臣離二不與上相親政教煩苛故百姓不寧若其如此臣不忠於君君不敬於臣是忠敬不足所以致然也由君與臣富貴已過極也　大臣不治而邇臣比矣者大臣不肯爲君理治職事由邇近之臣與上相親比故也　邇臣不可不慎也是民之道也者邇近也言親近之臣不可不慎擇其人道謂道路言邇臣是民之道路邇臣好則人從之好邇臣惡則人從之惡也　君毋以小謀大者言君無得與小臣而謀大臣之事也

毋以遠言近者無得以遠臣共言近臣之事也　毋以內圖外者無得以內臣共圖謀外臣之事所以然者小大之臣意殊遠近之臣

身延本禮記正義殘卷校勘記二卷

日本昭和六年（1931）東京東方文化學院鉛印本

DC0431一册

書高26釐米，寬18釐米。版框高19.2釐米，寬13.6釐米。每半葉十二行，每行字數不等。白口，單黑魚尾，四周雙邊。魚尾下方題"身延本禮記正義殘卷校勘記"及卷次，又下方記葉次。卷末有昭和六年版權籤。

卷一首葉第一行題"身延本禮記正義殘卷校勘記卷一"，第二行正文。

卷首有昭和辛未安井朝康"身延本禮記正義殘卷提要"，"例言"。

書中鈐"大倉文化財團藏書"朱印。

身延本禮記正義殘卷校勘記卷一

禮記正義卷第六十三阮校本卷第五十五。校勘記云。惠棟校宋本自子曰大臣以下爲卷六十三。身延本同。

唐國子祭酒上護軍曲阜縣開國子臣孔穎達等奉

勅撰卷首皆有此署題

○子曰大臣不親節

子曰至唯終阮校本作子曰至由聖。身延本恐誤。

君母以小謀大者阮校本母作毋。身延本皆作母。

謂在上親任其所賢阮校本親作不。身延本恐誤。

既無壹德阮校本壹作一。

證不親其所賢也阮校本證作証。

○子曰小人溺於水節

小人溺於水者阮校本小上有○。身延本連接上文。

附釋音禮記註疏六十三卷

清乾隆乙卯（六十年，1795）和珅翻刻宋本

DC0003二十四册

漢鄭玄注，唐孔穎達等正義，唐陸德明釋文。

書高29.6釐米，寬17釐米。版框高19.3釐米，寬13.2釐米。每半葉十行，行十七字，小字雙行，行二十三字。白口，雙黑魚尾，左右雙邊。上魚尾下方記“記疏”及卷次，下魚尾下方記葉次。

卷一首葉第一行題“附釋音禮記註疏卷第一”，第二行題“國子祭酒上護軍曲阜縣開國子臣孔穎達等撰”，第三行題“國子博士兼太子中允贈齊州刺史吳縣開國男臣陸德明釋文”，第四行起正文。

卷首有孔穎達撰“禮記正義序”，序末刻“建安劉叔剛宅鋟梓”等木記。書後附己巳惠棟題識一篇，乾隆乙卯和珅題識一篇，并鈐“拙齋和珅”、“大學士章”、“子孫其永寶之”三枚朱印。

書衣書籤墨題“宋板禮記正義”。書前襯葉鈐“大倉文化財團藏書”朱印。

附釋音禮記註疏卷第一

國子祭酒上護軍曲阜縣開國子臣孔穎達等撰

國子博士兼太子中允贈齊州刺史吳縣開國男臣陸德明釋文

禮記○陸德明音義曰此記二禮之遺闕故名禮記【疏】正義曰夫禮者經天地理人倫本其所起在天地未分之前故禮運云夫禮必本於大一是天地未分之前已有禮也禮者理也其用以治則與天地俱興故昭二十六年左傳稱晏子云禮之可以爲國也久矣與天地並但于時質略物生則自然而有尊卑若羊羔跪乳鴻鴈飛有行列豈由教之者哉是三才既判尊卑自然而有但天地初分之後即應有君臣治國但年代緜遠無文以言案易緯通卦驗云天皇之先與乾曜合元君有五期輔有三名注云君之用事五行王亦有五期輔有三名公卿大夫也又云遂皇始出握機矩注云遂皇謂遂人在伏犧前始王天下也矩法也言遂皇持斗機運轉之法指天以施政教既云始王天下是尊卑之禮起於遂皇也持斗星以施政教者即禮緯斗威儀云宮主君商主臣角主父徵主子羽主夫少宮主婦少商主政是

禮記十六卷

明正統十二年（1447）司禮監刻本

DC0004八册

元陳澔集說。

陳澔（1260—1341），字可大，號雲住，人稱經歸先生。南康路都昌縣人。

書高29.7釐米，寬18.8釐米。版框高22.6釐米，寬16.2釐米。每半葉八行，行十四字，小字雙行，行十九字。上下大黑口，雙黑魚尾，四周雙邊。上魚尾間刻“巳”、“甲”等字，上魚尾下方記“禮記集說”及卷次。下魚尾下方記葉次。

卷一首葉第一行題“禮記卷之一”，第二行題“陳澔集說”，第三行起正文。

書首有陳澔“禮記集說序”，正統十二年刊記，“禮記集說凡例”。

書衣籤題“禮記集說”。

書中鈐“珠雲僊館”、“大倉文化財團藏書”朱印。

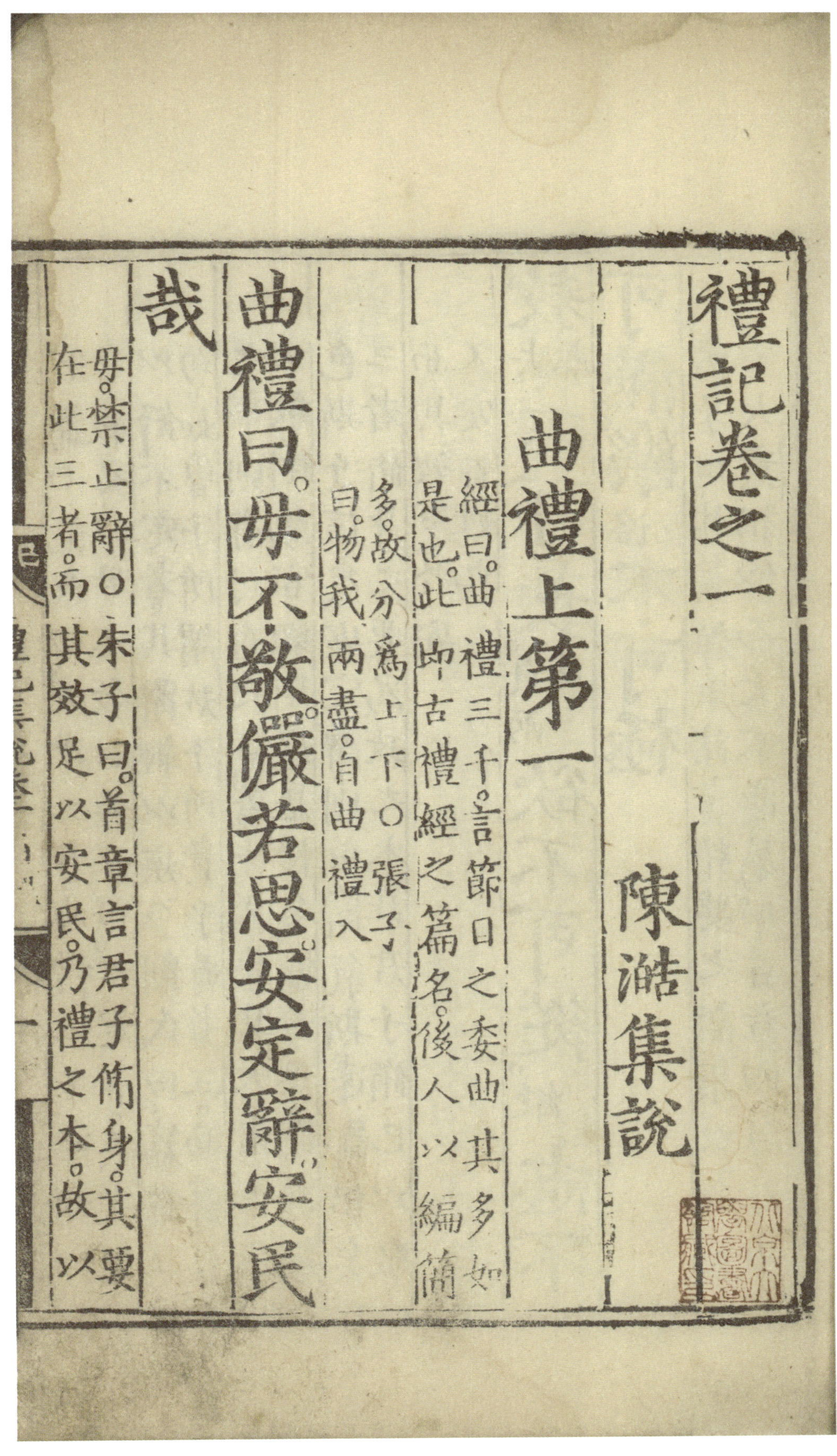

禮記卷之一　陳澔集說

曲禮上第一

經曰。曲禮三千。言節目之委曲其多如是也。此卽古禮經之篇名。後人以編簡多。故分爲上下。○張子曰。物我兩盡。自曲禮入

曲禮曰。毋不敬。儼若思。安定辭。安民哉

毋。禁止辭。○朱子曰。首章言君子脩身。其要在此三者。而其效足以安民。乃禮之本。故以

禮記十卷

清刻本

DC0433一函十册

元陳澔集說。

書高26.5釐米，寬17.1釐米。版框高20.9釐米，寬14.7釐米。每半葉九行，行十七字，小字雙行，字數同。白口，無魚尾，四周單邊。版心上題"禮記"及篇目、目次，版心下記卷次及葉次。

卷一首葉第一行題"禮記卷之一"，第二行起正文。

書首有至治壬戌陳澔"禮記集說序"，"禮記篇目"。

書中鈐"大倉文化財團藏書"朱印。

禮記卷之一

曲禮上第一

經曰。曲禮三千。言節目之委曲。其多如是也。此卽古禮經之篇名。後人以編簡多。故分爲上下。○張子曰。物我兩盡。自曲禮入。

曲禮曰。毋不敬。儼若思。安定辭。安民哉。毋禁止辭。

○朱子曰。首章言君子脩身。其要在此三者。而其效足以安民。乃禮之本。故以冠篇。○范氏曰。經禮三百。曲禮三千。可以一言蔽之。曰毋不敬。○程子曰。心定者。其言安以舒。不定者。其辭輕以疾。○劉氏曰。篇首三句。如曾子所謂君子所貴乎道者三。而籩豆之事。則有司存之意。蓋先立乎其大者也。毋不敬。則動容貌。斯遠暴慢矣。儼若思。則正顏色。斯近信

檀弓一卷

明萬曆丙辰（四十四年，1616）吳興閔齊伋刻朱墨套印本

DC0432一函二册

宋謝枋得批點。

謝枋得（1226—1289），字君直，號疊山，信州弋陽人。寶祐四年進士。歷官江東提刑、江西詔諭使、兵部架閣。

書高29.2釐米，寬18.4釐米。版框高20.3釐米，寬15.3釐米。無行欄。每半葉八行，行十八字。白口，無魚尾，左右雙邊。版心上題“檀弓”，下記葉次。書後鐫“萬曆丙辰秋吳興凌學閔齊伋遇五父識”。

卷一首葉第一行題“檀弓”，第二行起正文。

書首有萬曆丙辰閔齊伋“刻檀弓”。

書中鈐“炳文”、“韓奇彪印”、“大倉文化財團藏書”朱印。

古者死於他邦無親屬友爲之袒免仲子舍適立庶父兄不能正擅之以爲猶無親也故爲之免以示譏免以布廣寸從項中而前交於額又却向後而繞於髻本五世之服

何居只是何也一與夜如何其同義何也則方何居則圓

疊一句法使人悟其意

檀弓

上篇

公儀仲子之喪檀弓免焉仲子舍其孫而立其子檀弓曰何居我未之前聞也趨而就子服伯子於門右曰仲子舍其孫而立其子何也伯子曰仲子亦猶行古之道也昔者文王舍伯邑考而立武王微子舍其孫腯而立衍也夫仲子亦猶行古之道也子游問諸孔子孔子曰否立孫

五禮通考二百六十二卷卷首四卷總目二卷附讀禮通考

清乾隆味經窩刻本

DC0006十二函一百册

清秦蕙田編輯,清方觀承訂。

秦蕙田(1702—1764),字樹峰,號味經,江南金匱人。乾隆元年進士,官至刑部尚書。方觀承(1696—1768),字宜田,號向亭,安徽桐城人。官至直隸總督。

書高27.7釐米,寬17.9釐米。版框高18.7釐米,寬14.7釐米。每半葉十三行,行二十一字,小字雙行,行三十一字。白口,單黑魚尾,左右雙邊。版心上方背面記字數,魚尾下方記“五禮通考”及卷次,下記葉次。內封刻“讀禮通考/五禮通考/味經窩藏板”。

卷一首葉第一行題“五禮通考卷第一”,第二行上方題“内廷供奉禮部右侍郎金匱秦蕙田編輯”,第三行上方題“太子太保總督直隸右都御史桐城方觀承同訂”,第二、第三行下方題“國子監司業金匱吳鼎/直隸按察司副使元和宋宗元參校”。第四行正文。

書首有乾隆十八年蔣汾功序,方觀承序,秦蕙田序,凡例。

書中鈐“閩楊浚雪滄冠悔堂藏本”、“侯官楊雪滄金石圖書印”、“大倉文化財團藏書”朱印。

附印:讀禮通考一百二十卷

清康熙三十五(1916)年刻乾隆間味經窩印本

清徐乾學撰。

徐乾學(1631—1694),字原一、幼慧,號健庵、玉峰先生,江蘇崑山人。康熙九年進士第三,官至刑部尚書。

版框高18.9釐米,寬14.7釐米。每半葉十三行,行二十一字,小字雙行,行三十一字。白口,單黑魚尾,左右雙邊。版心上方背面記字數,魚尾下方記“讀禮通考”及卷次,下記葉次。

卷一首行題“讀禮通考卷第一”,第二行題“經筵講官禮部左侍郎兼翰林院學士教習庶吉士充大清會典一統志副總裁明史總裁徐乾學”,第三行正文。

書首有清康熙三十五年徐樹穀序,凡例,引用書目,目録。

五禮通考卷第一

内廷供奉禮部右侍郎金匱秦蕙田編輯　國子監司業金匱吴　鼎
太子太保總督直隸右都御史桐城方觀承同訂　直隸按察司副使元和宋宗元　參校

吉禮一

圜丘祀天

蕙田案禮莫重於祭祭莫大於天天爲百神之君天子爲百姓之主故惟天子歲一祭天周禮冬日至祀昊天上帝於圜丘冬至取陽生南郊取陽位圜丘取象天燔柴取達氣其玉幣牲牢尊俎樂舞車旗之屬各以象類雖一名一物之微莫不有精意存於其間故曰郊所以明天道又曰明乎其義治國其如示諸掌乎自禮經不明章句之儒羣言淆亂朝

春秋經解十五卷

清乾隆武英殿聚珍本

DC0007六册

宋孫覺撰。

孫覺（1028—1090），字復明，號莘老，北宋高郵人。官至御史中丞。

書高27.9釐米，寬18釐米。版框高19.2釐米，寬12.8釐米。每半葉九行，行二十一字。白口，單魚尾，四周雙邊。版心上方刻"春秋經解"，魚尾下方記卷次，又下記葉次。

書首有乾隆甲午"御製題武英殿聚珍版十韻（有序）"，"御製題孫覺春秋經解六韻"，"春秋經解提要"及目録。

卷一首葉第一行題"春秋經解卷一"，第二行題"宋孫覺撰"，第三行起正文。

書前襯葉鈐"大倉文化財團藏書"朱印。

春秋經解卷一

宋 孫覺 撰

隱公上

元年春王正月

元年者隱公之始年正月者平王之正月也春秋始於平王隱公者蓋周室之衰自平王東遷之後賞罰號令不行於天下諸侯朝貢不至於京師黍離之詩降於國風文侯之命王言遂絶所以見周道之衰甚於幽厲而成於平王也春秋於是作者以天下無王

春秋三十卷

清刻本

DC0434五册

宋胡安國撰。

胡安國(1074—1138),字康侯,謚號文定,建寧崇安人。紹聖四年進士,歷任太學博士,提舉湖南學事,中書舍人等職。

書高26.5釐米,寬17釐米。版框高20.8釐米,寬14.6釐米。每半葉九行,行十七字,小字雙行,字數同。白口,無魚尾,四周單邊。版心上題“春秋”及篇目,版心下記卷次及葉次。

卷一首葉第一行題“春秋卷之一”,第二行起正文。

卷首有“春秋傳序”,“春秋傳綱領”,“春秋篇目”。

書中鈐“潤齋”、“大倉文化財團藏書”朱印。

春秋卷之一

隱公上

公名息姑。魯惠公之子。姬爵。自周公子伯禽始受封。傳世十有三而至隱公。攝主國事。謚法。不尸其位曰隱。

周 文武開基。始都豐鎬。幽厲板蕩。平王東遷洛陽。盡喪故都而棄之秦。所謂東周也。於是王室微弱。至平王四十九年而入春秋。魯隱公三年。平王崩。桓王立。

鄭 姬姓。伯爵。自桓公始受封。周厲王之子。宣王之弟也。傳世武公。莊公。莊公元年。封弟段于京。二十二年。克段于鄢。入春秋。【音註】鄢音偃。

齊 姜姓。侯爵。自太公相武王定殷。受封于齊。受命專征侯伯。傳世十三。至僖公九年。入春秋。

春秋屬辭十五卷

元至正庚子至乙巳（二十年至二十五年，1360—1365）海寧商山義塾刻本

DC0008四册

元趙汸學。

趙汸（1319—1369），字子常。安徽休寧人。

書高23.5釐米，寬16.2釐米。版框高17釐米，寬13.9釐米。每半葉十三行，行二十七字。細黑口，雙黑魚尾，左右雙邊。上魚尾下方記“春秋屬辭”及卷次，下魚尾下方記葉次、字數及刻工。

卷一首葉第一行上頂格題“春秋屬辭卷之一”，下空九格題“新安趙汸學”，第二行起正文。

書前有宋濂“春秋屬辭序”，趙汸“春秋屬辭序”，目録，目録後有趙汸識語。各卷卷末刻“金居敬覆校/學生倪尚誼校對/前鄉貢進士池州路儒學學正朱升校正”。書後有洪武元年程性跋，汪文跋，汪文跋後鐫“海寧趙月卿刊/胡仲永重修”。

書中鈐“大倉文化財團藏書”朱印。

春秋屬辭卷之一

新安趙汸學

存策書之大體第一

策書者國之正史也傳述祝佗之言謂魯公分物有備物典策而韓宣子見易象與魯春秋曰周禮盡在魯矣班固藝文志因謂魯周公之國禮文備物史官有法杜元凱亦以備物典策爲春秋之制而孔頴達以爲若今官程品式之類皆謂魯之舊史有周公遺法在焉自伯禽以來無大喪亂史官前後相蒙有非他國可及者然古者非大事不登于策小事則簡牘載之故曰國之正史也今以春秋所書凖西周末亂之時其書于策者不過公即位逆夫人朝聘會同崩薨卒葬禍福告命雩社禘嘗蒐狩城築非禮不時與夫災異慶祥之感而一國紀綱本末略具善惡亦存其中蓋策書大體不越乎此而已東遷以來王室益微諸侯背叛伯業又衰夷狄縱横大夫專政陪臣擅命於是伐國滅國圍入遷取之禍交作弑君殺大夫奔放納入之變相尋而策書常法始不足盡

春秋集傳三十七卷首一卷

明初刻本

DC0009三十八册

明胡廣撰。

胡廣（1369—1418），一名靖，字光大，號晃庵，江西等處行中書省吉安路吉水州人。建文二年狀元，文淵閣大學士。謚文穆。

書高24釐米，寬15.1釐米。版框高19.4釐米，寬13釐米。每半葉十一行，行二十一字，小字雙行，字數同。黑口，雙黑魚尾，四周雙邊。每卷首尾葉上魚尾下方刻紋飾，其他各葉上魚尾下方記“春秋传”及卷次，每卷下魚尾下方記葉次。

卷一首葉第一行題“春秋集傳卷之一”，第二行起正文。

書首有“春秋集傳序論”，“諸國說”，“指掌春秋列國圖”，“春秋二十國年表”。

書中鈐“飛鶴堂”、“弱侯讀書記”、“王懿榮印”、“翰林供奉”、“正文齋”、“幾輔譚氏藏書印”、“大倉文化財團藏書”朱印。

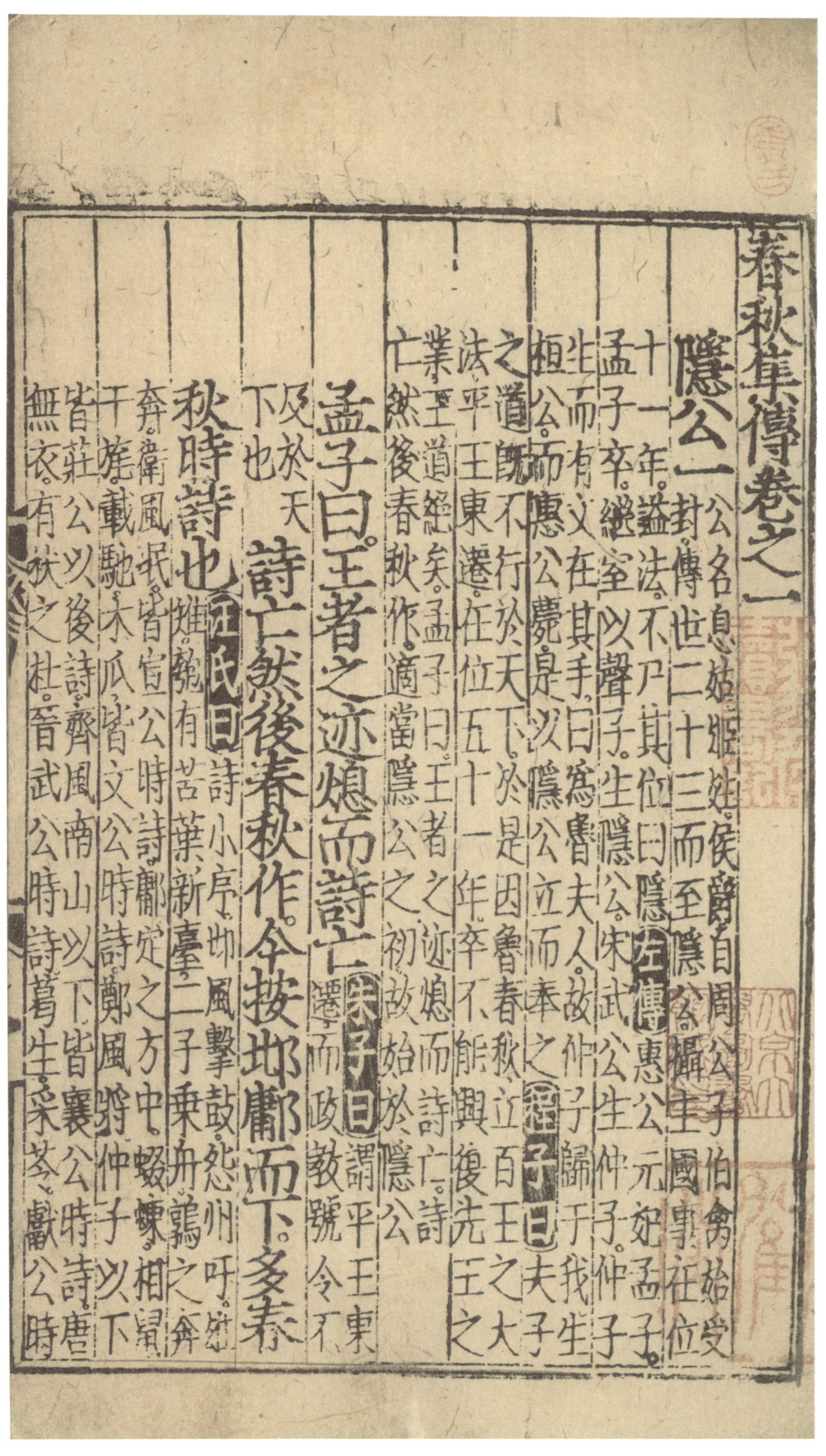

春秋集傳卷之一

隱公一 公名息姑姬姓侯爵自周公子伯禽始受封傳世二十三而至隱公攝主國事在位十一年。謚法不尸其位曰隱。【左傳】惠公元妃孟子。孟子卒。繼室以聲子。生隱公。宋武公生仲子。仲子生而有文在其手。曰為魯夫人。故仲子歸于我。生桓公而惠公薨。是以隱公立而奉之。【程子曰】夫子之道既不行於天下。於是因魯春秋立百王之大法。平王東遷。在位五十一年。卒不能興復先王之業。王道絕矣。孟子曰。王者之迹熄而詩亡。詩亡然後春秋作。適當隱公之初。故始於隱公。

孟子曰。王者之迹熄而詩亡。【朱子曰】謂平王東遷而政教號令不及於天下也。詩亡然後春秋作。今按邶鄘而下多春秋時詩也。【汪氏曰】詩小序邶風擊鼓怨州吁。[illegible]雄雉匏有苦葉新臺二子乘舟鶉之奔奔鄘風牴皆宣公時詩鄘定之方中蝃蝀相鼠干旄載馳衛木瓜皆文公時詩鄭風將仲子以下皆莊公以後詩齊風南山以下皆襄公時詩唐無衣有杕之杜晉武公時詩葛生采苓獻公時

欽定春秋傳説彙纂三十八卷卷首二卷

清康熙六十年（1721）內府刻本

DC0435二函十六册

清王掞等纂。

王掞（1644—1728），字藻儒，一作藻如，號顓庵、西田主人，江南太倉人。康熙九年進士，授編修，官至文淵閣大學士。

書高29.4釐米，寬19.9釐米。版框高22.4釐米，寬16釐米。每半葉八行，行十八字，小字雙行，行二十二字。白口，單黑魚尾，四周雙邊。魚尾上方題“欽定春秋傳説彙纂”，魚尾下記卷次，又下標春秋紀年，版心下記葉次。

卷一首葉第一行題“欽定春秋傳説彙纂卷第一”，第二行起正文。

書首有康熙六十年“御製春秋傳説彙纂序”，“欽定春秋傳説彙纂總裁校對分條校刊諸臣職名”，“引用姓氏”，“欽定春秋傳説彙纂目録”。

書中鈐“珊瑚閣珍藏印”、“大倉文化財團藏書”朱印。

欽定春秋傳說彙纂卷第一

集說 杜氏預曰。春秋者。魯史記之名也。記事者以事繫日。以日繫月。以月繫時。以時繫年。所以紀遠近。別同異也。故史之所記。必表年以首事。年有四時。故錯舉以為所記之名也。徐氏彥曰。三統歷云。春為陽中。萬物以生。秋為陰中。萬物以成。故名春秋。又春秋說云。始於春。終於秋。春為生物之始。秋為成物之終。故曰春秋。而舊說云。哀十四年春。西狩獲麟。作春秋。九月書成。以其春作秋成。故云春秋也。者非也。莊七年經云。星隕如雨。傳云。不修春秋。曰雨星不及地尺而復。君子修之。曰星隕如雨。則是孔子未修之時。已名春秋矣。

案 孟子言春秋。天子之事也。蓋謂春秋本諸侯之史。其時列邦僭亂。名分混淆。而史體乖舛。夫子因而修之。其名秩。則一裁以武成班爵之舊。其行事則一律以周公制禮之初。故曰春秋天子之事者。猶曰天子之史云爾。

又一部

DC0436四函二十四册

書高29.4釐米，寬19.9釐米。版框高22.4釐米，寬16釐米。

書中鈐“大倉文化財團藏書”朱印。

欽定春秋傳說彙纂卷第一

集說 杜氏預曰。春秋者。魯史記之名也。記事者以事繫日。以日繫月。以月繫時。以時繫年。所以紀遠近。別同異也。故史之所記。必表年以首事。年有四時。故錯舉以爲所記之名也。徐氏彦曰。三統歷云。春爲陽中。萬物以生。秋爲陰中。萬物以成。故名春秋。又春秋說云。始於春。終於秋。春爲生物之始。秋爲成物之終。故曰春秋。而舊說云。哀十四年春。西狩獲麟。作春秋。九月書成。以其春作秋成。故云春秋也者。非也。莊七年經云星貫如雨。傳云。不修春秋。曰雨星不及地尺而復。君子修之。曰星貫如雨。則是孔子未修之時。已名春秋矣。

案 孟子言春秋。天子之事也。蓋謂春秋本諸侯之史。其時列邦僭亂。名分混淆。而史體乖舛。夫子因而修之。其名秩。則一裁以武成班爵之舊。其行事。則一律以周公制禮之初。故曰春秋天子之事者。猶曰天子之史云爾。

御纂春秋直解十二卷

清刻本

DC0437一函八册

清梁錫璵廣義。

梁錫璵，字確軒，山西汾州府介休縣人。雍正二年舉人，乾隆十七年入上書房，累遷詹事府少詹事。

書高26.3釐米，寬16.3釐米。版框高18.3釐米，寬13.7釐米。每半葉十行，行二十一字。白口，單黑魚尾，四周雙邊。版心上題“春秋直解”，中記卷次及篇名，下記葉次，内封朱印“御纂春秋直解”。

卷一首葉第一行頂格題“御纂春秋直解卷一”，下空五格題“臣梁錫璵廣義”，第二行起正文。

卷首有“引端”，“凡例”。

書中鈐“大倉文化財團藏書”朱印。

御纂春秋直解卷一

臣 梁錫璵廣義

春秋魯史之名天有時人有事事繫於時也由春而夏時之啟由秋而冬時之閉時雖有四舉春秋足以槩之故以春秋名史也孔子因而修之蓋以明王道也本周禮以經其常隨時事以權其變大義炳於日月微言析及毫芒而是非著治亂具法戒昭使後世得以考而鑒焉孔子之志也

平王四十有九年己未在位五十有一年孫桓王立

春秋爲尊王而作而用魯紀年本魯史也後人因以幹枝與天王之年冠其上其意善矣第經所無而增

春秋正議證釋四卷

民國己卯（二十八年，1939）刻本

DC0438一函五册

吳佩孚等撰。

吳佩孚（1874—1939），字子玉，山東蓬萊人，祖籍江蘇省常州（延陵郡）。

書高29.5釐米，寬17.5釐米。版框高20.7釐米，寬13.4釐米。每半葉十行，行二十五字，小字雙行，字數同。下黑口，單黑魚尾，左右雙邊。版心上題“春秋正議證釋”，魚尾下記卷次，又下記春秋紀年及大事，版心下記葉次。書衣鈐“春秋正議證釋/吳佩孚署”墨印，内封刻“己卯孟夏/春秋正議證釋/智玄吳佩孚題”。

卷一首葉第一行題“春秋正議證釋卷一”，第二行起正文。

卷首有“春秋正議證釋”著者名録，“緒言”，書後有倪寶麟“刊書誌實”，己卯仲秋倪寶麟“印書再誌”。

附日文版《春秋正議證釋の内容》一册。

書中鈐“大倉文化財團藏書”朱印。

春秋正議證釋卷一

隱公 楊氏士勛曰、魯世家、隱公名息姑、惠公之子、周公八世孫、以平王四十九年即位、隱者謚也、周書謚法曰、隱拂不成曰隱、魯雖侯爵、據臣子言之、故謂之公、在位十一年、

左傳。惠公元妃孟子。

魯惠公的開始嫡配。是宋國子姓長女。故合稱爲孟子。

孟子卒。

孟子死了。因爲不成喪。故稱卒不稱薨。因爲惠公還活著。故不得跟著稱丈夫的謚法。

繼室以聲子。生隱公。

惠公便把孟子當年陪嫁女。或妹或姪後來謚爲聲子的。那位子

孝經一卷

日本享保十七年（1732）東都紫芝園刻本

DC0451一册

漢孔安國傳，日本太宰純音。

孔安國（約156—？），字子國。魯人，孔子十一代孫。官至臨淮太守。

書高27釐米，寬17.7釐米。版框高20.8釐米，寬15釐米。每半葉九行，行十八字，小字雙行，字數同。白口，單黑魚尾，四周雙邊。版心上題"孝經"，中記葉次，下刻"紫芝園"。書末有"享保十七年壬子仲冬朔旦/東都紫芝園藏板"刊記，鈐"紫芝園藏版不許翻刻"朱印記。

卷一首葉第一行題"孝經"，第二行題"漢魯人孔安國傳"，第三行題"日本信陽太宰純音"，第四行起正文。

書衣書籤印"孝經"。書首有日本享保十六年太宰純"重刻古文孝經序"，孔安國"古文孝經序"。書末附"江戸書林嵩山房藏梓目録"。

書中鈐"吉田藏書"、"大倉文化財團藏書"朱印。

孝經

漢 魯人 孔安國 傳

日本信陽 太宰純 音

開宗明誼章第一 經一百二十五字

仲尼閒居。曾子侍坐。仲尼者。孔子字也。凡名有五品。有信。有誼。有象。有假。有類。以名生爲信。以德名爲誼。以類名爲象。取物爲假。取父爲類。仲尼首上汚似尼丘山。故名曰丘。而字仲尼。孔子者。男子之通稱也。仲尼之兄伯尼。閒居者。靜而思道也。曾子者。男子之通稱也。名參。其父曾點。亦孔子弟子也。侍。坐。承事左右。問道訓也。○閒音閑。坐才卧反。汚烏華反。參所金反。子曰。參。先王有至德要道。以訓天下。子。孔子也。

孝經一卷

日本文政二年(1819)東都紫芝園刻本

DC0452—一册

漢孔安國傳,日本太宰純音。

書高25.9釐米,寬17.8釐米。版框高20.9釐米,寬14.9釐米。每半葉九行,行十八字,小字雙行,字數同。白口,單黑魚尾,四周雙邊。版心上題“孝經”,中記葉次,下刻“紫芝園”。

卷首葉第一行題“孝經”,第二行題“漢魯人孔安國傳”,第三行題“日本信陽太宰純音”,第四行起正文。書末有“享保十七年壬子仲冬朔旦/東都紫芝園藏板/文政二巳卯十二月再板/書肆嵩山房小林新兵衛發行”刊記,鈐“紫芝園藏版不許翻刻”朱印記。

書衣書籤印“孝經再板”。書首有日本享保十六年太宰純“重刻古文孝經序”,孔安國“古文孝經序”。

書中鈐“壽“、“吉田藏書”、“大倉文化財團藏書”朱印。

孝經

漢 魯人 孔安國 傳

日本信陽 太宰純 音

開宗明誼章第一 經一百二十五字

仲尼閒居，曾子侍坐。仲尼者，孔子字也。凡名有五品：有信，有誼，有象，有假，有類。以名生爲信，以德名爲誼，以類名爲象，取物爲假，取父爲類。仲尼首上汙似尼丘山，故名曰丘，而字仲尼。孔子者，男子之通稱也。仲尼之兄伯尼。閒居者，靜而思道也。曾子者，男子之通稱也。名參，其父曾點，亦孔子弟子也。侍坐，承事左右，問道訓也。○閒音閑。坐，才臥反。汙，烏華反。參，所金反。子曰：參，先王有至德要道，以訓天下。子，孔子也。

五經人物考不分卷

清初朱絲欄鈔本

DC0453四夾板三十八册

沈繼倫撰。

沈繼倫，生卒年不詳，字爾為，一字軒甫，山陰人。

書高27.5釐米，寬16.8釐米。版框高19.2釐米，寬13.4釐米。每半葉十行，行二十字。白口，單朱魚尾，四周雙邊。

卷一首葉第一行題"五經人物考"，第二起正文。

夾板粘書籤印"經部/半畝園嫏嬛妙境藏書"，中欄墨書"五經人物考/二函十册/寫本"。書中鈐"大倉文化財團藏書"朱印。

子目：

周易四册

書經六册

詩經十册

禮記十二册

春秋六册

案語：此書未見諸家著録。北京大學圖書館藏《詩經·大雅》殘册，卷端署"山陰沈繼倫爾為一字軒甫"。

五經人物考

周易上經

周易

周禮太卜三易一曰連山二曰歸藏三曰周易

鄭康成曰夏曰連山殷曰歸藏周曰周易　劉熙釋名易者言變易也　易緯乾鑿度曰易一名而三義所謂易也變易也不易也又云周易因代以名　張行成曰易有四體一用三伏羲先天體也連山天易其卦首艮歸藏地易其卦首坤周易人易其卦首乾用也　正義論易三代異名曰康成

七經孟子考文補遺考文一百九十八卷附一卷

日本享保十六年（1731）刻寬政三年（1791）補刻本

DC0454三十二册

日本山井鼎輯，日本物觀補遺。

山井鼎，又名神生，字君彝。物觀，字叔達。

書高25.7釐米，寬17.9釐米。版框高21.8釐米，寬15.1釐米。每半葉九行，行二十字，小字雙行，字數同。白口，單黑魚尾，四周雙邊。版心上題"七經孟子考文補遺"，魚尾下記經名及卷次，又下方記葉次，版心下刻册次。

卷一首葉第一行題"周易兼義上經乾傳卷第一"，第二行起正文。《周易》序首葉第一行題"七經孟子考文周易"，第二行題"西條掌書記山井鼎謹輯"，第三行題"補遺"，第四行題"東都講官物觀纂修"，第五行題"石之清校"，第六、七行題"平義質/木晟同校"，第八行正文。書末刻"享保辛亥六月穀旦梓畢"，有寬政三年再補刊記。

書衣書籤印"七經孟子考文補遺"。書首有日本享保十五年物觀"七經孟子攷文補遺敘"，日本享保十一年物茂卿"七經孟子攷文敘"，"七經孟子攷文凡例"，"七經孟子考文總目"。

書中鈐"大倉文化財團藏書"朱印。

子目：

周易十卷

尚書二十卷附古文考一卷

毛詩二十卷

春秋左傳六十卷

禮記六十三卷

論語十卷

古文孝經一卷

孟子十四卷

周易兼義上經乾傳卷第一

謹按古本宋板題目各異惟後世梓者妄意改換遂失本眞按陸氏釋文所引及歷代經籍志等王弼註本當以古本爲正也正義本宋板可據今更記其篇目分數以復古觀云爾

周易上經乾傳第一

☰☰ 乾下乾上 乾元亨利貞初九潛龍勿用文言備矣九二見

右古本足利本

周易註疏卷第一

子朱子論語集注殘稾眞跡

日本大正七年(1918)長尾甲影印本

DC0439一函一册

宋朱熹集注。

書高33.2釐米，寬16釐米。每半葉四行，行字數不等。

書首篆題“子朱子論語集注殘稾眞跡”。書後有宣統戊午羅振玉題記，大正七年長尾甲印書識語。

書衣書籤墨題“朱子論語集注殘稿聽松貴爵清鑒/長尾甲敬贈”，鈐“石隱”印。書中鈐“大倉文化財團藏書”朱印。

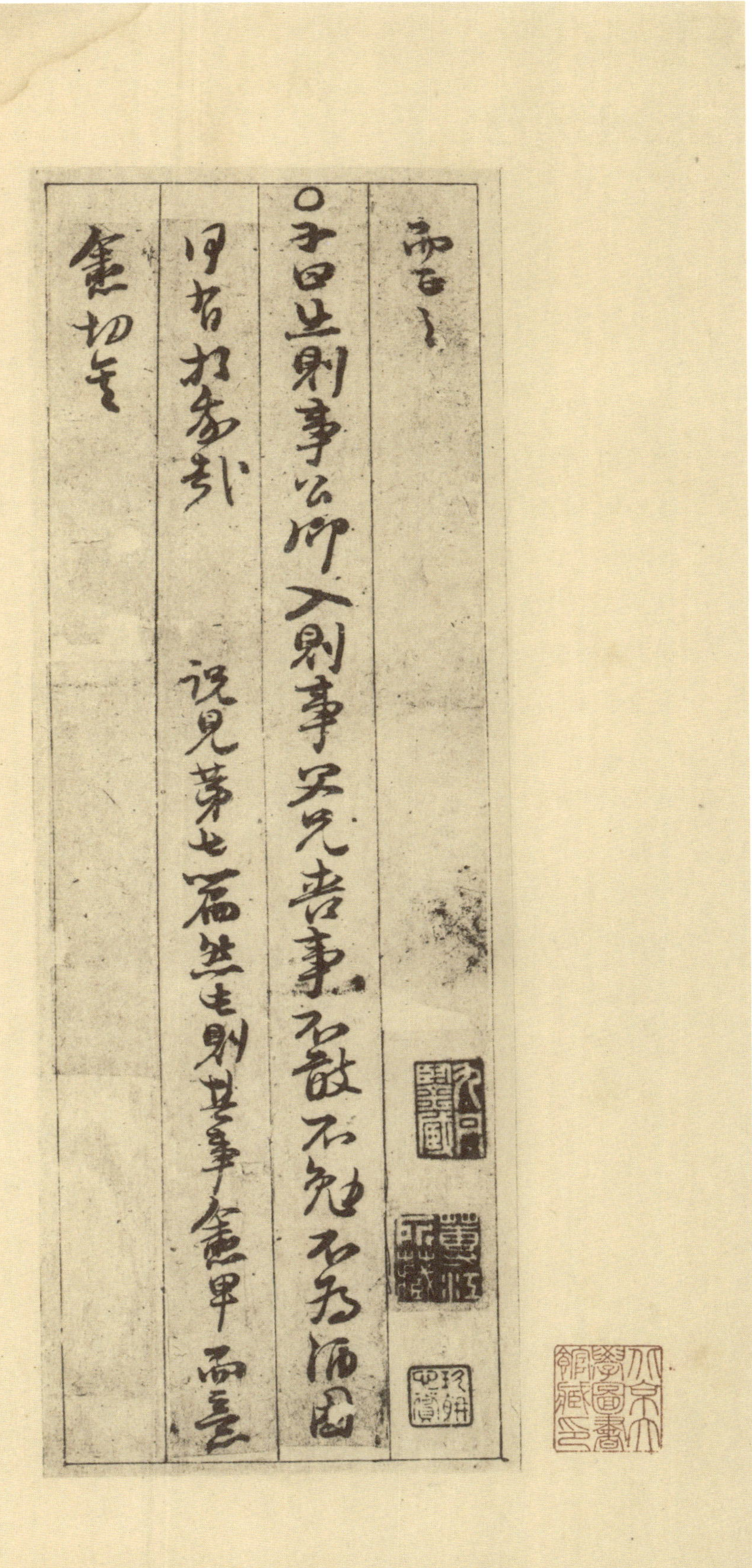

而已矣

○子曰出則事公卿入則事父兄喪事不敢不勉不為酒困

何有於我哉　說見第七篇然此則其事愈卑而意

愈切矣

四書集註二十六卷

日本慶安五年（1652）刻本

DC0444十册

宋朱熹撰。

書高31.5釐米，寬28釐米。版框高22.3釐米，寬16釐米。無行欄。每半葉八行，行十四字，小字雙行，行十八字。字間有日文訓點。上下黑口，雙黑魚尾，四周雙邊。上魚尾下方題子目名、卷次，下魚尾下方記葉次。書末書牌鐫“慶安五壬辰稔重陽吉且/二條通玉屋町村上平樂寺雕開”。

正文首葉第一行題“大學/大舊音泰/今讀如字”，第二行題“朱熹章句”，第三行起正文。

書衣鈐“壽”朱印，書中鈐“大倉文化財團藏書”朱印。

子目：

大學章句一卷

中庸章句一卷

論語集註十卷

孟子集註十四卷

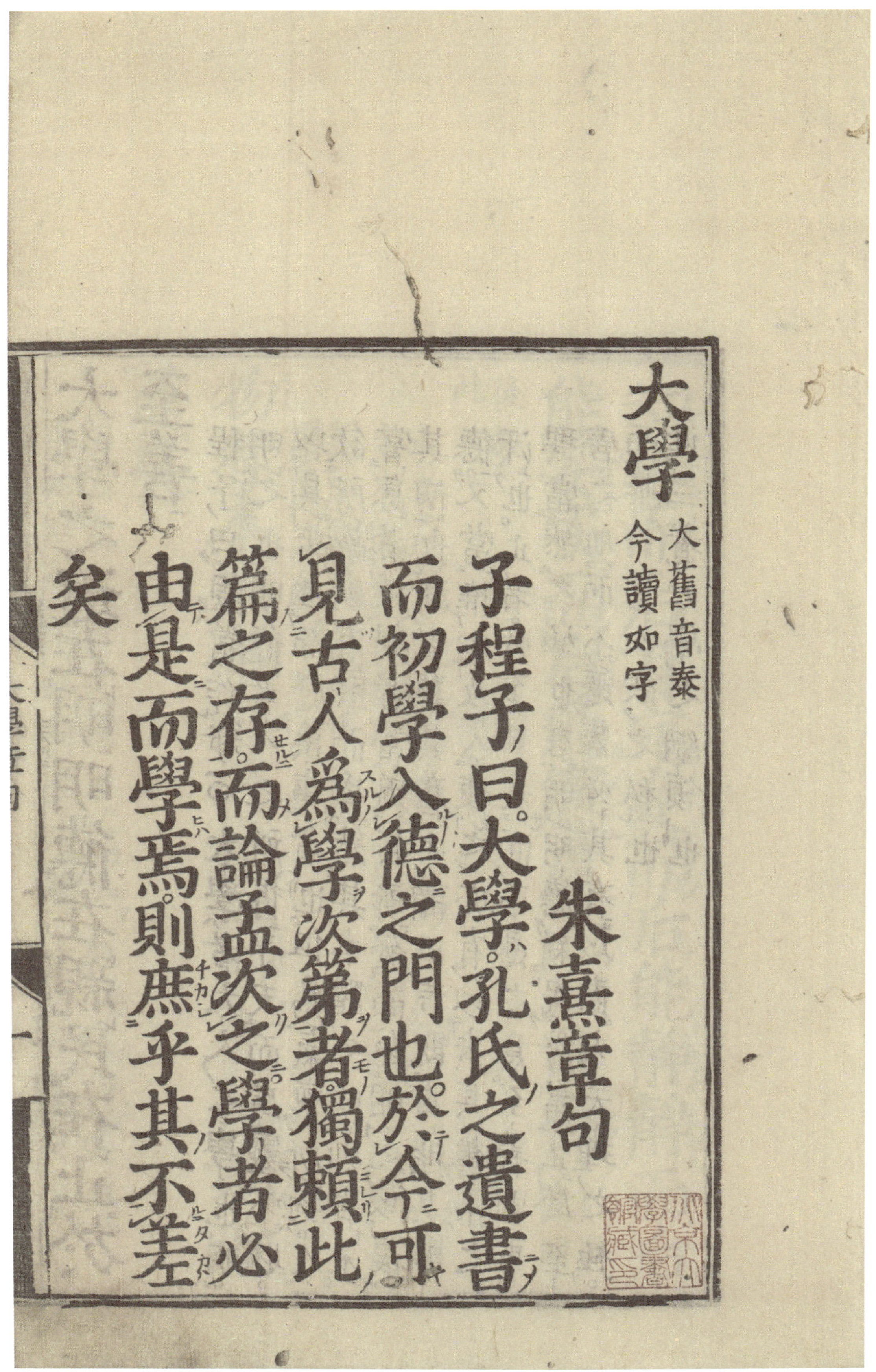

大學 大舊音泰今讀如字

朱熹章句

子程子曰。大學。孔氏之遺書而初學入德之門也。於今可見古人爲學次第者獨賴此篇之存。而論孟次之學者必由是而學焉。則庶乎其不差矣

四書集註十九卷

日本寬文七年(1667)五村市兵衛刻本

DC0445十册

宋朱熹集註。

書高28.5釐米,寬19.6釐米。版框高21.7釐米,寬17釐米。無行欄。每半葉八行,行十七字,小字雙行,字數同。白口,單黑魚尾,四周單邊。版心上題"四書",魚尾下記子目書名及卷次,版心下記葉次。《孟子》卷七後鐫"寬文七丁未載正月吉辰/二條通松屋町/書肆五村市兵衛刊行"。

《論語集註》、《孟子集註》卷首有圖,《孟子集註》圖後牌記刻"相國李先生校正/鰲峰堂熊正吾梓"。

書中鈐"大倉文化財團藏書"朱印。

子目:

大學章句一卷

中庸章句一卷

論語集註十卷

孟子集註七卷

大學 大，舊音泰，今讀如字。 朱熹章句

子程子曰：大學，孔氏之遺書，而初學入德之門也。於今可見古人爲學次第者，獨賴此篇之存，而論孟次之。學者必由是而學焉，則庶乎其不差矣。

大學之道，在明明德，在親民，在止於至善。程子曰：親，當作新。○大學者，大人之學也。明，明之也。明德者，人之所得乎天，而虛靈不昧，以具衆理而應萬事者也。但爲氣稟所拘，人欲所蔽，則有時而昏；然其本體之明，則有未嘗息

論語十卷

日本刻本

DC0440四册

宋朱熹集註。

書高25.7釐米，寬19釐米。版框高21釐米，寬16.7釐米。無行欄。每半葉八行，行十四字，小字雙行，行十八字。字間有日文訓點。白口，雙黑魚尾，四周雙邊。上魚尾下題"論語"及卷次，下魚尾下記葉次，版心下記"惕齋點"。

卷一首葉第一行題"論語卷之一"，第二行題"朱熹集註"，第三行起正文。

書首有"讀論語孟子法"，朱熹"論語集註序說"。

書中鈐"吉田藏書"、"伊達家藏"、"大倉文化財團藏書"朱印。

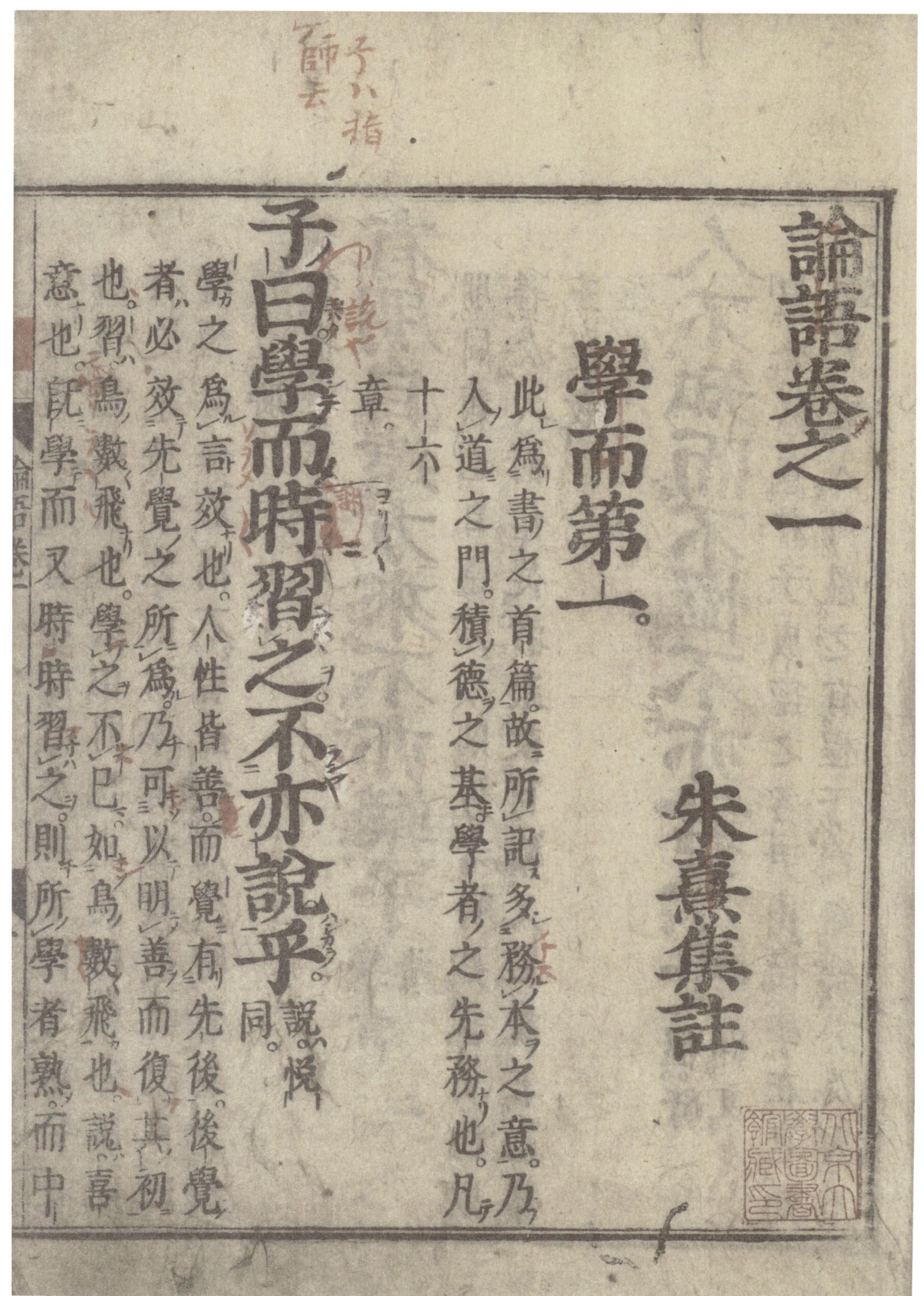

論語卷之一　朱熹集註

學而第一

此爲書之首篇。故所記多務本之意。乃入道之門。積德之基。學者之先務也。凡十六章。

子曰學而時習之。不亦說乎。說悅同。

學之爲言效也。人性皆善。而覺有先後。後覺者必效先覺之所爲。乃可以明善而復其初也。習。鳥數飛也。學之不已。如鳥數飛也。說。喜意也。既學而又時時習之。則所學者熟。而中

孟子十四卷

日本寬延三年（1750）書林文華堂刻本

DC0441四册

宋朱熹集註。

書高25.3釐米，寬18.2釐米。版框高21.1釐米，寬16.3釐米。無行欄。每半葉九行，行十五字，小字雙行，行二十二字。字間有日文訓點。上下大黑口，單白魚尾，四周單邊。魚尾下題"孟子"及卷次，下記葉次。書後鎸"寬保元年辛酉六月彫刻/寬延三歲庚午孟春吉辰再版/皇都書林文華堂版"。

卷一首葉第一行題"孟子卷之一"，第二行題"朱熹集註"，第三行起正文。

書衣書籤題"寬延改正孟子道春訓點"。書首有朱熹"孟子集註序說"。

書中鈐"大倉文化財團藏書"朱印。

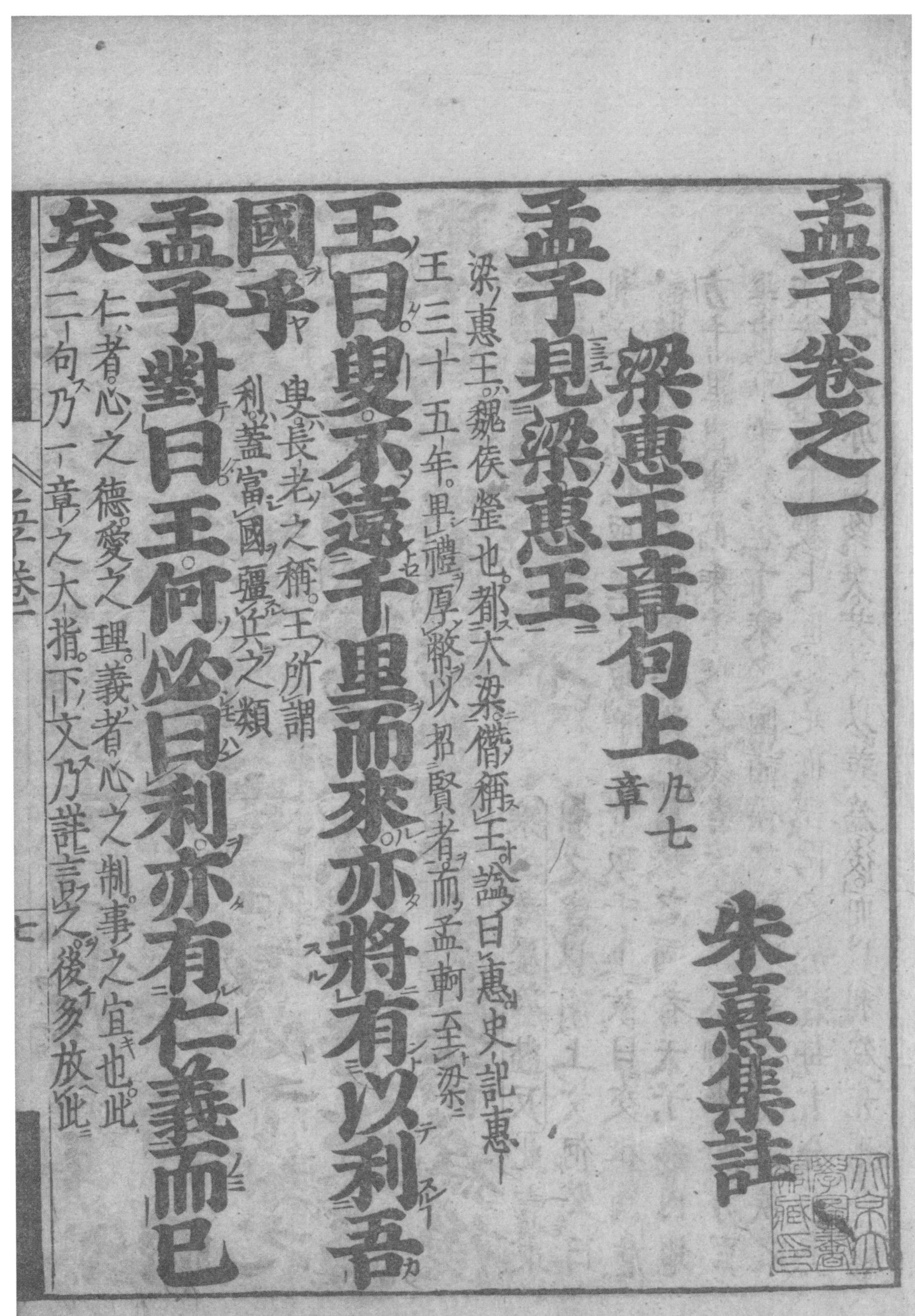

孟子卷之一　朱熹集註

梁惠王章句上凡七章

孟子見梁惠王

梁惠王魏侯罃也都大梁僭稱王謚曰惠史記惠王三十五年卑禮厚幣以招賢者而孟軻至梁

王曰叟不遠千里而來亦將有以利吾國乎

叟長老之稱王所謂利蓋富國彊兵之類

孟子對曰王何必曰利亦有仁義而已矣

仁者心之德愛之理義者心之制事之宜也此二句乃一章之大指下文乃詳言之後多放此

孟子七卷

日本天保三年（1832）竹林堂刻本

DC0442四册

宋朱熹集註。

書高25.2釐米，寬17.8釐米。版框高21.5釐米，寬16.1釐米。無行欄。每半葉十行，行十六字，小字雙行，行二十四字。字間有日文訓點。上下大黑口，雙黑魚尾，四周單邊。上魚尾下方題"孟子"及卷次，下魚尾下方記葉次。書後有天保三年刊記。

卷一首葉第一行頂格題"孟子卷之一"，下空六格題"朱熹集註"，第二行起正文。

書衣書籤題"天保再刻孟子道春點"。書首有朱熹"孟子集註序說"。

書中鈐"大倉文化財團藏書"朱印。

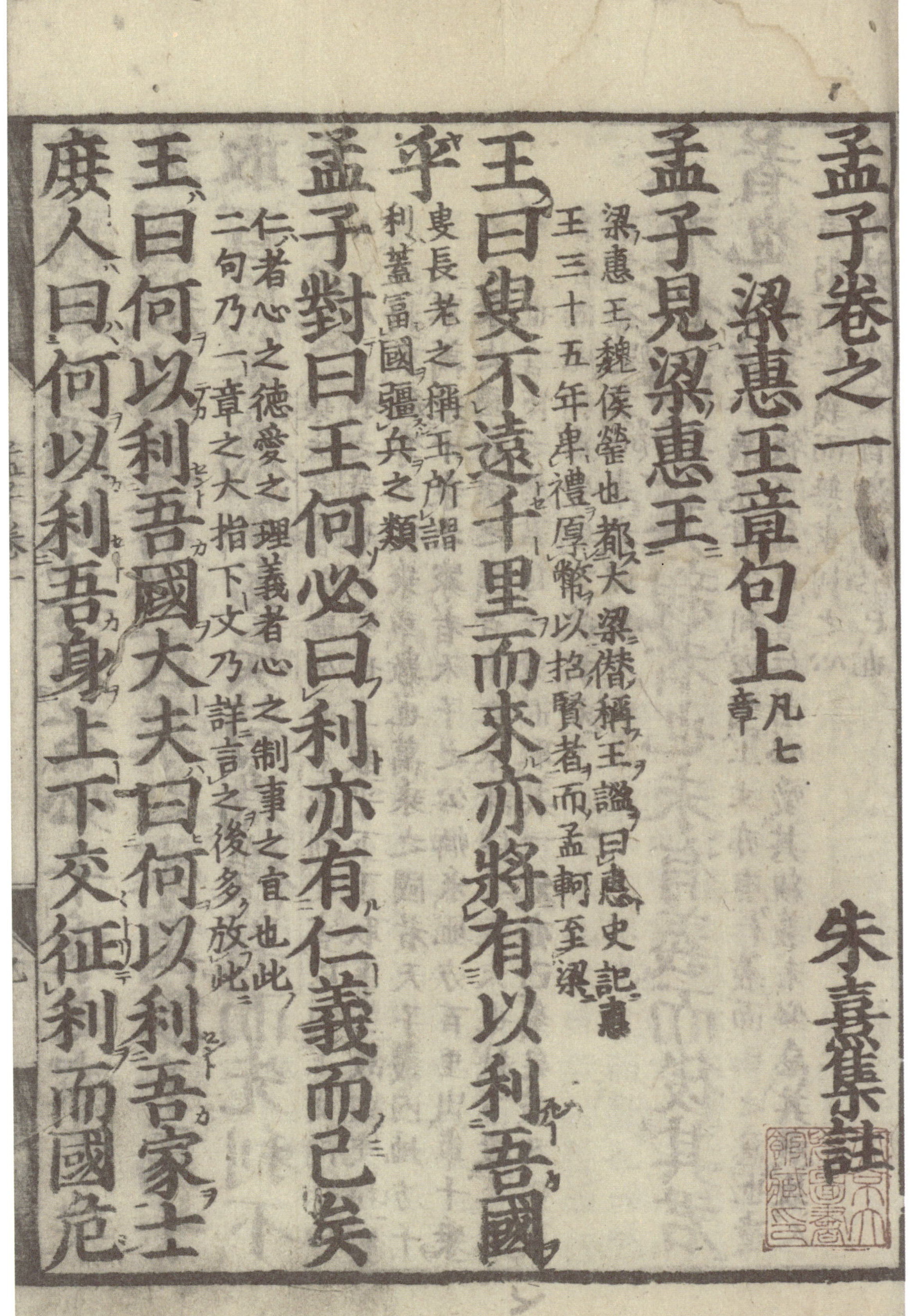
孟子卷之一　　朱熹集註

梁惠王章句上凡七章

孟子見梁惠王

梁惠王魏侯罃也都大梁僭稱王謚曰惠史記惠王三十五年卑禮厚幣以招賢者而孟軻至梁

王曰叟不遠千里而來亦將有以利吾國乎

叟長老之稱王所謂利蓋富國彊兵之類

孟子對曰王何必曰利亦有仁義而已矣

仁者心之德愛之理義者心之制事之宜也此二句乃一章之大指下文乃詳言之後多放此

王曰何以利吾國大夫曰何以利吾家士庶人曰何以利吾身上下交征利而國危

孟子七卷

日本弘化二年（1845）竹林堂刻本

DC0443四册

宋朱熹集註。

書高25.2釐米，寬17.8釐米。版框高21.3釐米，寬16.4釐米。無行欄。每半葉十行，行十六字，小字雙行，行二十四字。字間有日文訓點。上下大黑口，雙黑魚尾，四周單邊。上魚尾下方題"孟子"及卷次，下魚尾下方記葉次。書後有弘化二年孟春之月四刊記。

卷一首葉第一行顶格題"孟子卷之一"，下空六格題"朱熹集註"，第二行起正文。

書衣書籤題"嘉永再刻孟子道春點"。書首有朱熹《孟子》序說。

書衣鈐"壽"字朱印，書中鈐"大倉文化財團藏書"朱印。

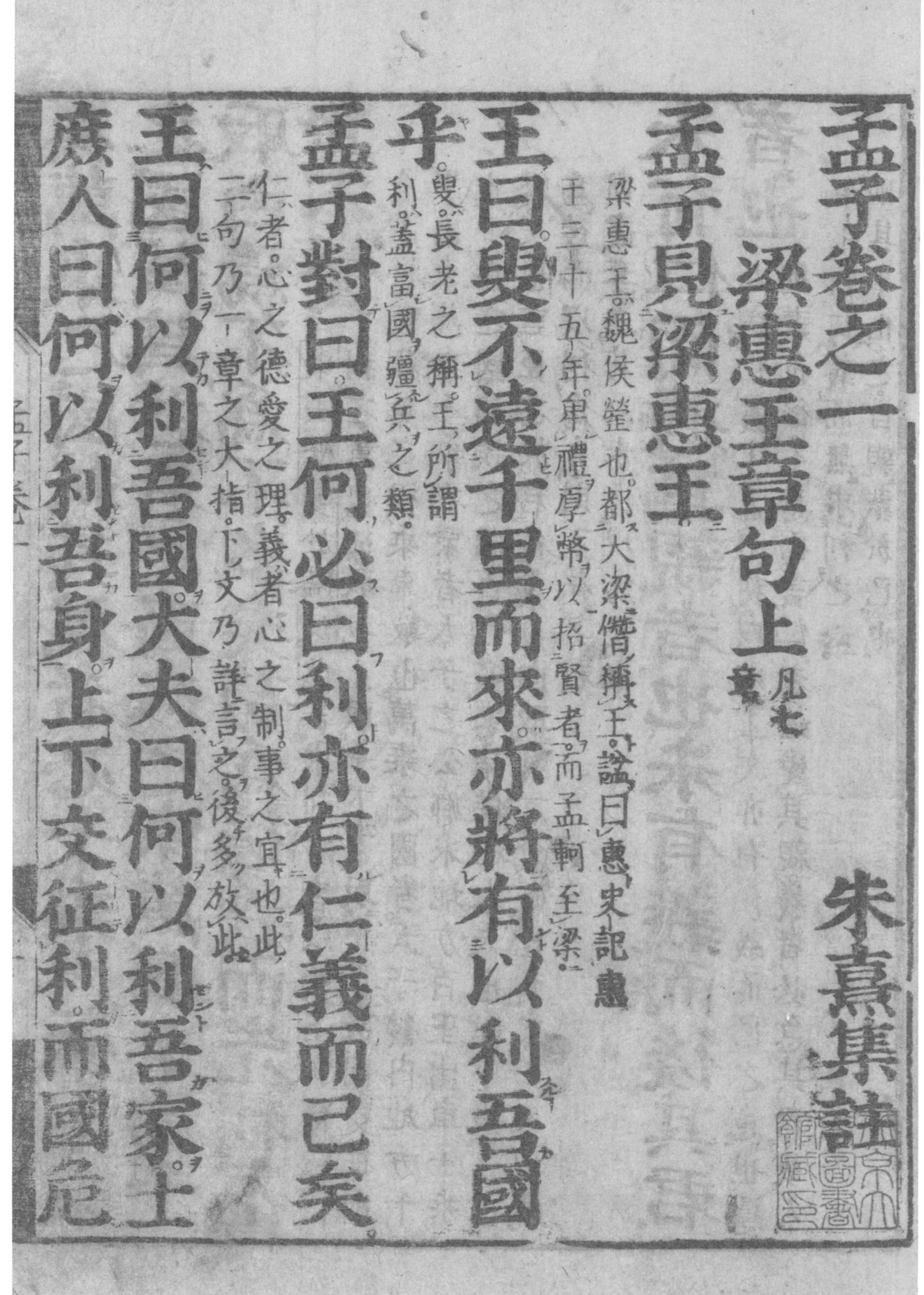

孟子卷之一　　　　朱熹集註

梁惠王章句上凡七章

孟子見梁惠王。

梁惠王，魏侯罃也。都大梁，僭稱王，謚曰惠。史記惠王三十五年，卑禮厚幣以招賢者，而孟軻至梁。

王曰：叟不遠千里而來，亦將有以利吾國乎？

叟，長老之稱。王所謂利，蓋富國彊兵之類。

孟子對曰：王何必曰利？亦有仁義而已矣。

仁者，心之德、愛之理。義者，心之制、事之宜也。此二句乃一章之大指，下文乃詳言之。後多放此。

王曰何以利吾國？大夫曰何以利吾家？士庶人曰何以利吾身？上下交征利而國危

大學章句一卷

日本刻本

DC0446一册

宋朱熹章句。

書高25.7釐米，寬19釐米。版框高21釐米，寬16.7釐米。無行欄。每半葉八行，行十四字，小字雙行，行十七字。字間有日文訓點。白口，雙黑魚尾，四周雙邊。魚尾間題“大學章句”及卷次，下魚尾下記葉次，版心下方記“惕齋點”。

首葉第一行題“大學/大舊音泰/今讀如字”，第二行題“朱熹章句”，第三行起正文。

書首有淳熙己酉朱熹撰“大學章句序”。

書衣鈐“壽”字朱印，書中鈐“大倉文化財團藏書”朱印。

大學

大。舊音泰。今讀如字。

朱熹章句

子程子曰。大學孔氏之遺書而初學入德之門也。於今可見古人爲學次第者獨賴此篇之存而論孟次之學者必由是而學焉則庶乎其不差矣。

倭板四書

日本刻本

DC0447八册

宋朱熹撰。

書高27.8釐米，寬19.3釐米。版框高22.1釐米，寬15.8釐米。每半葉八行，行十四字，小字雙行，行十八字。字旁印有日文訓讀。白口，雙黑魚尾，四周雙邊。版心上題"倭板四書"，上魚尾下題子目名，下魚尾下記葉次及"山崎嘉點"。《中庸或問》一卷與《論語》十卷，書高26.1釐米，寬18釐米。版框高21.3釐米，寬15.7釐米。《中庸集略》二卷行款為小字十行，行十八字。

《大學或問》卷首葉第一行題"大學或問"，第二行題"朱熹"，第三起正文。

此書不全，所存各種為三種版本所配，內《大學或問》為一版，《中庸或問》及《論語》為一版，《中庸集略》為一版。

書中鈐"壽"、"磯田藏書"、"大倉文化財團藏書"朱印。

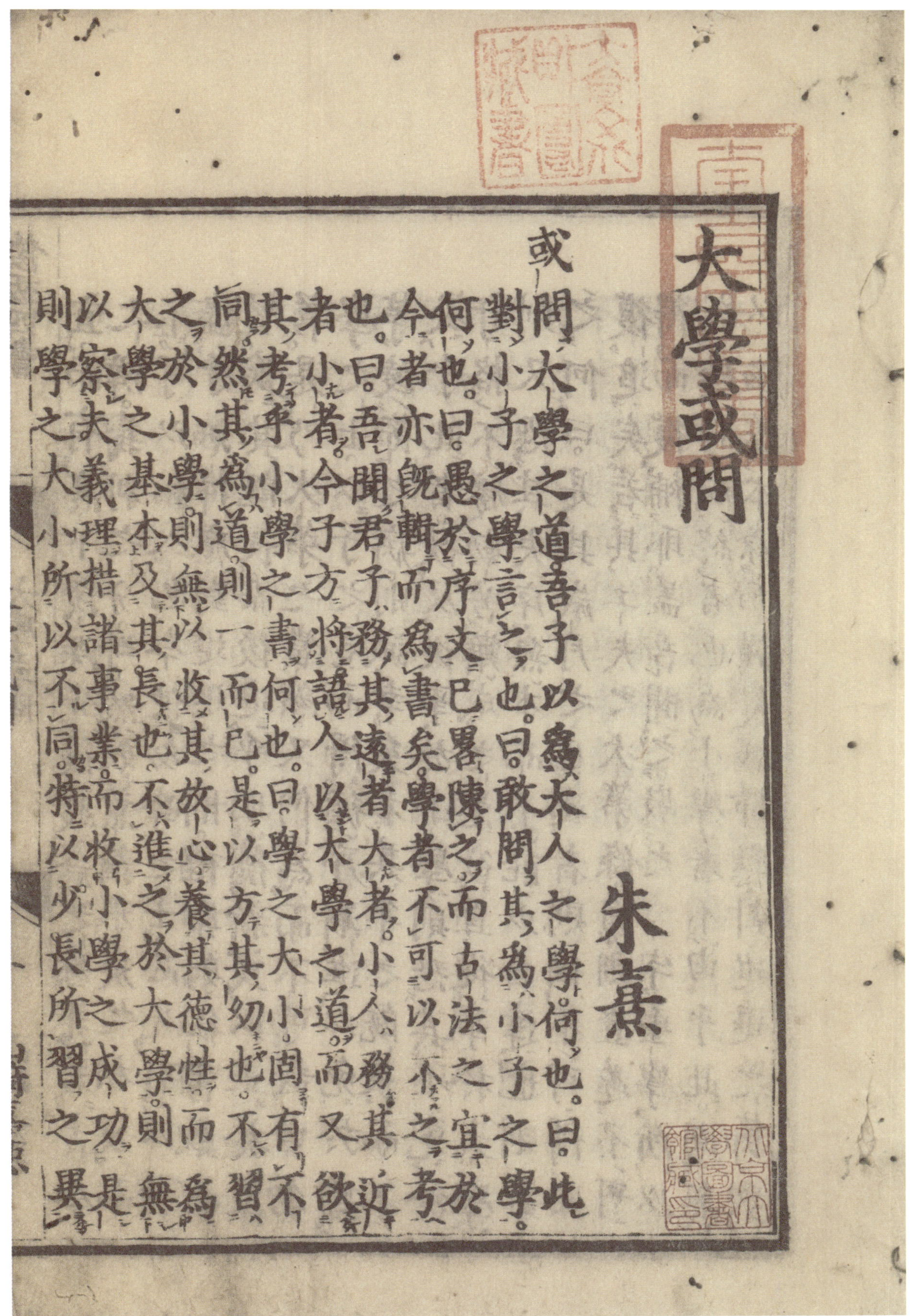
大學或問　朱熹

或問大學之道吾子以爲大人之學何也曰此對小子之學言之也曰敢問其爲小子之學何也曰愚於序文已畧陳之而古法之宜於今者亦旣輯而爲書矣學者不可以不之考也曰吾聞君子務其遠者大者小人務其近者小者今子方將語人以大學之道而又欲其考乎小學之書何也曰學之大小固有不同然其爲道則一而已是以方其幼也不習之於小學則無以收其放心養其德性而爲大學之基本及其長也不進之於大學則無以察夫義理措諸事業而收小學之成功是則學之大小所以不同特以少長所習之異

四書大全四十八卷

日本嘉永七年（1854）刻本

DC0448四十八册

明胡廣等纂，清汪份輯。

汪份（1655—1721），字武曹，江蘇長洲人。康熙四十三年進士，授編修。後奉命督學雲南，未赴而卒。

書高26.5釐米，寬19釐米。版框高22.2釐米，寬14.7釐米。二截版。下截版九行，行二十字，小字雙行，字數同。上截版二十行，行十一字。白口，單黑魚尾，左右雙邊。魚尾上題子目名，魚尾下記類目及葉次，版心下刻“遄喜齋”。內封題“江都一齋佐藤先生閲/清汪份武曹增訂/四書大全/安藝吉村晉點千鍾房宋榮堂翻雕”。

卷首葉第一行題“大學章句大全上/大舊音泰/今讀如字”，第二行題“長洲汪份武曹手輯”，第三至五行題“長洲馮暠孟容/吳縣張九葉傳之/秀水陳鑑其言仝訂”，第六行起正文。

書衣書籤題“汪份增訂四書大全”。書首有康熙四十一年韓菼序，康熙四十一年姜橚序，永樂十三年“明成祖御製序”，永樂十三年胡廣等“進書表”，“四書集註大全凡例”，康熙四十一年汪份序，“增訂四書大全附録”。書末有嘉永六年吉村晉麗明“翻雕四書大全後序”，刻工名録、嘉永七年刊記。

書中鈐“三輪恭家文庫”墨印，“三輪藏書”、“末吉氏藏書”、“大倉文化財團藏書”朱印。

子目：

大學章句一卷

大學或問一卷

中庸章句一卷

中庸或問一卷

論語集註二十卷

孟子集註十四卷

呂晚村曰。大學自程子更定。復得朱子章句。卽使原本未必盡合。正已精益精。聖人復起。不可易已。後之學者。未能篤信而力行之。故其效罕睹。何嘗有從其說而得過者乎。乃陽儒陰釋之徒。惡格物之說害己。彎弓反射。輒以古文石經爲辭。然理卒不可毀也。

大學章句大全上

大舊音泰。今讀如字。

長洲汪　份武曹手輯

長洲馮　勗孟容

吳縣張九葉傳之仝訂

秀水陳　鑑其言

子程子曰。〔新安陳氏曰〕程子上加子字。倣公羊傳註子沈子之例。乃後學宗師先儒之稱。大學。孔氏之遺書。而初學入德之門也。於今可見古人爲學次第者。獨賴此篇之存。而論孟次之。學者必由是而學焉。則庶乎其不差矣。〔龜山楊氏曰〕大學一篇。聖學之門戶。其取道至

銅版四書遵注合講十九卷附一卷

清同治八年（1869）緯文堂刻本

DC0449一函六册

宋朱熹集註，清翁復編次。

翁復，生卒年不詳，字克夫，清初浙江太末人。

書高30.4釐米，寬18.6釐米。版框高23.5釐米，寬16.8釐米。二截版，每半葉九行，行十七字，小字雙行，字數同。上截版高14.3釐米，二十六行，行三十二字。白口，四周雙邊。版心上方記四書名，下方記葉次。偶見版心下刻“緯文堂藏板”。上截版心上方題“四書合講”。

內封題“同治八年春鐫/太末翁克夫彙閱/銅版四書遵注合講/省城雙門底/緯文堂藏板”。

卷首葉第一行題“大學”，下小字題“大舊音泰/今讀如字”，下空四格題“朱熹章句”，第二行起正文。上截卷首葉第一行題“四書體註合講”，第二行題“太末翁復克夫編次”，第三行題“同學詹文煥維羈參定”，第四行起正文。

書首有雍正八年翁復克夫自序，“緯文堂四書遵註合講諸儒姓氏”，“學源堂四書圖考”。

書中鈐“小山”、“大倉文化財團藏書”朱印。

四書體註合講

太末翁　復克夫編次
同學詹文煥維新參定

聖經章全旨○此章乃孔子明先王大學教人之法以詔後世而曾子述之首也前二節統論大學之綱領而推其先後以結之示人以知序後四節詳言大學之條目而要其本末以結之示人以知要分之則明明德新民止至善爲八條目之綱領合之則明明德又爲三者之綱領乃大學一書之大綱領也

大學節○聖人設教既養之於小學之中復開之以大學之道其道何在乎一在明明德已之德本明也但氣稟拘於生初物欲蔽於生後未免有昏昧之時然終無息滅之理故當因其所發而遂加以知行之功使拘者正蔽者開而復其本明之初焉此大人有體之學然明德又人所同得而非我之所得私也一在新民民之德亦本明也而不能不汚於氣習又當推吾之所明者感發開導使之亦革其舊而自新焉此大人有用之學然明德新民各有當然之極不可以私意苟且爲也一在止至善必當使己德無一毫不明民德無一人不新到至當恰好地位而後已焉此大人體用會極之學三者大學之綱領也。

大是大人與小子對學是學問之學非學校之學道是修爲之方法三在字作當字看德即仁義禮智之性是也德而曰明者以這仁義禮智之理在心裏光明照徹無一毫不明故也心非明德心所具者乃明德主明字言工夫下明字連德字說章句人之所得乎天解德字虛靈不昧解明字虛則有以具衆理靈則有以應萬事具衆理體也應萬事用也明德合體用言明德不特靜中發見雖動中亦發見如見非義而羞惡見孺子入井而惻隱皆是即至惡之大亦時有善念之發一念陣然自覺其非便是工夫下手處明之之功有二一是因其發而擴充之使之全體皆明一是因已明而繼續之使之無時不明下格物以知所以啟其明之之端誠意正心修身所以致其明之之實新與舊對革其舊汚則又成一個親底民

大學 大舊音泰今讀如字　朱熹章句

子程子曰大學孔氏之遺書而初學入德之門也於今可見古人爲學次第者獨賴此篇之存而論孟次之學者必由是而學焉則庶乎其不差矣

大學之道在明明德在親民在止於至善程子曰親當作新○大學者大人之學也明明之也明德者人之所得乎天而虛靈不昧以具衆理而應萬事者也但爲氣稟所拘人欲所蔽則有時而昏然其本體之明則有未嘗息者故學者當因其所發而遂明之以復其初也新者革其舊之謂也言既自明其明德又

大學或問二卷

日本鈔本

DC0924二册

日本熊澤伯繼撰。

熊澤伯繼（1619—1691），字了介，號蕃山。日本西京人。

書高27.3釐米，寬19.1釐米。無版框欄界。每半葉九行，行字數不等。

卷一首葉第一行題"大學或問上册"，第二行起正文。

書首有日本天明戊申芝龍撰"梓大學或問序"，目録。

書中鈐"吉田藏書"朱印。

大學或問　上冊

一或問人君の天職ハ何ぞや　云人民は父母たるに仁心ありて仁政を
行ふを天職と云一國の君よハ一國の父母たる天命あり天下乃
君子ハ天下の父母たる天命あり今人君の法役は命し給ふぬ
し故よ是を名常に家の心を知るときハ國を浮泉の心を失
ふときハ正ば失ふといふて家の心ハ仁ふより不仁ふをなる是天
職を帰るときハ天命なれて職を廃するこれハ天命を失ふ
なり天命ハ孝よ仁善よ與えて其善なくして常あるに也
人民に仁心ありといへとも仁政は不行ハ徒善なり仁政を行ふ

大學或問二卷

日本鈔本

DC0925二册

日本熊澤伯繼撰。

書高27.2釐米，寬19.4釐米。無版框欄界。每半葉九行，行字數不等。

卷一首葉第一行題“大學或問上册”，第二行起正文。

卷首有日本天明戊申芝龍撰“梓大學或問序”，目録。

書衣書籤墨題“大學或問”。書中鈐“南吉田藏書”朱印。

大學或問　上冊

一或問人君の天職ハ何ぞや　云人民の父母たる仁心ありて仁政を
行ふを天職と云　一國の君にハ一國の父母たる天命あり天下乃
君にハ天下の父母たる天命有り　今人君の諸役を命し給ふが如
し　故に下に恒常郡し庶の心を治ると云ハ國を得衆の心を失
ふときハ其國を失ふといへり　衆の心ハ仁によりて不仁にもなる是天
職を治るときハ天命によりて職を摩さると云ハ天命を失ふ
不なり　天命ハ常に仁善に與して是をなくして常あるに非
人君仁心ありといへとも仁政を不行ハ徒善なり　仁政を行ふ

欽定詩經樂譜全書三十卷樂律正俗一卷

清乾隆五十三年（1788）武英殿聚珍朱墨套印本

DC0424二函二十一册

清永瑢等奉敕撰。

永瑢（1743—1790），號九思主人，高宗第六子。封質親王。謚莊。

書高27.2釐米，寬16.6釐米。版框高19.6釐米，寬12.7釐米。每半葉九行，行二十一字，小字雙行。白口，單黑魚尾，四周雙邊。版心上鎸“欽定詩經樂譜全書”，魚尾下記卷次，又下方記篇名，版心下方記葉次。

卷一首葉第一行題“欽定詩經樂譜全書卷一”，第二行起正文。

書首有“命諸皇子及樂部大臣定詩經全部樂譜諭”，“御製編訂詩經樂譜全書竟因題八韻”，“欽定詩經樂譜全書總裁纂修繕校提調諸臣職名”，“凡例”，“表”，“欽定詩經樂譜全書目録”。

書衣書籤題“欽定詩經樂譜全書”。書中鈐“大倉文化財團藏書”朱印。

欽定詩經樂譜全書卷一

國風

周南

關雎三章一章四句二章章八句

言后妃之德陰教之始也大呂爲陰呂之首以

配黄鍾今擬以大呂立宫倍南呂起調爲清

羽高上字調

簫譜 壎篪排簫同

關

清羽 仩 關 清宫 仩 雎 清商 伬 鳩 清角 佮 在 清徵 仜 河 清角 佮 之 清羽 仩 洲 清徵 仜

說文解字徐氏繫傳四十卷附校勘記三卷

清道光十九年（1839）祁寯藻刻本

DC0010八册

宋徐鍇傳釋，宋朱翺反切。

徐鍇（920—974），字鼐臣，又字楚金，揚州廣陵人。官至右內史舍人。

朱翺，生卒字號不詳，曾任南唐秘書省校書郎。

書高29.2釐米，寬17.5釐米。版框高20.6釐米，寬15.5釐米。每半葉七行，行十四字，小字雙行，行二十二字。細黑口，單黑魚尾，左右雙邊。魚尾下方記"通釋"及卷數，下記葉次。內封鐫"說文解字徐氏繫傳四十卷"，內封背面牌記鐫"道光十九年依景宋鈔本重彫"。祁寯藻敘末葉末行刻"金陵劉漢洲鐫"。

卷一首葉第一行題"說文解字通釋卷第一"，第二行題"繫傳一"，下有小字注，第三行題"文林郎守祕書省校書郎臣徐鍇傳釋"，第四行題"朝散大夫行祕書省校書郎臣朱翺反切"，第五行起為正文。

書首有道光十九年陳鑾敘，道光十九年祁寯藻"重刊影宋本說文解字繫傳敘"。書末有李兆洛跋，道光十九年承培元跋。

書中鈐"大倉文化財團藏書"朱印。

說文解字通釋卷第一

繫傳一 臣鍇曰部數字數皆仍舊題今分兩卷

文林郎守祕書省校書郎臣徐鍇傳釋

朝散大夫行祕書省校書郎臣朱翱反切

十四部 文二百七十四 重七十七

一 惟初太極道立於一造分天地化成萬物凡一之屬皆從一臣鍇曰一者天地之未分太極生兩儀一旁薄始結之義是謂無狀之狀無物之象必横者象天地人之气是皆横屬四極老子曰道生一今云道立於一者得

新削校定諸家篆法千字文二卷

日本元祿壬申（五年，1692）東都書林松會氏刻本

DC0468一函二册

梁周興嗣撰。

周興嗣（?—521），字思纂，郡望陳郡項。世居姑熟，官終給事中。

書高23.5釐米，寬14.6釐米。版框高16.7釐米，寬11.4釐米。每半葉三行，行四字。白口，雙黑魚尾，四周雙邊。上魚尾下方記“文”，下記卷次，下魚尾上方記葉次。內封鐫“百體新刊千字文”。

卷一首葉第一行起正文。卷一目録首葉第一行題“新削校定諸家篆法千字文目録卷之上”，第二行起為正文。

書前有元祿壬申香取哲齋“新刻百體千字文序”，序後有“東都書林松會氏朔旦新刊”刊記。

書中鈐“大倉文化財團藏書”朱印。

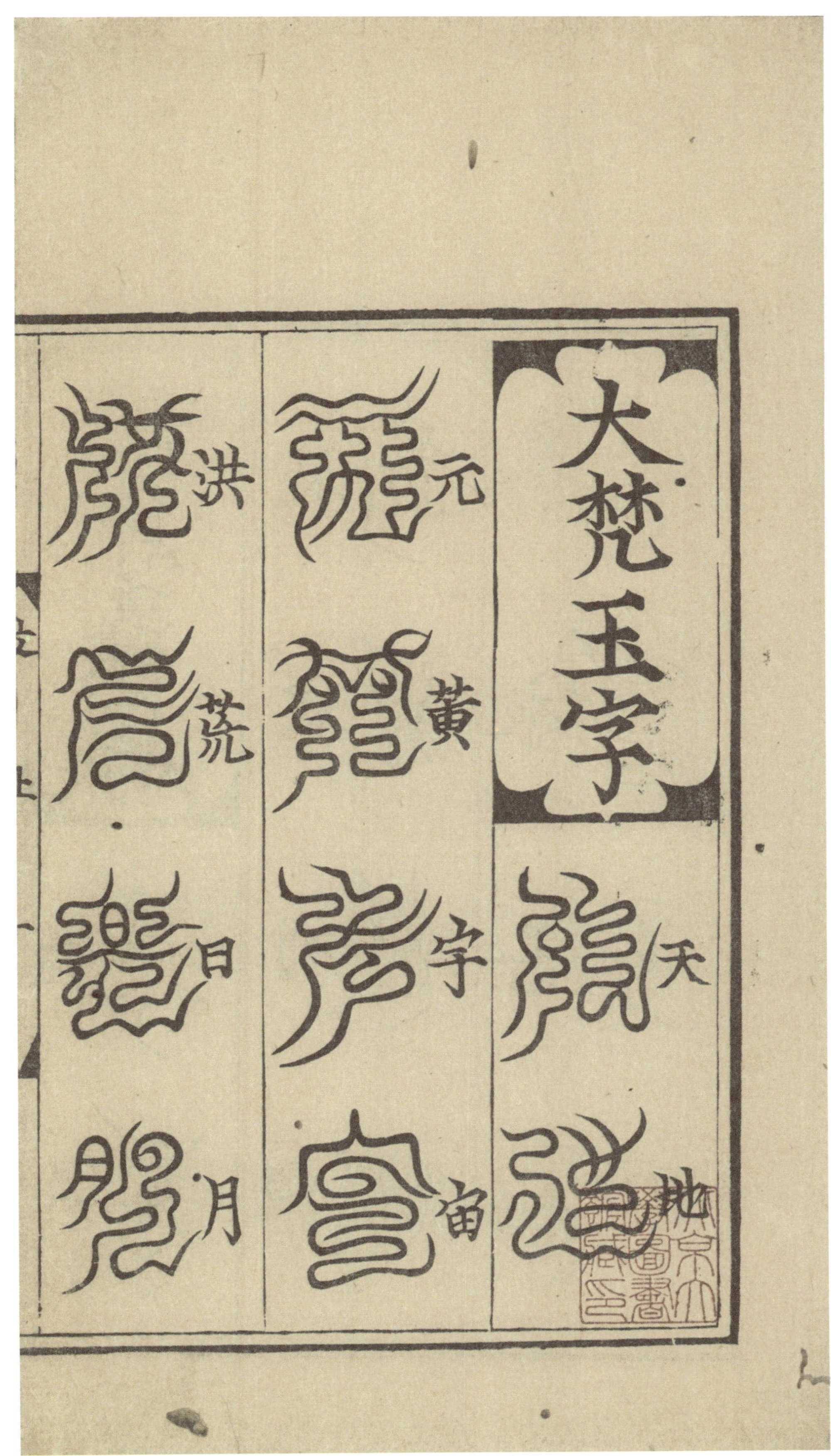
大梵玉字
天
地
元
黄
宇
宙
洪
荒
日
月

纂圖附音增廣古注千字文三卷

日本刻本

DC0466一册

梁周興嗣次韻。

書高27.5釐米，寬18.9釐米。版框高22.1釐米，寬17釐米。每半葉七行，小字雙行二十字。上下黑口，雙黑魚尾，四周雙邊。上魚尾下方記“注千字文”及卷次，又下方記葉次。

卷一首葉第一行題“纂圖附音增廣古注千字文上”，第二行題“勅員外散騎侍郎周興嗣次韻”，第三行起為正文。

書前有李暹“注千字文序”。

書中鈐“大倉文化財團藏書”朱印。

纂圖附音增廣古注千字文上

勑負外散騎侍郎周興嗣　次韻

天地玄黃

易曰天玄而地黃言天之色玄地之色黃陰陽二氣
輕清者上爲天重濁者下爲地天形穹窿地形磅礴
也天有九重之霄太玄經云九天者一中天二羨天
三從天四更天五睟天六廓天七咸天八沉天九成
天尒雅云四天者春爲蒼天言萬物蒼蒼然生夏爲
昊天言氣皓旰秋爲旻天旻猶愍也愍萬物凋落冬
爲上天言時無事在上臨下而已礼記曰有五土土十
地一曰山林九積石曰山直竹木曰林二曰川澤注

新刻補註千字文

日本延寶四年（1676）刻本

DC0467一册

梁周興嗣撰。

書高27.5釐米，寬18.2釐米。版框高20.8釐米，寬16.4釐米。每半葉八行，小字雙行二十五字，字旁有日文訓點。白口，單黑魚尾，四周單邊。魚尾上方記“千字文”，版心下記葉次。書衣書籤題“新板註釋千字文”。書末有延寶四年刊記。

卷一首葉第一行頂格題“新刻補註千字文卷上”，下空三格題“資思亭發行”，第二行起正文。

書首有“千字文撿字”。

書中鈐“大倉文化財團藏書”朱印。

案語：書實未分卷。

新刻補註千字文卷上

資思亭

天地玄黃宇宙洪荒 此言天地古今之始也元氣清濁而上浮於天濁而下凝於地天負而色黑地方而色黃上下四方曰宇往古來今曰宙荒者人跡不到之處○神農步天地東西九十萬里南北八千里東海西海相去二十萬八千里南海北海相去二十萬六千里

日月盈昃辰宿列張 此言天象之並行也日中則昃月盈則虧日爲陽精出於東方月爲陰精出于西方辰者北辰天之樞也宿星名言衆星施繞共向北辰羅列張布于天也之樞者耶

寒來暑往秋收冬藏 此言天道之常冬則寒來而春去夏則暑往而秋回言人道之理自春至秋則萬物成熟而人皆收斂云冬則天地肅殺而萬物盡則藏其收者也

立象千字文

日本享保十九年（1734）江都川村源左衛門刻本

DC0469一册

梁周興嗣撰。

書高27釐米，寬18.4釐米。版框高23.5釐米，寬17釐米。内外框。每半葉四行，行六字。外框鐫註釋小字不等，字旁有日文訓點。白口，無魚尾，四周單邊。版心下記葉次。谷川良察序後有"享保甲辰重刊"刊記。"凡例"後有"享保十九甲寅歲仲秋穀旦/江都通油町/書肆川村源左衛門梓行"刊記。

卷一首葉第一行起正文。

書首有正德癸巳谷川良察"立象千字文序"。

書中鈐"弘海堯融"、"弘海嗣族阱"、"大倉文化財團藏書"朱印。

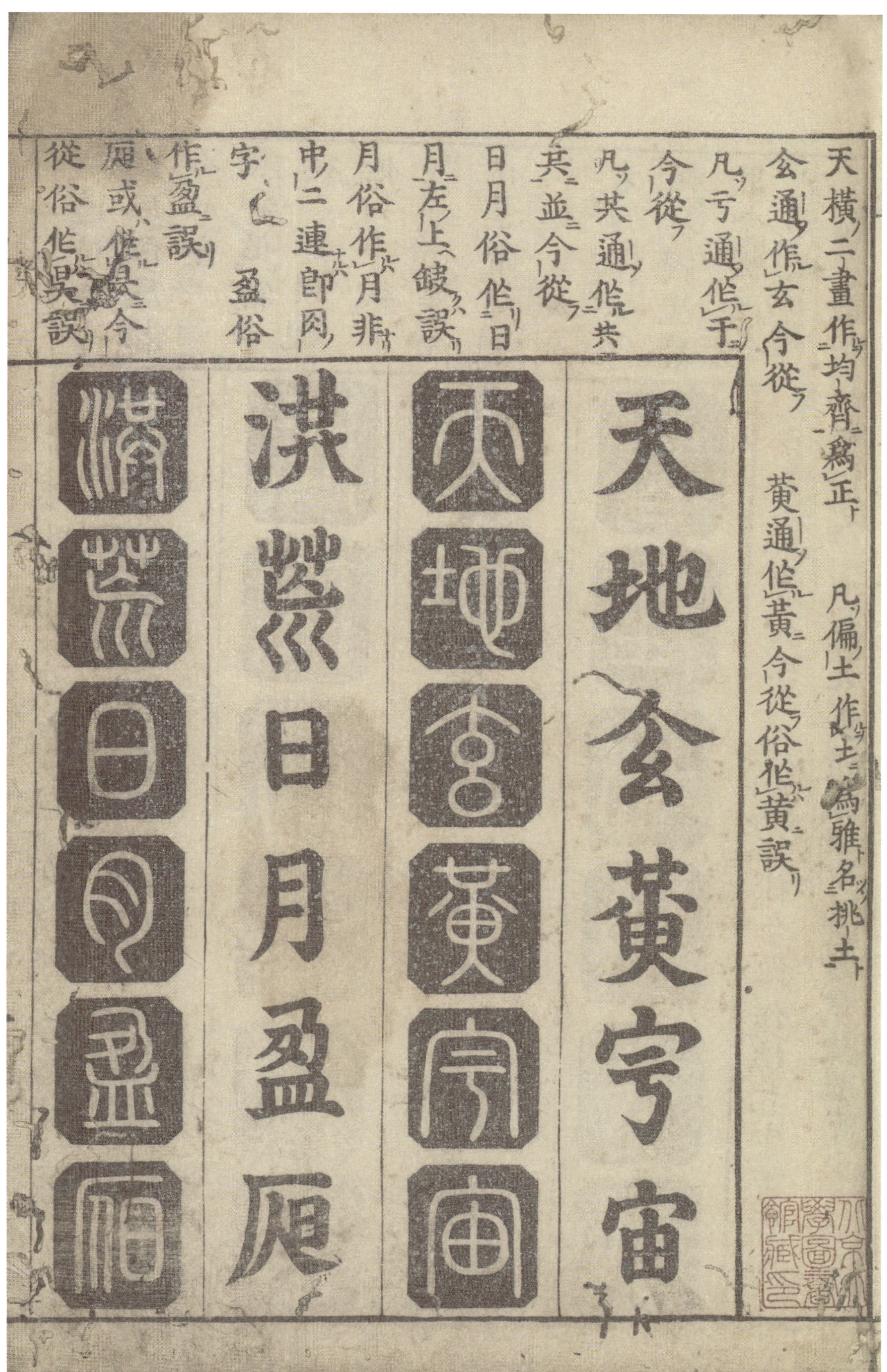

天横二畫作均齊爲正　凡偏土作土爲雅名挑土
𤣥通作玄今從　黄通作黃今從俗作黄誤
凡亏通作于今從
凡共通作共　共並今從
日月俗作日
月左上鈹誤
月俗作月非
中二連卽冈
字　盈俗
作盈誤
昃或作昃今
從俗作昃誤

天地𤣥黄亏宙

天地玄黄宇宙

洪荒日月盈昃

洪荒日月盈昃

同文千字文二卷

日本刻本

DC0465四册

明汪以成撰。

汪以成，字四如。

書高27.3釐米，寬18釐米。版框高21.5釐米，寬16.1釐米。每半葉六行，行十字，小字雙行二十字。白口，單黑魚尾，四周單邊。魚尾上方記"千字文"，魚尾下方記葉次。書衣書籤題"丗躰千字文大全"。

卷一首葉第一行頂格題"同文千字文"，下空一格題"上卷"，第二行起正文。

書前有萬曆十年田藝蘅"同文千字文序"，"同文千字文敘"。

書中鈐"大倉文化財團藏書"朱印。

千字文讀習

日本明治三十一年（1898）鉛印本

DC0470一册

落合眞佑著。

書高22.9釐米，寬15.4釐米。版框高19.2釐米，寬13.4釐米。每半葉小字十五行，行三十字。白口，單黑魚尾，四周雙邊。版心下方記葉次。書後有版權葉。

卷一首葉第一行題“千字文讀習”，第二行題“落合眞佑著”。

書首有明治三十一年龜谷行“題千字文”。

書中鈐“共研社文庫印”、“大倉文化財團藏書”朱印。

千字文讀習

落合眞佑著

勅員外散騎侍郎周興嗣次韻

勅員外散騎侍郎周興嗣次韻ヲ勅ハ帝王臣下ニ命スルノ辭ナリ員外散騎侍郎ハ官名ナリ凡ソ官職皆ナ定員アリ而シテ定員ノ外特ニ該官ヲ置ク故ニ員外ト曰フ周興嗣ハ陳郡項ノ人ニシテ漢太子太傅堪

一

汗簡七卷

清康熙辛未（三十年，1691）汪氏一隅艸堂刻本

DC0458一函三册

宋郭忠恕撰。

郭忠恕，生卒年不詳，字恕先，河南洛陽人。後周時召為宗正丞兼國子監書學博士，宋太平興國元年曾任職國子主簿。

書高29.1釐米，寬18.7釐米。版框高21.4釐米，寬15.6釐米。每半葉八行，行字不等，小字雙行。白口，無魚尾，左右雙邊。版心中記"汗簡"及卷次，下記葉次。汪立名識語版心下記"一隅艸堂"。

卷一首葉第一行題"汗簡卷上之一第一"，第二行起正文。

書首有康熙昭陽協洽汪立名識語，"敘略"，郭忠恕修《汗簡》所得凡七十一家事蹟，目録。書末有"後序"，庚寅鄭思肖跋。

書中鈐"筠門"、"屠述楨印"、"大倉文化財團藏書"朱印。

汗簡卷上之一第一

一　凡一之屬皆从一

一　天並尚書　下見石經　天華岳碑　麗出王庶子碑

所出裴光遠集字

上　凡上之屬皆从上

帝見尚書　下見說文　上出王庶子碑　下出華岳碑　旁出林罕集字

示　凡示之屬皆从示

神　神　柴　礼　祀

隸韻十卷碑目考證一卷

清嘉慶十五年(1810)刻本

DC0111十二册

宋劉球纂,清翁方綱考證。

劉球,生卒事蹟不詳。官至翰林侍講。翁方綱(1733—1818),字正三,一字忠敘,號覃溪,晚號蘇齋。直隸大興人。官至內閣學士。

書高28.7釐米,寬17.1釐米。版框高24.6釐米,寬14.4釐米。每半葉五行,行六字,大字間小字雙行,行二至三字不等。白口,單黑魚尾,四周單邊。魚尾上記"隸韻",下記卷次,又下記葉次。內封題"宋石刻本/劉球纂/隸韻/碑目一卷考證一卷附"。

卷一首葉第一行題"隸韻卷第一",第二行起正文。

《碑目考證》末鐫"積陵陶士立慎齊摹/上元柏志高刊"。

書首有劉球上表,碑目。書末有董其昌跋,嘉慶十四年秦恩復後序。

書中鈐"大倉文化財團藏書"朱印。

隸韻卷第一

上平聲上

一東　二冬

三鍾　四江

五支　六脂

字鑑五卷

清康熙四十七年（1708）張氏澤存堂刻本

DC0459—木匣二册

元李文仲編。

李文仲，元朝吳郡人。

書高29.4釐米，寬18.9釐米。版框高19.2釐米，寬13.8釐米。每半葉八行，行十九字，小字雙行，字數同。白口，單黑魚尾，四周單邊。版心上記字數，魚尾下記“字鑑”及卷次，版心下記葉次。

卷一首葉第一行題“字鑑卷之一”，第二行題“吳郡學生李文仲編”，第三行起正文。

書首有顔堯煥序，吳郡干文傳序，西秦張楧序，檇李唐泳涯序。

書中鈐“青州東郭李氏藏書”、“文藻”、“李”、“大倉文化財團藏書”朱印。

字鑑卷之一

吴郡學生李　文仲　編

平聲上

一東　二冬　三鍾

四江　五支　六脂

七之　八微　九魚

十虞　十一模　十二齊

十三佳　十四皆　十五灰

草韻辨體五卷

民國辛巳（三十年, 1941）吳興丁蕅菴影印本

DC0460一函五册

明郭諶輯。

書高27.5釐米，寬18.8釐米。版框高21.4釐米，寬14.5釐米。每半葉六行，草書行六字。白口，無魚尾，四周單邊。版心上記“草韻辨體”及韻目，下記卷次及葉次。

卷一首葉第一行題“一東”，第二行起正文。卷一目録第一行題“草韻辨體平聲上第一”，第二行起正文。書衣書籤印“草韻辨體”及册次，下小字印“辛巳春歸稼軒主為/吳興丁蕅菴影印”。函套内貼版權紙籤。

書首有萬曆十二年“御製草韻辨體序”，歷代名書姓氏。書末有正誤補遺空白紙一葉，萬曆十二年“御製草韻辨體跋”，崇禎癸酉閔夢得“敬書草韻辨體後”。

書中鈐“大倉文化財團藏書”朱印。

案語：據明崇禎癸酉閔齊伋刻本影印。

一東

東 錦 涷 蝀 冬 霻 通

通 史 侗 恫 偏 桐 蓪

同 仝 盛帶 童 錦峰 童 錦 僮 侗

曈 朣 瞳 銅 仁 峒 橦

絧 罿 䑬 筒 仁之 筩 筩 史

六書通十卷

清康熙五十九年（1720）畢弘述刻本

DC0462二函十册

清閔齊伋撰，清畢弘述篆訂。

閔齊伋（1580—？），字寓五，烏程人。以刻書為事，與著名刻書家淩蒙初齊名。畢弘述，生卒年不詳，字既明，清初江蘇海鹽人。

書高29.8釐米，寬18.4釐米。版框高21.3釐米，寬15.5釐米。每半葉八行，行十二字，小字雙行二十四字。白口，無魚尾，四周雙邊。版心上記“六書通”，中記韻次、聲次，下記卷次及葉次。內封鐫“五湖閔寓五先生藁本/六書通/基聞堂篆訂”。

卷一首葉第一行頂格題“六書通”，下空六格題“上平聲上第一”，第二行空一格題“海鹽畢弘述既明篆訂”，下空一格題“苕溪閔章含貞/程昌煒赤文同校”，第三行起正文。

書前有順治辛丑閔齊伋原序，康熙五十九年張涵序，康熙庚子程煒序，張涵“附徵刻小啟”，“同人姓氏”，康熙五十九年畢弘述序，“凡例”。

書中鈐“大倉文化財團藏書”朱印。

六書通

海鹽畢弘述既明篆訂　苕溪閔章含貞程昌煒赤文同校

上平聲上

一東

東　東建首動也从木官溥說从日在木中得紅切　東古文　東古孝經　東穆公鼎

東印藪隴東太守章　東東方賢　東東里忠　東東季　東朱脩能印書

附通

涷說文水出發鳩山入於河德紅切　棟極也多貢切　𣚍闕〇六書統云周币也作曹切〇閔氏詮次日案說文之無變者三千餘字今各以類附於得變者於以通其變焉他書不與也以後免說文二字

冬　冬說文四時盡也都宗切　冬古文　冬石經　冬碧落碑　冬存乂

康熙字典十二集三十六卷補遺一卷備考一卷

清康熙五十五年(1716)內府刻本

DC0463六函三十八册

清張玉書等纂。

張玉書(1642—1711),字素存,號潤甫,江蘇丹徒人。順治十八年進士,官至文華殿大學士兼戶部尚書。謚文貞。

書高27釐米,寬17.7釐米。版框高19.8釐米,寬13.9釐米。每半葉八行,行十二字,小字雙行二十四字,無界格。白口,單黑魚尾,四周雙邊。魚尾上方記"康熙字典",魚尾下方記集次,又下方記部首,版心下方記葉次。

卷一首葉第一行題"康熙字典",第二行起正文。

書前有康熙五十五年"御製康熙字典序",康熙四十九年"上諭","康熙字典總閱纂修校刊官","康熙字典凡例","康熙字典總目","檢字","辨似","等韻"。

書中鈐"大倉文化財團藏書"朱印。

康熙字典

子集上

一部

一 古文弌 唐韻韻會於悉切 集韻正韻益悉切扶漪入聲 說文惟初大始道立於一造分天地化成萬物 廣韻數之始也物之極也 易繫辭天一地二 老子道德經道生一一生二 又廣韻同也 禮樂記禮樂刑政其極一也 史記儒林傳韓生推詩之意而爲內外傳數萬言其語頗與齊魯閒殊然其歸一也 又少也 顏延之庭誥 文選書務一不尚煩密 何承天荅顏永嘉書竊願吾子舍兼而遵一也 又增韻純也 易繫辭天下之動貞夫一 老子道德經天得一以清地得一以寧神得一以靈谷得一以盈萬物得一以生侯王得一以爲天下正 又均也 唐書薛平傳兵鎧完礪徭賦均一 又誠也 中庸

鼇頭音釋康熙字典四十卷

日本明治十六年（1883）鳳文館印本

DC0464二十册

清張玉書等纂，日本石川鴻齋音釋。

石川鴻齋（1833—1918），名英，字君華，號芝山外史、雲泥居士，通稱英助。日本愛知縣人。

書高19釐米，寬12.3釐米。版框高16釐米，寬10釐米。二截版。每半葉十一行，行二十二字，小字雙行，行四十四字，上截版每半葉十二行，行六字。白口，單黑魚尾，四周三邊。魚尾上方記"鼇頭音釋康熙字典"，下方記卷次，細目，版心下記葉次。内封印"鼇頭康熙字典/石川鴻齋音釋/東京鳳文館"，鈐"鳳文館"戳記。書末有"鳳文館印行書目"，印書刊記。

卷一首葉第一行起為康熙四十九年三月初九日上諭。卷五首葉第一行題"鼇頭/音釋康熙字典卷之五"，第二行起正文。

書首有朱印康熙五十五年"御製康熙字典序"，明治十五年石川英"音釋康熙字典序"。

書中鈐"大倉文化財團藏書"朱印。

一部

一 イツ イチ 〈廣〉於悉切 又益悉切 ヒトツ・ヒトツニスル・マコト ハジメ・スクナシ・カズ ヒトタビ・モツハラ・ヒトシ オナジ・オナジウス・マコト 又叶於利切又叶弦經切又於逸切 ヒトヘ カタクナ カタキ ワナシ

丁 テイ チヤウ 〈唐〉當經切 ヒノト・ツヨシ・アタル・サカンナリ ヒノトノカミ・ヤラホヒ・ナガル・ナヲカ… 又〈庚〉中莖切 キヲキル・クヒウツ・オト 又

鼇頭音釋 康熙字典卷之五

子集上

一部

一 古文弌 〈唐韻〉〈韻會〉於悉切〈集韻〉〈正韻〉益悉切𠀤漪入聲〈說文〉惟初大始道立於一造分天地化成萬物〈廣韻〉數之始也物之極也〈易·繫辭〉天一地二〈老子·道德經〉道生一一生二 又〈廣韻〉同也〈禮·樂記〉禮樂刑政其極一也〈史記·儒林傳〉韓生推詩之意而爲內外傳數萬言其語頗與齊魯閒殊然其歸一也 又少也〈顏延之·庭誥文〉選書務一不尚煩密〈何承天·答顏永嘉書〉竊願吾子舍兼而遵一也 又〈增韻〉純也〈易·繫辭〉天下之動貞夫一〈老子·道德經〉天得一以清地得一以寧神得一以靈谷得一以盈萬物得一以生侯王得一以爲天下正 又均也〈唐書·薛平傳〉兵鎧完礪徭賦均一 又誠也〈中庸〉所以行之者一也 又正一〈唐書·司馬承禎傳〉得陶隱居正一法逮四世矣 又一一〈韓非子·內儲篇〉南郭處士請爲齊宣王吹竽宣王悅之廩食以數百人宣王立好一一聽之處士逃〈韓愈詩〉一一欲誰憐〈蘇軾詩〉好語似珠穿一一 又〈星經〉天一星在紫微宮門外太一星在天一南半度 又太一山名卽終南山一名太乙 又三一〈前漢·郊祀志〉以太牢祀三一〈註〉天一地一泰一泰一者天地未分元氣也 又尺一詔版也〈後漢·陳蕃傳〉尺一選舉〈註〉版長尺一以寫詔書 又百一詩篇名魏應璩著 又姓明一炫宗 又三字姓北魏有一那蔞氏後改蔞氏 又一二三作壹貳參〈大學〉壹是皆以修身爲本〈史記·禮書〉總一海內〈前漢·霍光傳〉作總壹〈六書故〉今惟財用出納之簿書用壹貳參以防姦易 又〈韻補〉叶於利切音懿〈左思·吳都賦〉藿蒳豆蔻薑彙非一江蘺之屬海苔之類 又叶弦雞切音兮〈參同契〉白者金精黑者水基水者道樞其數名一

丁 古文个 〈唐韻〉〈集韻〉〈韻會〉〈正韻〉𠀤當經切音玎十幹名〈說文〉夏時萬物皆丁實丁承丙象人心〈六書正譌〉丁蠆尾也象形凡造物必以金木爲丁附著之因聲借爲丙丁字〈爾雅·釋天〉太歲在丁曰彊圉月在丁曰圉〈禮·月令〉仲春之月上丁命樂正習舞釋菜 又〈唐書·禮樂志〉仲春仲秋釋奠於文宣王皆以上丁 又五丁力士〈蜀記〉秦惠王欲伐蜀

隸法彙纂十卷

日本刻本

DC0461四册

清項懷述編録。

項懷述(1718—1787以後),字惕孜、滁之,號別峰、別峰樵、別峰樵者、香穀、耕雲子、伊蔚生、滁巷、滁道人,別署伊蔚齋,歙縣人。

書高22.7釐米,寬15.9釐米。版框高17.9釐米,寬12.1釐米。每半葉六行,行十字,小字雙行,行二十二字。白口,四周單邊。版心上題"隸法彙纂"及部首,下記葉次及卷次。書衣書籤題"隸法彙纂古歙項懷述惕孜氏編録"。內封題"清本翻刻/隸法彙纂/大阪前川文榮堂藏梓"。書末有刊記。

卷一首葉第一行題"隸法彙纂卷之一",第二行題"古歙項懷述惕孜氏編録",第三行起正文。

書首有乾隆四十五年項懷述序,"隸法彙纂字總録","隸法彙纂分卷總目","偏旁總目"。

書中有本書內封散葉一紙,內容同上。

書中鈐"大倉文化財團藏書"朱印。

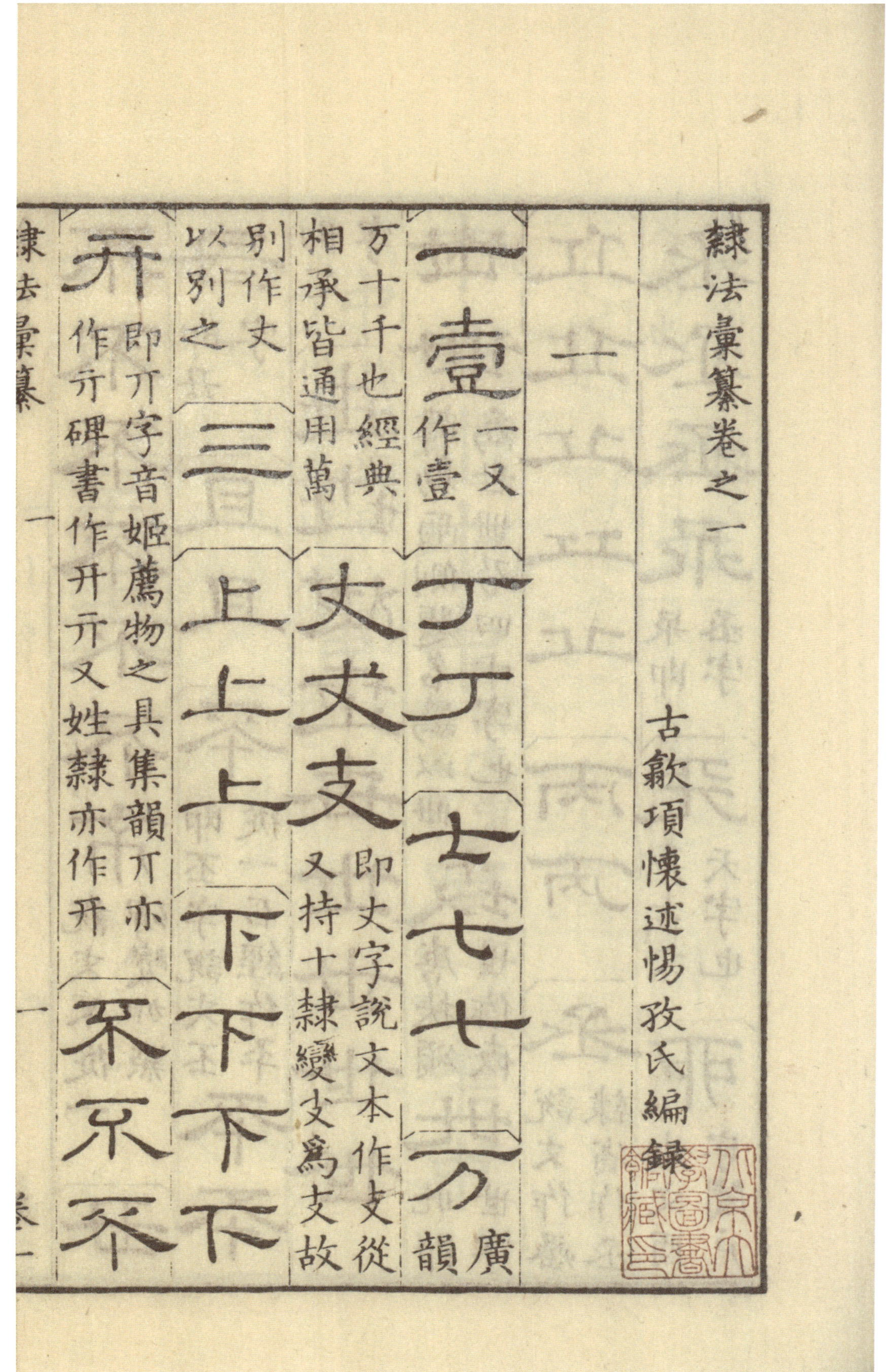

隸法彙纂卷之一

古歙項懷述惕孜氏編錄

一

一 壹 一又作壹 丁 丁 七 七 七 万 廣韻万十千也經典相承皆通用萬 丈 丈 支 即丈字說文本作支從又持十隸變支爲支故別作丈以別之 三 上 上 上 下 下 下 下 开 即丌字音姬薦物之具集韻丌亦作亓碑書作开开亓又姓隸亦作开 不 不 不

隸法彙纂 一 卷一

隸辨八卷

清康熙雍正間翻刻玉淵堂本

DC0112八册

清顧藹吉撰集。

顧藹吉，字南原，長洲人。歲貢生，候選訓導。

書高27.7釐米，寬17.1釐米。版框高18.1釐米，寬14.6釐米。每半葉十二行，小字雙行二十字。上下細黑口，單黑魚尾，四周單邊。魚尾下題“隸辨”及卷次、細目，又下記葉次。不避“曆”字。內封題“顧南原撰集/隸辨/玉淵堂原本”。

卷一首葉第一行題“隸辨卷第一”，第二行起正文。

書首有顧藹吉序、目録，目録後有康熙戊戌項絪識語。

書中鈐“寶信道人”、“君符”、“大倉文化財團藏書”朱印。

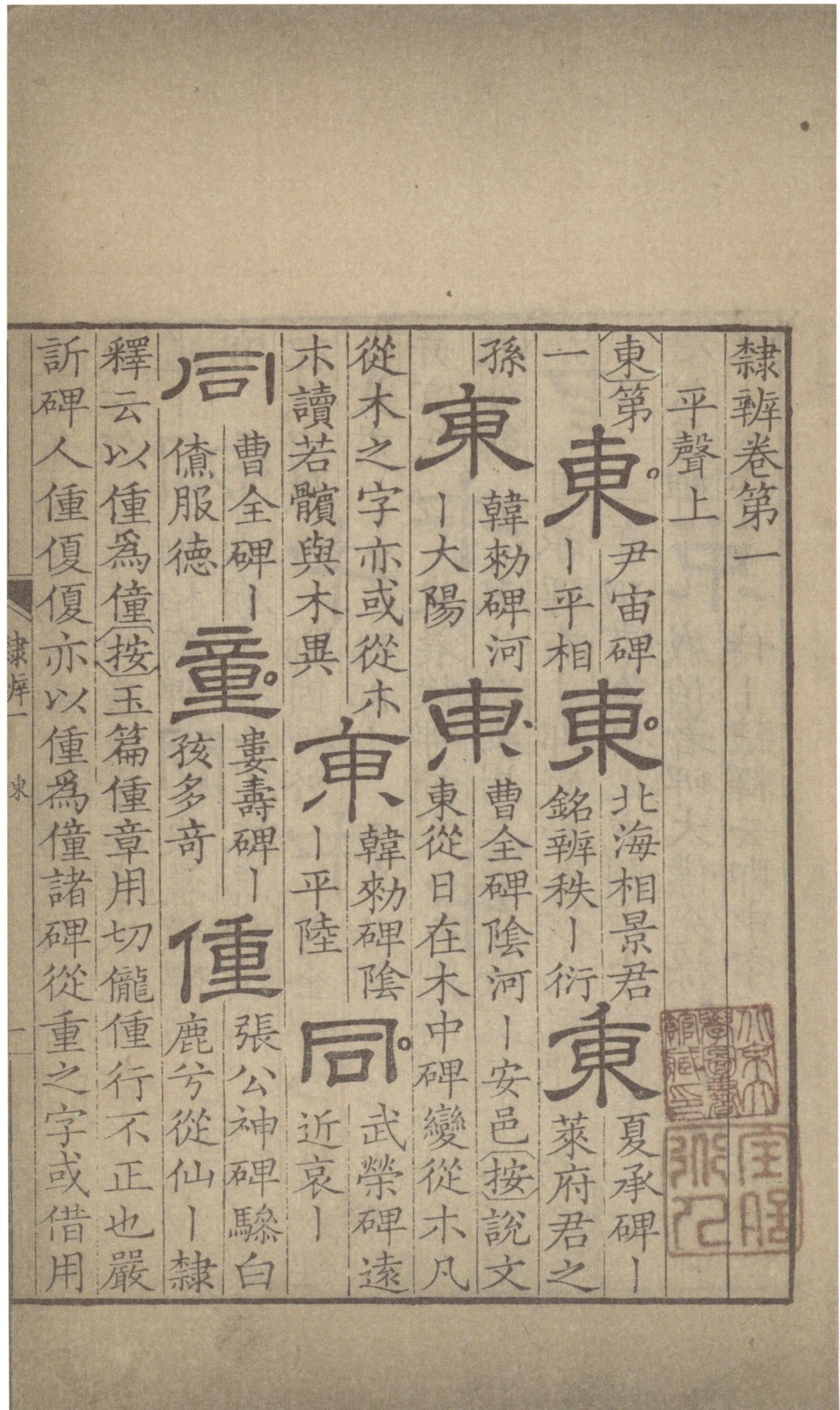

隸辨卷第一

平聲上

東第一

東 尹宙碑丨平相

東 北海相景君銘辨秩丨衍

東 夏承碑丨萊府君之孫

東 韓勑碑河丨大陽

東 曹全碑陰河丨安邑按說文東從日在木中碑變從木凡從木之字亦或從木木讀若髕與木異

東 韓勑碑陰丨平陸

同 武榮碑遠近哀丨

同 曹全碑丨僚服德

童 婁壽碑丨孩多奇

偅 張公神碑騶白鹿兮從仙丨隸釋云以偅爲僮按玉篇偅章用切儱偅行不正也嚴訢碑人偅復復亦以偅爲僮諸碑從重之字或借用

溫故知新書三卷解說一卷

日本昭和十四年（1939）影印本

DC0879一函四册

書高26.7釐米，寬20.3釐米。版框高23.1釐米，寬17.3釐米。每半葉六行，行字不等，字旁有日文訓讀。白口，四周單邊。版心中記卷次及葉次。版心上方偶題"溫故"。書衣書籤題"溫故知新書上"。

卷一首葉第一行題"溫故知新書"，第二行起正文。

書首有三井尊通序。書末牌記題"尊經閣叢刊溫胡知新書/原本前田侯爵家藏"，函套有籤題"溫湖知新書"，套內貼版權籤。

温故知新書

阿

乾坤 門 開闢 宇宙 國家 天下 天離 天都 天漢

銀河 天陰 天切 圖新 賀根 雨下 米 雫 霰

溜雷 九雪 霰 雫 嵐 乾風 颶 金風 商風 颿

瑞籬 郡縣 空閒 地 荒屋 亭 庵 行在所

增續大廣益會玉篇大全十卷

日本享保二十年（1735）刻本

DC0457十二册

日本毛利貞齋著。

書高23.3釐米，寬16.9釐米。版框高20.8釐米，寬14.7釐米。每半葉行不等，十六字，小字雙行，行三十字。字間有日文訓讀。書末有享保二十年刊記。

卷一首葉第一行頂格題“增續大廣益會玉篇大全卷第一”，下空一格題“一二畫”，第二行起正文。

書末刊記鋼筆書“大正十三年六月吉日購入（拾參部）財團法人大倉集古館”。

書中鈐“大倉文化財團藏書”朱印，“第四號十三册內十三購入大倉集古館藏”朱印記。

▲一部

▲一 コト 字 誠也 小 ヒトツ 徐曰一者天地之未分太極生兩儀一旁薄始結之義横者象天地人之氣是皆橫屬四極者也增又均也記禮運是故夫禮必本於太一注疏者天地未分混沌之元氣極大曰太未分曰一又太一天之貴神又天一星在紫垣端門之左[…]漢注如淳曰天極大星一明太一常居前選相如賦反太一而從陵陽又尺一詔書也後漢蕃傳尺一選舉注板長尺一以爲詔書說文古文作弌通作壹詩壹發五豝壹者之來記大學壹是修身爲本又儀禮公食大夫禮壹以授賓注猶稍也 ▲七 小 說文陽之正也从一微陰从中衺出也 增 少陽數火數 ▲丁 ヒノト。アタル。ウヲノカシラ 字 十幹名爾雅歲在丁曰強圉月在丁曰圉又值也當也詩大雅寧丁我躬又民年二十已上成丁蓋人壽以百歲爲期一幹十年則丁當四十強壯之時故曰丁又零丁孤苦也又魚枕曰丁又姓本姜姓齊太公子汲封丁公因以命族文謚法述義不克曰丁 小 說文夏時萬物皆丁實象形丁承丙象人心徐曰物挺然成立之皃萬物盛於丙成於丁其形正中 敄象心又六丁神名後梁鄭王傳從官下忌自言能使六丁善占夢注六甲中丁神若甲子旬中則丁卯爲神其神可使致遠方物及知吉凶 ▲又 小 叓。朾字注云伐木声集韻或作丁詩伐木丁丁丁声相應也爾雅丁

增續大廣益會玉篇大全卷第一　一二畫

一部

一二畫所出字舊本千四百有四十三　增續所出字千二百有七十二。都合二千七百有五字

一 イツ ヒトツ。ハジメ。キハマリ。ヲナジ。スクナシ。カタクチ。モツハラ。ヒトヘ。カタ手ナシ。 質。於逸切說文曰惟初太始道立於一造分天地化成萬物道德經云昔之得一者天得一以清地得一以寧神得一以靈谷得一以盈萬物得一以生侯王得一以爲天下正王弼曰一者數之始也物之極也又同也少也初也或作壹

丂 サハル ヲサル 皓 苦道切說文气欲舒出丂上礙於一也古文丂又亏字

七 ナヽツ 質 親吉切數也

丁 テイ ツヨシ サカン 青。多庭切強也壯也太歲在丁曰強圉又 庚 竹耕切丁丁伐木

熟語類聚詩學字引大成十七卷

日本安政五年（1858）刻本

DC0888十七册

日本藤良國編輯。

書高18.7釐米，寬13釐米。版框高15.2釐米，寬10.9釐米。每半葉八行，行字數不等。白口，單黑魚尾，四周單邊。魚尾上方題“詩學字引”，魚尾下記卷次、細目，又下方記葉次。天頭有墨字校注。內封題“詩學字引大成”。書末有安政五年皇都書林、東都書林、浪華書林刊記。書衣書籤題“熟語類聚詩學字引大成”。

卷一首葉第一行頂格小字雙行題“熟語/類聚”，下連題“詩學字引卷之壹”，第二、三行題“平安藤良國編輯”，第四行起正文。

書首有吳策書淡窗老人“詩學字引序”，安政丁巳藤原良國“凡例”。書末有安政丙辰藤澤甫跋。

一 統平界語道以之丨來丨烟丨明丨晒汲
丨太世丨吾丨貫丨村栖村丨灘月灘銀

熟語類聚詩學字引卷之壹

平安　藤良國編輯

一部

一 入質 ●○丨天丨年丨時丨朝丨春丨秋丨冬丨星丨山丨邨丨峯丨
丨川丨湾丨潭丨泓丨溪丨灘丨橋丨村丨窓丨𪗋丨塘丨池丨城丨
樓丨家丨堂丨林丨株丨枝丨根丨叢丨花丨當二根ナリ虞初新志丨更丨
樽丨杯丨瓶丨瓻丨瓨丨甌丨炉丨瓢丨壺丨盤丨盆丨盂丨床丨宮丨篙
丨通丨心丨絃丨琴丨舟丨船丨航丨詩丨篇丨章丨文丨銭丨人丨篸
丨編丨廛丨簞丨涯丨鞭丨拳丨函丨經丨僧丨緘丨封丨團丨声丨回
丨毛丨毫丨痕丨牛丨雞丨升丨隅丨區丨鄉丨卮丨虫丨弓丨竿丨篷
丨江丨燈丨缸丨双丨兒丨麾丨般丨揮丨團丨車丨皃丨夫丨途丨呼

熟語類聚詩學類典十七卷

日本明治二十五年（1892）青木嵩山堂刻本

DC0889一函五册

日本藤良國編輯。

書高18釐米，寬12.7釐米。版框高15.2釐米，寬11釐米。每半葉八行，行字數不等。白口，單黑魚尾，四周單邊。魚尾上方題"詩學類典"，魚尾下記卷次、細目、又下方記葉次。天頭有墨字校注。函套書籤、書衣書籤題"熟語類聚詩學類典"。内封題"藤良國先生輯/熟語類聚詩學類典/浪華書肆嵩山堂藏梓"。書末有明治二十五年青木嵩山堂刊記。

卷一首葉第一行頂格小字雙行題"熟语/類聚"，下連題"詩學類典卷之壹"，第二行題"平安藤良國編輯"，第三行起正文。

書首有吳策書淡窗老人"詩學字引序"，安政丁巳藤原良國"凡例"。書末有安政丙辰藤澤甫跋。

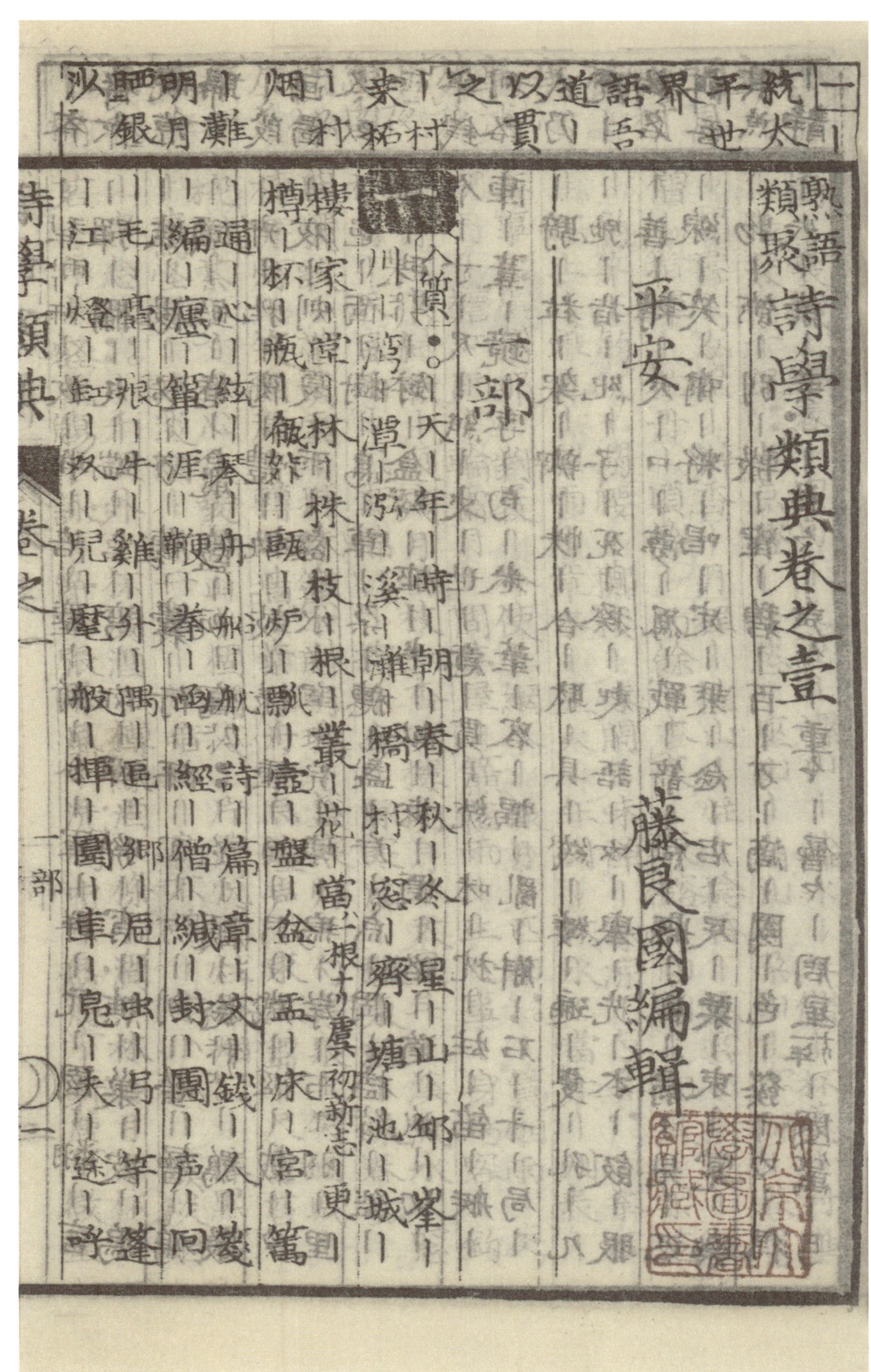

熟語類聚詩學類典卷之壹

平安　藤良國編輯

一部

【天】一年 一時 一朝 一春 一秋 一冬 一星 一山 一郊 一峯 一川 一灣 一潭 一溪 一灘 一橋 一村 一窓 一齊 一塘 一池 一城 一樓 一家 一堂 一林 一株 一枝 一根 一叢 一花 一當 一樽 一杯 一瓶 一瓢 一酌 一甌 一爐 一瓢 一壺 一盤 一盆 一盂 一床 一宮 一篙 一通 一心 一絃 一琴 一舟 一船 一航 一詩 一篇 一章 一文 一錢 一人 一編 一廛 一簞 一涯 一鞭 一拳 一函 一經 一帽 一緘 一封 一團 一聲 一向 一毛 一霞 一狼 一牛 一雞 一升 一隅 一區 一鄉 一卮 一虫 一弓 一竿 一篷 一江 一燈 一缸 一點 一兒 一壑 一般 一揮 一團 一車 一鬼 一夫 一途 一呼

詩學類典卷之一　一部　一

重刊併音連聲韻學集成十三卷

明萬曆六年(1578)維揚資政左室刻本

DC0471二函十二册

明章黼集。

章黼(1378—1469),字道常,别號守道。嘉定人。

書高29.9釐米,寬17.4釐米。版框高23.7釐米,寬15.2釐米。每半葉八行,行十二字,小字雙行二十四字。白口,雙黑魚尾,四周雙邊。有眉欄。上魚尾下記韻次及卷次,下魚尾上方記葉次,下方記刻工及字數。

卷一首葉第一行題"重刊併音連聲韻學集成卷之一",第二行起正文。總目首葉第一行題"重刊併音連聲韻學集成",第二行題"吴練川畊隱章黼集",第三行起正文。

書首有成化丙申桑悦"韻學集成序",成化十七年徐博"韻學集成序","凡例",章黼識語,"重刊併音連聲韻學集成總目"。

卷十三配明末刻本,卷端題"重訂併音連聲韻學集成"。

書中鈐"大倉文化財團藏書"朱印。

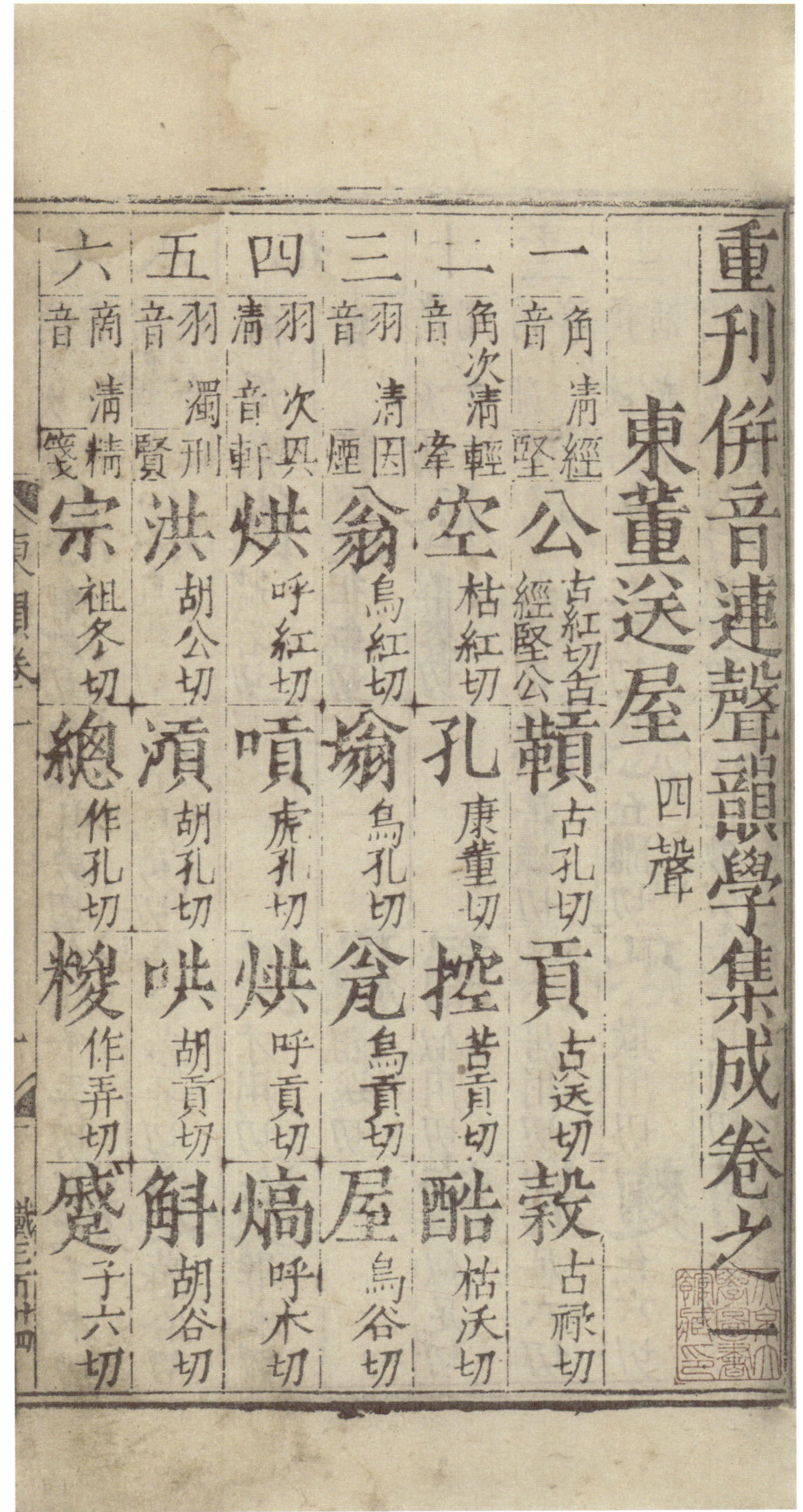

重刊併音連聲韻學集成卷之一

東董送屋 四聲

一音 角清 經堅 公 古紅切古經堅公 [illegible] 古孔切 貢 古送切 穀 古祿切

二音 角次清 輕牽 空 枯紅切 孔 康董切 控 苦貢切 酷 枯沃切

三音 羽清 因煙 翁 烏紅切 蓊 烏孔切 甕 烏貢切 屋 烏谷切

四清音 羽次 興軒 烘 呼紅切 嗊 虎孔切 烘 呼貢切 熇 呼木切

五音 羽濁 刑賢 洪 胡公切 澒 胡孔切 哄 胡貢切 斛 胡谷切

六音 商清 精箋 宗 祖冬切 總 作孔切 糉 作弄切 蹙 子六切

韻卷一　一

古今韻略五卷

日本文化二年(1805)刻本

DC0472二册

清邵長蘅纂。

邵長蘅(1637—1704),一名衡,字子湘,號青門山人,武進人。諸生。

書高26.4釐米,寬17.9釐米。版框高19.9釐米,寬14.4釐米。每半葉九行,行十九字,小字雙行二十八字。上下細黑口,單黑魚尾,四周單邊。上魚尾下題"古今韻略"及卷次、韻次,版心下方記葉次。書衣籤題"官板古今韻略"。書尾有"文化二年刊"刊記。

卷一首葉第一行題"古今韻略卷第一",第二行題"商丘宋牧仲先生閱定",第三行題"毗陵邵長蘅子湘纂",第四行題"商丘宋至山言挍",第五行起正文。

書前有康熙丙子宋犖"古今韻略敘",邵長蘅纂"古今韻略例言","古今韻略目録"。

書中鈐"胖盦圖書記"、"鳥居藏書"、"讀杜草堂"、"幸田氏閒來亭藏書記"、"琴坡"、"大倉文化財團藏書"朱印。

古今韻略卷第一　上平

商丘宋牧仲先生閱定

毗陵邵長蘅子湘纂

商丘宋　至山言校

一東 獨用

東 德紅切動也從日在木中春方也 涷 夏月暴雨離騷使涷雨兮灑塵又水出發鳩山入河又瀧涷沾漬皃 蝀 螮蝀虹也

○同 徒紅切齊也共也律歷有六同又州名一作仝 仝 盧仝唐人 銅 赤金也金之一品 桐 木名宜琴瑟又刺桐花出泉州

僮 僮僕也一曰婢妾總稱又竦恭皃詩被之僮ヒ 峒 崆峒山名爾雅北戴斗極爲空桐亦作空同 筒 竹名吳都賦其竹則桂箭射筒一作筩 筩 斷竹也漢書黃帝使泠綸制十二筩以聽鳳之鳴又趙廣漢教吏爲缿筩及得投書削其主名 童 幼也獨也

音韻闡微十八卷

清雍正六年(1728)武英殿刻本

DC0474十册

清李光地等修。

書高27.5釐米,寬17釐米。版框高20.6釐米,寬14.6釐米。每半葉八行,行十二字,小字雙行二十四字。白口,單黑魚尾,四周雙邊。魚尾上方題“音韻闡微”,魚尾下方記卷次、韻目及葉次。

卷一首葉第一行題“音韻闡微卷一”,第二行起正文。

書前有雍正四年“御製音韻闡微序”,“凡例”,雍正六年“開列纂修職名”,“韻譜”。

書中鈐“大倉文化財團藏書”朱印。

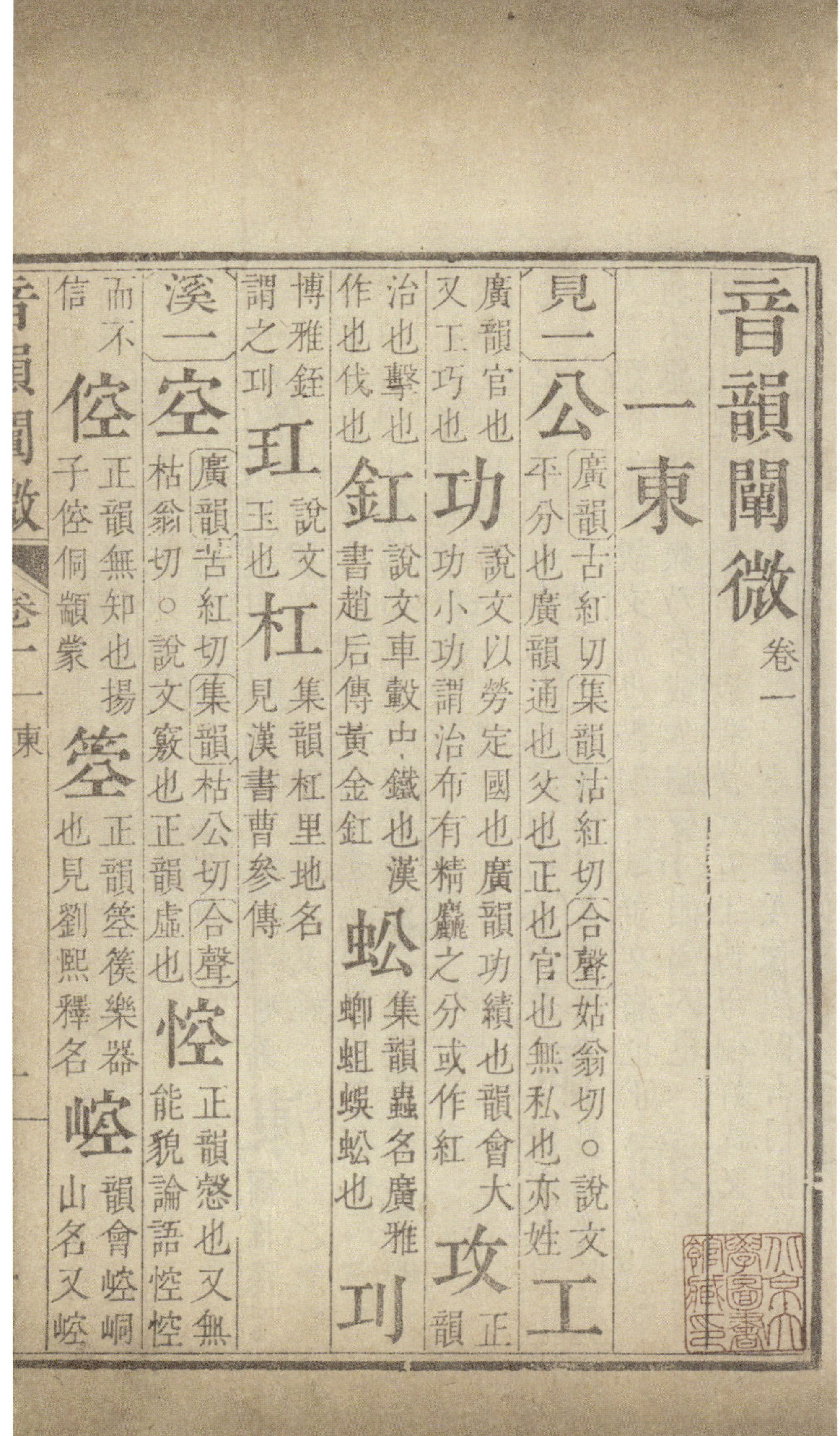

音韻闡微 卷一

一東

見一公 廣韻古紅切集韻沽紅切合聲姑翁切。說文平分也廣韻通也父也正也官也無私也亦姓 工 廣韻官也又工巧也 功 說文以勞定國也廣韻功績也韻會大功小功謂治布有精麤之分或作紅 攻 正韻治也擊也作也伐也 釭 說文車轂中鐵也漢書趙后傳黃金釭 蚣 集韻蟲名廣雅蝍蛆蜈蚣也 㓚 博雅鋌謂之㓚 玒 說文玉也 杠 集韻杠里地名見漢書曹參傳

溪一空 廣韻苦紅切集韻枯公切合聲枯翁切。說文竅也正韻虛也 悾 正韻愨也又無能貌論語悾悾而不信 倥 正韻無知也揚子倥侗顓蒙 箜 正韻箜篌樂器也見劉熙釋名 崆 韻會崆峒山名又崆

音韻闡微 卷一 一東

欽定同文韻統六卷

清宣統二年（1910）理藩部刻朱墨套印本

DC0473一函五册

清允祿等纂。

允祿（1695—1767），愛新覺羅氏，號愛月主人。康熙第十六子。嗣封莊親王。謚恪。

書高29.5釐米，寬17.5釐米。版框高20.7釐米，寬13.8釐米。每半葉九行，行二十字，小字雙行，字數同。白口，單黑魚尾，四周雙邊。魚尾上方題“欽定同文韻統”，下方記卷次，細目及葉次。內封鐫“宣統歲次庚戌/欽定同文韻統/本署藏板”，內封背面鐫“理藩部仿殿板重刊”。御製序末葉鈐“理藩部印”（滿漢文）朱印。

卷一首葉第一行題“欽定同文韻統卷一”，第二行起正文。

書前有乾隆庚午御製序，允祿等奏議，“纂修職名”，“欽定同文韻統目録”。

書中鈐“大倉文化財團藏書”朱印。

欽定同文韻統卷一

天竺字母說

天竺字母譜

天竺字母後說

欽定西域同文志二十四卷

清刻本

DC0478二函十六册

清傅恒等纂。

傅恒（約1720—1770），富察氏，字春和，滿洲鑲黄旗人。歷任侍衛、總管内務府大臣、户部尚書等職，授一等忠勇公、領班軍機大臣加太子太保、保和殿大學士。謚文忠。

書高27.3釐米，寬17.2釐米。版框高18.8釐米，寬14.1釐米。每半葉九行，行十八字，小字雙行約二十二字。白口，單黑魚尾，四周雙邊。魚尾上方題“欽定西域同文志”，下方記卷次及葉次。

卷一首葉第一行題“欽定西域同文志卷之一”，第二行起正文。

書前有“御製西域同文志序”，傅恒等表。

書中鈐“大倉文化財團藏書”朱印。

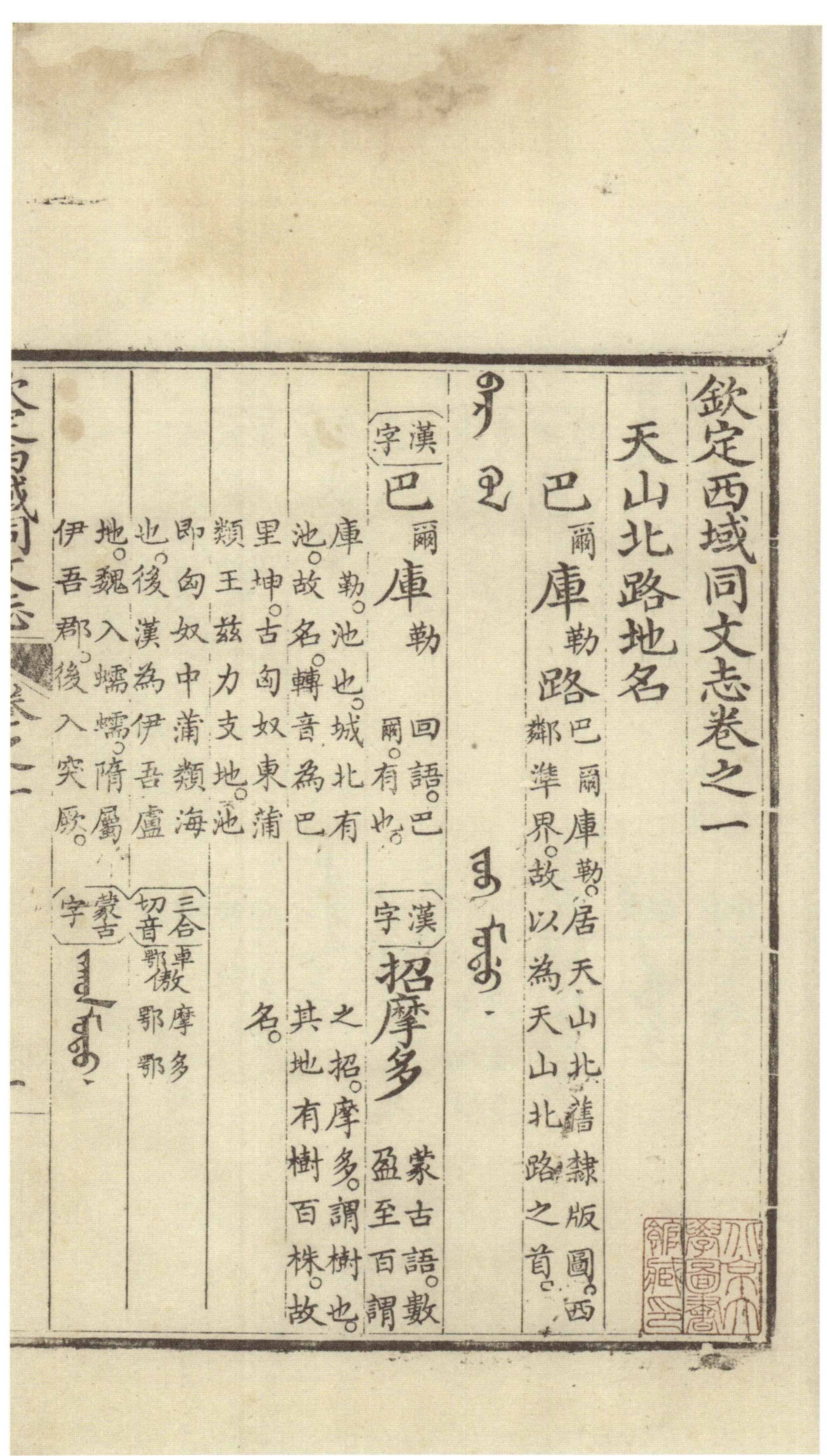

欽定西域同文志卷之一

天山北路地名

巴爾庫勒路　巴爾庫勒。居天山北。舊隸版圖。西鄰準界。故以為天山北路之首。

漢字　巴爾庫勒　回語。巴爾，有也。庫勒，池也。城北有池，故名。轉音為巴里坤。古匈奴東蒲類王茲力支地。池即匈奴中蒲類海也。後漢為伊吾盧地。魏入蠕蠕。隋屬伊吾郡。後入突厥。

漢字　招摩多　蒙古語。數盈至百謂之招。摩多，謂樹也。其地有樹百株，故名。

三合切音　車傲鄂　摩鄂　多鄂

蒙古字

詩韻含英十八卷附詩韻異同辨不分卷

日本文化十三年（1816）刻本

DC0475一册

清劉文蔚輯。

劉文蔚，生卒年不詳，字伊重，又字豹君，號楠亭，浙江山陰人。貢生。

書高18.5釐米，寬11.7釐米。版框高15.7釐米，寬9.7釐米。兩截版。每半葉八行，行十五字，小字雙行三十字。白口，單黑魚尾，四周雙邊。魚尾上方題"詩韻含英"，下方記卷次、韻目及葉次。書衣鐫"遵佩文齋定本/詩韻含英辨同/聚瀛堂鐫藏"。書後有"文化十三年春三月翻刻/鳥山俣藏版"刊記。

卷一首葉第一行題"詩韻含英卷一"，第二行題"山陰劉文蔚豹君輯"，第三行起正文。眉欄首行題"詩韻異同辨"，第二行題"南昌彭元瑞原本"，第三行題"蕭山/任以治/蔡應襄/同輯"。

書前有滕正男"翻刻詩韻含英辨同敘"，乾隆五十八年裘師軾序，乾隆二十三年劉文蔚"例言五則"，"詩韻含英目録"。

書中鈐"大倉文化財團藏書"朱印。

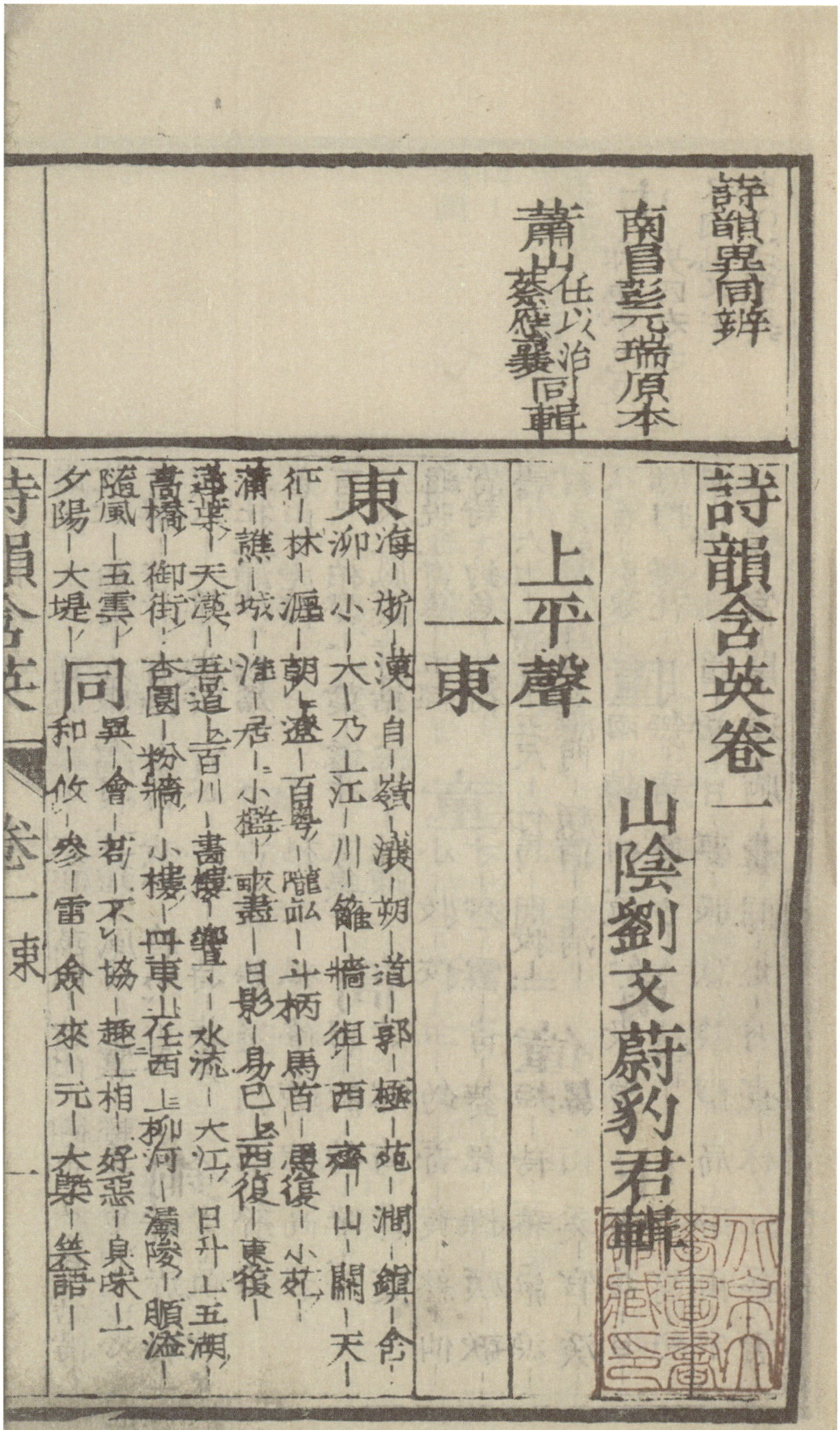
詩韻異同辨
南昌彭元瑞原本
蕭山任以治、蔡懋夔同輯

詩韻含英卷一　山陰劉文蔚豹君輯

上平聲

一東

東 海—浙—漢—自—嶺—遼—朔—道—郭—極—苑—澗—鎮—會—洌—小—大—乃上 江—川—籬—牆—街—西—齊—山—關—天—征—林—壓—朝上 遼—百粵—隴—斗柄—馬首—愚谷—小苑—滿—謝—城—淮—居上 小樓—畫—日影—身已上 西復—東復—葉—天漢—吾道上 百川—書樓—豐—水流—大江—日升上 五湖—畫橋—御街—杏園—粉牆—小樓—再東上 在西上 柳河—灞陵—瀰溢—隨風—五雲—夕陽—大堤—

同 異—會—若—不上 協—趣上 相—好惡—臭味上—和—攸—參—雷—僉—來—元—大樂—巽語—

詩韻含英卷一　卷一　東　一

初學檢韻袖珍二卷

日本弘化丙午（三年，1846）刻本

DC0678二册

清姚文登輯。

書高18.9釐米，寬12.8釐米。版框高12.8釐米，寬10.3釐米。每半葉八行，行十六字，小字雙行，字數同。白口，單黑魚尾，四周雙邊。魚尾上方題“初學檢韻”，下方記卷次、類目及細目，又下方記葉次。內封鐫“弘化丙午夏翻刻/嘉定錢竹汀先生鑑定/初學檢韻/海屋貫名先生改訂”。

卷一首葉第一行題“初學檢韻袖珍卷之上”，第二行題“嘉定錢辛楣先生鑒定”，第三行題“澄海姚文登輯男炳章校”，第四行起正文。

書衣書籤題“初學檢韻”，書首有嘉慶四年錢大昕序，嘉慶四年姚文登序，弘化丙午須靜室主人識，“例言”。書末刻“三緘堂藏”，書肆圣萃堂刊記。

初學檢韻袖珍卷之上

嘉定錢辛楣先生鑒定

澄海姚文登輯　男炳章校

一部

一入質丁平庚、詩伐木丨丨丁平青、十幹之一、又男丨、又當也、又姓七

入質二丈上養三平覃、數名、又姓三去勘、三丨思上上養、自下而上上

去漾、丨下下上馬、上丨下去禡、自上而丨三不平尤、鳥飛翔不丨下、又夫丨丨、

鵻也、亦作鳺鴀、陸璣云、今小鳩也、與本韻鴀字同、又未定之辭、陶詩、未知從今去、當

詩韻珠璣五卷

日本天保二年（1831）羣玉堂刻本

DC0476八册

清余照輯。

余照，生卒年不詳。字春亭，江都人。

書高22.2釐米，寬15.5釐米。版框高16.8釐米，寬12釐米。每半葉十行，行十八字，小字雙行三十六字。白口，單黑魚尾，左右雙邊。魚尾上方題"詩韻珠璣"，下方記卷次、韻目及葉次。內封鐫"天保辛卯新鐫/詩韻珠璣/浪華羣玉堂版"，書後署"東條耕校訂"。

卷一首葉第一行題"詩韻珠璣卷一之上"，第二行題"江都余照春亭輯"，第三行起正文。

書前有嘉慶五年余照"詩韻珠璣序"，例言，《詩韻珠璣》目録。書後有"琴臺東條先生校訂著述書目"。

書中鈐"黑田家圖書記"、"大倉文化財團藏書"朱印。

詩韻珠璣卷一之上

江都余照春亭輯

上平聲

一東

東 南丨侯丨河丨桑丨毋丨從丨丁丨陳丨我丨三丨尾丨桐丨築丨水丨浦丨屋丨原丨
在丨門丨易丨來丨井丨湘丨東丨陸丨房丨先丨正丨汾丨向丨星丨京丨當丨渚丨
湖丨海丨浙丨漢丨自丨嶺丨瀼丨朔丨道丨郭丨極丨苑丨澗丨鎮丨舍丨征丨林丨瀘丨
雒丨泖丨小丨大丨乃丨江丨川丨雝丨牆丨但丨西丨齊丨山丨關丨天丨蒲丨讌丨城丨
朝丨遼丨活丨百粵丨隴畝丨斗柄丨馬首丨馬復丨小苑丨蓮葉丨天漢丨晉道丨百川丨
淮丨居丨平丨小楹丨畝盡丨日影丨易已丨西復丨東復丨畫橋丨御街丨含圖丨粉牆丨
畫樓丨響丁丨水流丨大江丨日昇丨五湖丨隨風丨五雲丨〇丨陸丨逝丨序丨藝丨立
小櫻丨紫禁丨任西丨柳河丨灞陵丨順流丨夕陽丨大堤丨 丨早丨道丨麿丨屋丨谷
丨岱丨野丨泉丨觀丨施丨觴丨酉丨隅丨萊丨銘丨山丨流丨昇丨閩丨門丨君丨播丨周
丨第丨閣丨作丨郭丨夷丨絹丨蓄丨吳丨鄰丨漸丨阡丨征丨溟丨闉丨階丨軒丨藩丨州
丨本丨崦丨阿丨堂丨臯丨皇丨廂丨瀛丨門丨山府丨山妓丨流水丨家女丨華士丨鄉子
丨樓丨膠丨偏丨川丨坡丨牀丨京丨陵丨鷹丨山起丨陽沈丨牀增丨橋竹丨南谷丨郭廢

頭字韻五卷

日本天保三年（1832）刻本

DC0477一册

清余照輯。

書高18.7釐米，寬13.5釐米。版框高14.6釐米，寬10.3釐米。每半葉八行，行十六字，小字雙行三十二字。白口，單黑魚尾，四周單邊。魚尾上方題“頭字韻”，下方記卷次、韻目，版心下記葉次。內封鐫“天保壬辰晚春新鐫/清余春亭輯/頭字韻/津藩有造館藏版”。

卷一首葉第一行題“頭字韻卷一”，第二行題“余照春亭輯”，第三行起正文。

書前有天保壬辰津阪達“頭字韻序”，書後有天保癸巳平松正慤跋。

書中鈐“大倉文化財團藏書”朱印。

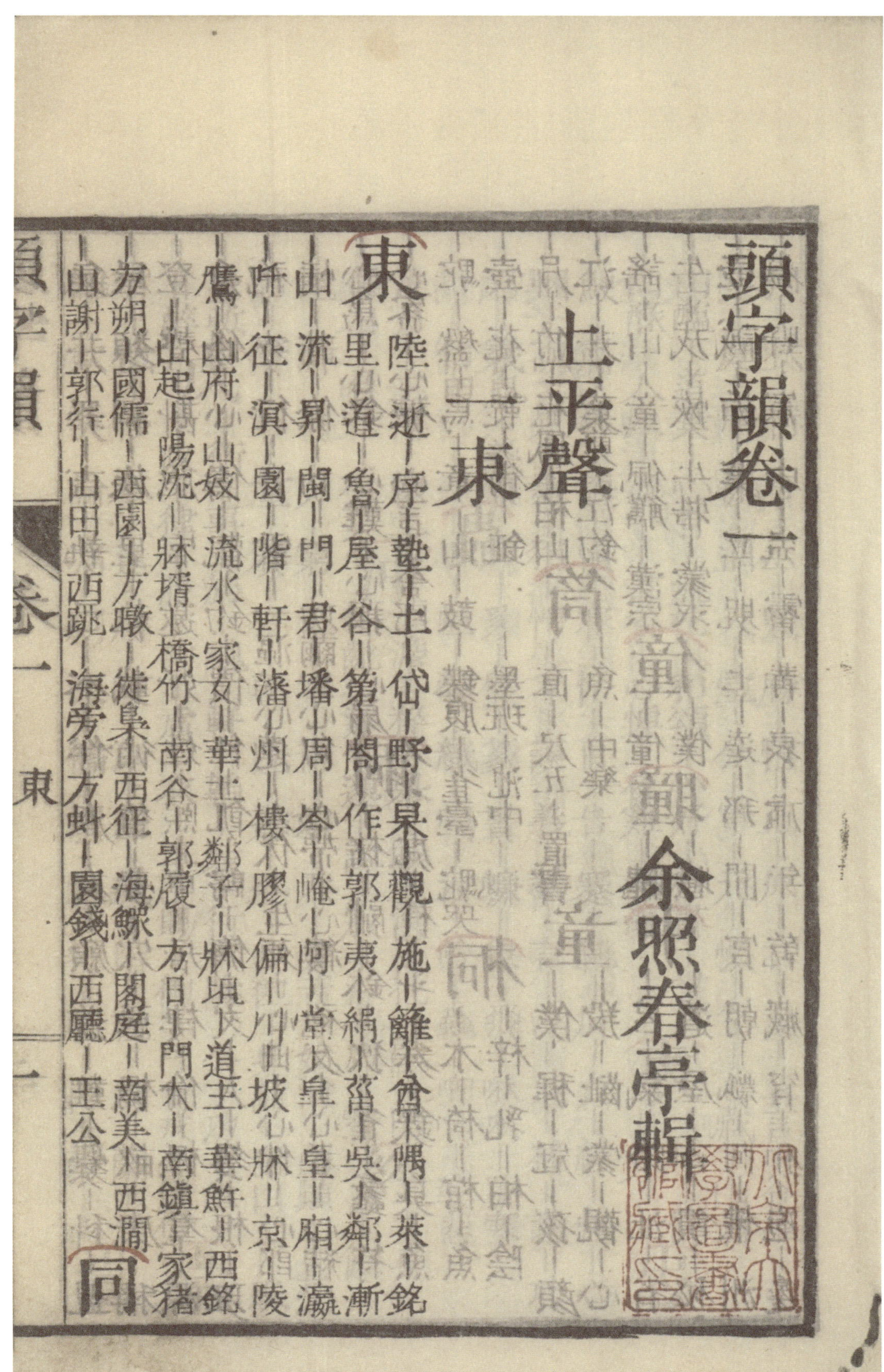

頭字韻卷一

余照春亭輯

上平聲

一東

東 陸｜逝｜序｜塾｜土｜岱｜野｜杲｜觀｜施｜籬｜酉｜隅｜萊｜銘｜里｜道｜魯｜屋｜谷｜第｜閣｜作｜郭｜夷｜絹｜菑｜吳｜鄰｜漸｜山｜流｜昇｜閩｜門｜君｜播｜周｜岑｜崦｜阿｜常｜阜｜皇｜廂｜瀛｜阡｜征｜溟｜園｜階｜軒｜瀋｜州｜樓｜膠｜偏｜川｜坡｜牀｜京｜陵｜鷹｜山府｜山妓｜流水｜家女｜華土｜鄰子｜牀坦｜道主｜華飾｜西銘｜山起｜陽流｜牀婿｜橋竹｜南谷｜郭履｜方日｜門犬｜南鎮｜家猪｜方朔｜國儒｜西園｜方暾｜徙臬｜西征｜海鯀｜閣庭｜南美｜西澗｜山謝｜郭行｜山田｜西跳｜海旁｜方蚪｜園錢｜西廳｜王公

同

頭字韻　卷一　東　一

詩韻合璧五卷附虛字韻藪一卷

清光緒十一年（1885）文英堂刻本

DC0680一函五册

書高20.4釐米，寬10.6釐米。版框高16.2釐米，寬9.1釐米。三截版。下截版高9.1釐米。每半葉十一行，行十二字，小字雙行，行二十四字。白口，單黑魚尾，四周雙邊。魚尾上方記"詩韻合璧"，下記卷次及類目，又下方記葉次；各卷首葉版心下記"淞隱閣仿/聚珍板印"。中截版高3.1釐米。每半葉二十二行，行八字。上截版高4釐米。每半葉二十二行，行十二字。內封鐫"校補詩韻合璧/光緒十一年六月文英堂書坊刊"，鈐"文英堂"朱印記。內封背面印元輯補輯各書目。《虛字韻藪》末葉末行鐫"乙酉八月增補重印"。

卷一首葉第一行題"詩韻合璧卷一"，第二行題"上平聲"，第三起正文。中截版第一行題"詞林典腋目録"。上截版第一行題"詩腋目録"。

書首有咸豐七年湯文潞序，"略例"，"詩韻合璧目録"。

詩腋目

詞林典腋目

詩韻合璧卷一

上平聲

一東

東
南丨倮丨河丨桑丨桴丨棨丨丁丨崠丨我丨三丨尾丨
門丨易丨來丨井丨湘丨東丨陸丨房丨先丨正丨汾丨
樹丨從丨水丨浦丨屋丨原丨海丨浙丨漢丨自丨嶺丨瀼丨
向丨星丨京丨堂丨渚丨湖丨沔丨小丨大丨乃丨江丨川丨
濯丨居丨朔丨道丨郭丨極丨苑丨澗丨鎮丨舍丨征丨林丨
城丨平丨籬丨牆丨徂丨西丨齊丨山丨闕丨天丨蒲丨譙丨
遼丨雉丨安丨御街丨順流丨百粵丨斗柄丨馬復丨蓮葉丨
雒丨朔丨雨丨杏園丨大堤丨隴畝丨馬首丨小苑丨天漢丨
夕陽丨易已丨東復丨紛牆丨響丁丨大江丨五湖丨五雲丨
吾道丨西復丨畫橋丨畫樓丨水流丨日昇丨隨風丨小樓丨
百川丨畝盡丨紫禁丨柳河丨丨陸丨逝丨序丨塾丨土
小檻丨日影丨任西丨灞陵丨○丨里丨觀丨施丨籬丨隅
丨道丨魯丨屋丨谷丨岱丨野丨皋丨君丨壖丨周丨第丨閣
丨萊丨路丨山丨流丨閩丨昇丨軒丨阡丨征丨溟丨園丨階
丨瀛丨作丨郭丨夷丨絹丨蘺丨吳丨鄰丨膠丨門丨陵丨皐
丨京丨漸丨藩丨州丨岑丨崦丨阿丨堂丨川丨樓丨偏丨鷹

詩韻合璧 卷一 一東 一

淞隱閣仿

類聯采新月令粹編詩腋詞林典腋

石印本

DC0681一函二册

書高11.1釐米，寬13.1釐米。版框高9.9釐米，寬11.3釐米。四截版。四周雙邊，單黑魚尾，魚尾下裁切。上截版高1.5釐米，每半葉三十二行，行六字。第一行題“詩賦類聯采新”，第二行起正文。二截版高3.7釐米，每半葉三十二行，行十五字。第一行題“月令粹編”，第二行起正文。三截版高2.6釐米，每半葉三十二行，行十字。第一行題“詩腋目録”。下截版高2.1釐米，每半葉十一行，行八字。第一行題“詞林典腋目録”，第二行起正文。

案語：此數種原為《詩韻合璧》之天頭，為後人裁下。石印二册，版本各不相同。

詩賦類聯采新
目錄
卷一
天文部
天地 天地球
天 日 日月
月 星 星辰
星月 天河
雲 雲日
雲霞 雲雨
雲雷 雲霓
雲霧 霞 風
風月 風雲
風雨 風雷
風霜 風露
風雪 雨
雨暘 雷
雷雨 雷電
電 霓 霜
霜露 霜雪
露 霧 雹
雪 雪月 霰
氣 晴 陰
歲時部 附干支
五行 陰陽
春 元日
人日 上元
晦日 社日
春分 寒食
清明 上巳
送春 春夏
春秋 夏

類聯采新

月令粹編
卷一
歲令總
祠靈星○史記封禪書高祖詔御史令
郡國縣立靈星祠常以歲月祠以牛
書板言事○漢書禮儀志冬夏至入能
士書板言事封以阜囊送西陛跪授
尚書
三年不窺園○漢書董仲舒傳仲舒下
帷講誦弟子傳以久次相授業或莫
見其面蓋三年不窺園其精如此
四時服御○漢書魏相傳高皇帝令羣
臣議天子所服以安治天下中謁者
趙堯舉春李舜舉夏兒湯舉秋貢禹
舉冬四人各職一時
春秋饗射○後漢書儒林傳劉昆教授
子弟每春秋饗射常備列典儀以素
瓠葉爲俎豆桑弧蒿矢以射菟首行
禮縣宰率吏屬觀之
冬布夏練○晉書有司奏太極殿廣室
施綈帳帝曰漢文集上書皁囊爲帷
遂令冬施青布夏施青練帷帳
讀五時令○晉書禮志漢儀太史每歲
上其年歷先立春立夏大暑立秋立
冬常讀五時令皇帝所服各隨五時
之色帝升御坐尚書令以下就席位
尚書三公郎以令置案上奉以入就
席伏讀訖賜酒一巵(?)
閨門整肅○晉書何曾傳曾閨門整肅
年老之後與妻相見皆正衣冠相待
如賓已南面妻北面再拜上酒酬酢
既畢便出一歲如此者不過再三焉

月令粹編 歲令總

詩腋目錄
帝治部
帝德 聖壽 聖慈(?)
宸翰 詔令 法天
勤民 符瑞 政治
養老 納諫 進賢
試士 省方 勸農
賦稅 蠲賦 學校
刑罰
仕進部
宰相 狀元 詞林
臺諫 學政 縣令
使臣 遺愛 知過
科名 榜
德性部
德性 品行 聖賢
脩修 仁 義 信
智 忠 孝 忠 孝
弟 敬 中 正 公平
勤 儉 廉 謙 清(?)
方 直 恆
人倫部
君臣 君 臣 父子
父 母 子 兄弟
夫婦 婦 妾 奴僕
師弟 朋友 閨閫
婚姻
人事部
勵志 感懷 遊覽
登臨 送別 羈旅
家書 隱逸 交際
聲名 幼聰 老壽

詩腋目錄

詞林典腋目錄
卷上
天文門
天文總 天
日 春日 夏日 日月
秋日 冬日 夏月
新月 殘月 月
月桂 中秋月
星 景星 北斗附 天河
雲 慶雲 雲峰
風雨 風 春風
夏風 秋風
冬風 雨 夜雨
喜雨 春雨
夏雨
冬雨 雷 電
虹 霞 露 霜
雪 喜雪 春雪
霧 霽 烟
時令門
時令總 春 春晴
春陰 早春
暮春 遊春
送春 立春
元旦 人日
上元 中和節
社日 花朝
寒食 清明
上巳 夏 初夏
殘夏 苦熱
四月八日 端午
伏日 秋 新秋

典腋目錄

詩法掌韻大成六卷

日本享保五年（1720）刻弘化三年（1846）補刻本

DC0881二册

日本安藤由越纂輯。

書高15.3釐米，寬10.2釐米。版框高12.8釐米，寬9.4釐米。兩截版。上欄高5.5釐米，下欄高7.3釐米。每半葉十行，字旁有日文訓讀。白口，單黑魚尾，四周單邊。魚尾上方記"類聚掌中韻大成"及卷次，下記葉次。書衣書籤題"萬物異名/詩法掌韻大成"，右邊有方格帖籤，題有卷一目次。書末有享保五年刊記，弘化三年補刻刊記。

卷一首葉第一行題"詩法掌韻大成乾一"，第二行起正文。

書首有元祿六年漂泊子"詩法掌韻大成序"，"凡例"，"詩法掌韻大成目録"。書末末行題"難波安藤由越纂輯"。

書中鈐"武藏國久良岐郡井土ク谷村志田氏藏書印"朱印。

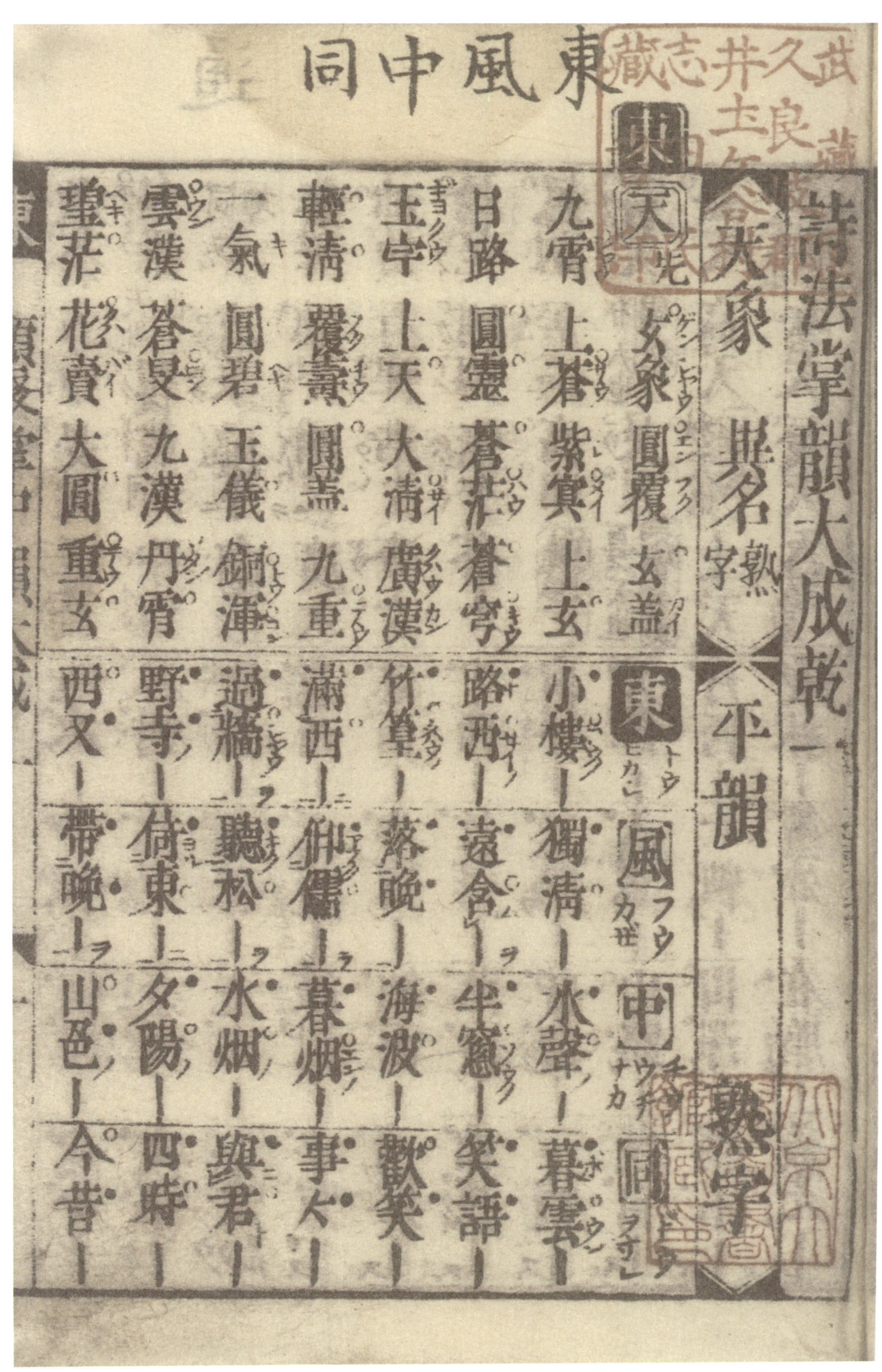

詩韻精英七卷

日本明治十三年（1880）積玉圃尚書堂銅版印本

DC0894一函七册

日本池田觀中正輯。

書高14.2釐米，寬9釐米。版框高11.6釐米，寬7.5釐米。二截版。每半葉九行，行十四字，小字雙行，行二十八字。白口，單黑魚尾，四周雙邊。魚尾上方記“詩韻精英”，下方記卷次、韻目，又下方記葉次，版心下記“積玉圃/尚書堂合梓”。卷端版框外右下記“大阪響皋堂刻”。書衣書籤題“詩韻精英池田觀輯”。內封印“詩韻精英”，封底印“水口臥龍刻”，內封背面牌記陰文題“明治庚辰中秋開雕”。書末有明治十三年積玉圃尚書堂刊記。

卷一首葉上欄第一行題“詩韻精英標注”，第二行起正文。下欄第一行題“詩韻精英卷之一”，第二行下題“大日本南越池田觀中正輯”，第三行起正文。

書首有明治己卯沈山大沼厚序，明治十三年池田觀中正“例言”，“詩韻精英目録”。

書套內鈐“月白風清”朱印。

詩韻精英楣注

東韻

○活東（爾雅）科斗｜｜蝦蟇也（唐寅詩）青草池塘亂｜｜｜易東（漢）丁寬學易於田何學成辭歸何曰｜以｜矣及東次氣發｜」｜及於寅也尾東（星經傳）說星在｜」矣」｜」乃東（本草）｜｜夏枯草名丁東（李商隱詩）王佩玉｜｜（韓偓詩）玉堂西畔響｜｜籠東｜｜摧敗之貌（北史）｜｜軍士馬首東（左傳）欒黶曰吾｜｜欲」｜吾道東（後漢書）鄭康成以山東無足問者乃西入關事馬融及歸融曰｜｜｜矣松向東（大唐新話）三藏法師西域取經手摩靈巖寺松曰吾西去汝可西向若歸即東向及法果西向後一年忽東向法師果歸百川東（韓愈）文障

詩韻精英卷之一

大日本南越池田觀輯

上平聲

○一東韻

東 海｜浙｜活｜易｜漢｜道｜極｜自｜瀼｜苑｜澗｜朔｜屋｜及｜遂｜發｜復｜入｜樹｜載｜乃｜嶺｜向｜舍｜當｜郭｜泖｜轉｜落｜大｜小｜鎮｜。江｜川｜門｜河｜牆｜籬｜山｜征｜關｜林｜丁｜先」｜籠｜君｜天｜西｜城｜居」｜瀝｜朝」｜蒲｜譙｜淮｜徂｜斗柄｜馬首｜月在」｜雪嶺｜日在」｜地軸｜馬復｜小苑｜遼｜水｜日影｜紫殿｜露井｜久在」｜碧海｜水石｜百粵｜隴訌｜小檻｜畞蓄｜。西復｜吾道｜吾欲」｜東復｜松向」｜茅屋｜山影｜煙水｜天塹｜秋水｜花影｜湖岸｜金市｜西輿」｜蓮葉｜天漢｜。日生」｜翠莖｜畫橋｜曲池｜屋西｜古城｜小橋｜小籬｜石橋｜海門｜暮雲｜小樓｜小亭｜暮江｜古牆｜水雲｜百川｜杏園｜

史部

重修廿一史

清順治十六年（1659）據明南京國子監舊版重修本

DC0011四十八函四百七十五册

書高30.3釐米，寬19.3釐米。

書首有順治十六年郎廷佐撰“重修廿一史序”，順治辛丑何可化撰“重修廿一史序”，順治己亥徐為卿撰“重修廿一史序”，順治己亥毛一麟撰“重修廿一史序”，順治十六年衛貞元撰“重修廿一史跋”。

書中鈐“大倉文化財團藏書”朱印。

子目：

1.史記一百三十卷　二函二十册

明萬曆二十四年南京國子監刻清順治十六年修補本

漢司馬遷撰，南朝宋裴駰集解，唐司馬貞索隱，唐張守節正義。

版框高19.7釐米，寬15.4釐米。每半葉十行，行二十二字，小字雙行，行二十七字。細黑口，單黑魚尾，左右雙邊。魚尾上方正面記“萬曆二十四年刊”，魚尾下方記篇名、篇次，版心下方記葉次。修版版心魚尾上方正面記“崇禎柒年刊”、“順治十五年刊”或“順治十六年刊”。書衣書籤題“史記”。

書首有明萬曆二十四年馮夢禎撰“南京國子監新鐫史記序”，萬曆丙申黃汝良撰“南雍重刻史記序”，崇禎七年“修史記”，張守節“史記正義序”，司馬貞“史記索隱序”，“索隱後序”，裴駰“史記集解序”，張守節“史記正義論例謚法解列國分野”，目録。

2.前漢書一百二十卷　一册

明刻明嘉靖八年至清順治十六年遞修本

漢班固撰，唐顔師古注。

版框高21.9釐米，寬15.6釐米。每半葉十行，行二十一字，小字雙行，字數同。細黑口，雙黑魚尾，四周雙邊。上魚尾上方正面記“嘉靖八年刊”，或記“嘉靖九年刊”、“萬曆十年刊”、“崇禎三年春”、“順治十六年刊”等，下方記“前漢”及篇次，下魚尾下方記葉次。書衣書籤題“前漢書”。

卷九十七上卷端上方題“外戚傳第六十七上”，下方空四格題“前漢書九十七上”，第二行起正文。

存卷九十七上至卷九十九。

3.後漢書一百二十卷　二函十八册

明刻明嘉靖八年至清順治十六年遞修本

南朝宋范曄撰，晉司馬彪補，唐李賢注，南朝梁劉昭注。

版框高20.8釐米，寬15.4釐米。每半葉十行，行二十一字，小字雙行，字數同。細黑口，單黑魚尾，四周雙邊。版心上方正面記“嘉靖八年刊”，或記“嘉靖九年刊”、“萬曆十年補刊”、“天啟二年刊”、“崇禎三年刊”、“順治十六年刊”、“順治十七年刊”等，版心中記“後漢”及篇次，下方記葉次。書衣書籤題“後漢書”。

卷三卷端第一行上方題“章帝紀第三”，下方空七格題“後漢書三”，第二行起正文。志卷一首葉第一行題“後漢書志第一”，下方空九格小字雙行題“天啟壬戌/十月重修”，第二行題“梁剡令劉昭注補”，第三、四行題“大明南京國子監祭酒黃儒炳/司業葉燦修”，第五行起正文。

存卷三至卷四十、卷四十六至卷九十、志卷一至三十。

4.三國志六十五卷　一函十二册

明萬曆二十四年南京國子監刻清順治十六年修補本

晉陳壽撰，南朝宋裴松之注。

版框高20.9釐米，寬14.7釐米。每半葉十二行，行二十三字。細黑口，單黑魚尾，左右雙邊。版心上方正面記“萬曆二十四年刊”，中記篇次，下方記字數。目録後有“大明萬曆二十四年南京國子監鏤板”刊記。書衣書籤題“三國志”。

卷一首葉第一行上方題“武帝紀第一”，下空四格題“魏書”，又下空五格題“國志一”，第二行起正文。

5.晉書一百三十卷附音義三卷　四函三十八册

元刻明萬曆十年清順治十六年遞修本

唐太宗御撰。

版框高21.9釐米，寬17.5釐米。每半葉十行，行二十字，小字雙行，字數同。細黑口，雙黑魚尾，左右雙邊。上魚尾上方記“正德十年”，或“嘉靖戊午年”、“嘉靖十年刊補”、“萬曆三年”、“崇禎七年刊”、“順治十六年刊”等。書衣書籤題“晉書”。

卷一首葉第一行上方題“帝紀第一”，下空六格題“晉書一”，第二行題“唐太宗文皇帝御撰”，第三行起正文。

書首有南京國子監祭酒高啟愚等大明萬曆十年重修《晉書》刊記。

6.宋書一百卷　二函二十四册

明萬曆二十二年刻清順治十六年遞修本

南朝梁沈約撰。

版框高22.4釐米，寬16.4釐米。每半葉九行，行十八字。細黑口，雙黑魚尾，四周雙邊。上魚尾上方正面記"萬曆二十二年刊"，下記"宋書"及卷數，下魚尾下方記葉次。書衣書籤題"宋書"。

卷一首葉第一行上方題"本紀第一"，下空六格題"宋書一"，第二行題"臣沈約新撰"，第三至第五行題"皇明南京國子監祭酒陸可教/司業馮夢禎/司業季道統校閱"，第六行起正文。

書首有明萬曆二十二年馮夢禎撰"南雍新雕宋書引"，萬曆甲午季道統撰"重刻宋書引"，萬曆二十二年南京國子監刊記。書尾刊"甲午七月初六日于寒碧亭校宋書完"。書尾有萬曆丁酉馮夢禎撰"重校宋書跋"。

7.南齊書五十九卷　一函十册

明萬曆十七年南京國子監刻清順治十六年遞修本

南朝梁蕭子顯撰。

版框高20.4釐米，寬15釐米。每半葉九行，行十八字。細黑口，雙黑魚尾，四周雙邊。版心上魚尾上方正面記"萬曆十七年刊"，或"萬曆十六年刊"、"順治十六年刊"，下方記"南齊"及卷次，下魚尾下方記葉次。書衣書籤題"南齊"。

卷一首葉第一行題"本紀第一"，下方空六格題"南齊書一"，第二行題"梁臣蕭子顯撰"，第三行、第四行題"大明南京國子監祭酒趙用賢/司業張一桂同校"，第五行起正文。

書首有宋曾鞏等撰"南齊書序"，明萬曆庚寅張一桂撰"重刻南齊書題辭"，題辭後有校刊職名，"南齊書目録"。

8.梁書五十六卷　一函八册

明萬曆三年南京國子監刻清順治十五年遞修本

唐姚思廉撰。

版框高21.2釐米，寬15.1釐米。每半葉十行，行二十一字。細黑口，雙黑魚尾，四周雙邊。版心上魚尾上方正面記"萬曆三年刊"或"順治十五年刊"，下方記"梁書"及卷次，下魚尾下方記葉次。書衣書籤題"梁書"。

卷一首葉第一行上方題"紀第一"，下方空十格題"梁書一"，第二行題"唐散騎常侍姚思廉撰"，第三行、第四行題"大明南京國子監祭酒余有丁校正/司業周子義同校"，第五行起正文。

目録後有萬曆丙子余有丁撰重梓識語，丁丑周子義撰校訂識語。

9.陳書三十六卷　一函四册

明萬曆十六年南京國子監刻清順治十六年修補本

唐姚思廉撰。

版框高20.5釐米，寬15釐米。每半葉九行，行十八字。細黑口，雙黑魚尾，四周雙邊。上魚尾上方正面記“萬曆十六年刊”或“順治十六年刊”，下方記“陳書”及卷次，下魚尾下方記葉次。書衣書籤題“陳書”。

卷一首葉第一行上方題“紀第一”，下方空八格題“陳書一”，第二行題“唐散騎常侍姚思廉撰”，第三行、第四行題“大明南京國子監祭酒趙用賢校正/司業余孟麟同校”，第五行起正文。

書首有萬曆十六年趙用賢撰重刻序，目録後有宋曾鞏等撰序。

10.魏書一百十四卷　二函二十四册

明萬曆二十四年南京國子監刻清順治十六年修補本

北齊魏收撰。

版框高20釐米，寬15釐米。每半葉十行，行二十一字。細黑口，單黑魚尾，左右雙邊。版心魚尾上方正面記“萬曆二十四年刊”或“順治十六年刊”，下方記“魏書”及卷次，版心下方記葉次。書衣書籤題“陳書”。

卷一首葉第一行上方題“序紀第一”，下方空七格題“魏書一”，第二行起正文。

書首有萬曆丁酉馮夢禎撰“序重雕魏書”，萬曆丁酉黄汝良撰“重刻魏書序”。目録後有“大明萬曆二十四年歲在丙申南京國子監鏤板”刊記。

11.北齊書五十卷　一函八册

明萬曆十六年南京國子監刻清順治十六年修補本

隋李百藥撰。

版框高20.7釐米，寬15.1釐米。每半葉九行，行十八字。細黑口，雙黑魚尾，四周雙邊。版心上魚尾上方正面記“萬曆十六年刊”或“萬曆十六年”、“順治十六年刊”，下方記“北齊”及卷次，下魚尾下方記葉次。書衣書籤題“北齊”。

卷一首葉第一行上方題“帝紀第一”，下方空六格題“北齊書一”，第二行題“隋太子通事舍人李百藥撰”，第三行、第四行題“大明南京國子監祭酒趙用賢/司業張一桂同校”，第五行起正文。

書首有萬曆己丑趙用賢題記。

12.周書五十卷　一函八册

明萬曆十六年南京國子監刻清順治修補本

唐令狐德棻等撰。

版框高20.1釐米，寬15.1釐米。每半葉九行，行十八字。細黑口，雙黑魚尾，四周雙邊。版心上魚尾上方正面記“萬曆十六年刊”或“順治十六年刊”，下方記“周書”

及卷次,下魚尾下方記葉次。書衣書籤題"周書"。

卷一首葉第一行上方題"紀第一",下方空七格題"周書一",第二行題"令狐德棻等撰",第三行、第四行題"大明南京國子監祭酒趙用賢校正/司業余孟麟同校",第五行起正文。

書末有萬曆戊子趙用賢撰"書重刻周書後"。

13.隋書八十五卷　二函二十册

明萬曆二十二年南京國子監刻清順治修補本

唐魏徵撰。

版框高20.8釐米,寬15釐米。每半葉九行,行十八字。細黑口,雙黑魚尾,四周雙邊。版心上魚尾上方正面記"萬曆二十二年刊"或"順治十六年刊",下方記"隋書"及卷次,下魚尾下方記葉次。書衣書籤題"隋書"。

卷一首葉第一行上方題"帝紀第一",下方空六格題"隋書一",第二行題"特進臣魏徵上",第三行、第四行題"大明南京國子監司業季道統校閲",第五行起正文。

書首有萬曆二十二年南京國子監校勘姓氏,目録。書末有宋天聖二年刊記。

14.南史八十卷　二函二十册

明萬曆十七年南京國子監刻清順治修補本

唐李延壽撰。

版框高20.4釐米,寬15.2釐米。每半葉九行,行十八字。細黑口,單黑魚尾,四周雙邊。版心魚尾上方正面記"萬曆十七年刊"或"萬曆十八年刊"、"順治十五年刊",下方記"南史"及卷次,版心下方記葉次。書衣書籤題"南史"。

卷一首葉第一行上方題"宋本紀上第一",下方空四格題"南史一",第二行題"唐崇賢館學士李延壽撰",第三行、第四行題"大明南京國子監祭酒趙用賢/司業張一桂校正",第五行起正文。

書首有萬曆辛卯張一桂撰"重刻南史題辭",目録。

15.北史一百卷　三函三十册

明萬曆二十一年南京國子監刻清順治十六年修補本

唐李延壽撰。

版框高19.7釐米,寬15釐米。每半葉九行,行十八字。細黑口,單黑魚尾,四周雙邊。版心魚尾上方正面記"萬曆十九年刊"或"萬曆二十年刊"、"順治十六年刊",下方記"北史"及卷次,版心下方記葉次。書衣書籤題"北史"。

卷一首葉第一行上方題"魏本紀第一",下方空六格題"北史一",第二行題"崇賢館學士李延壽撰",第三行、第四行題"大明南京國子監祭酒鄧以讚/司業劉應秋校正",第五行起正文。

書首有萬曆癸巳馮夢禎撰“刻北史跋”，目録。書末有癸巳馮夢禎校終識語。

16.唐書二百二十五卷釋音二十五卷　四函四十四册

元大德九年建康路儒學刻明嘉靖萬曆清順治十六年遞修本

宋歐陽修撰。

版框高22.8釐米，寬16釐米。每半葉十行，行二十二字。細黑口，雙黑魚尾，四周雙邊。版心上魚尾上方正面記“萬曆四年”，或“嘉靖戊午年”“萬曆十六年刊”、“順治十五年刊”，下方記“南史”及卷次，版心下方記葉次。書衣書籤題“唐書”。

卷一首葉第一行上方題“本紀上第一”，下方空七格題“唐書一”，第二行題“翰林學士兼龍圖閣學士朝散大夫給事中知制誥充史館修撰判祕閣臣歐陽修奉敕撰”，第三行起正文。

書首有宋嘉祐曾公亮撰“進新唐書表”，目録。

17.五代史記七十四卷　一函八册

明萬曆四年（1576）南京國子監刻清順治十六年遞修本

宋歐陽修撰，徐無黨注。

版框高21釐米，寬15釐米。每半葉十行，行二十一字，小字雙行，字數同。細黑口，雙黑魚尾，四周雙邊。版心上魚尾上方正面記“萬曆四年刊”，或“萬曆五年刊”、“順治十六年刊”，下方記“五代史”及卷次，下魚尾下方記葉次。書衣書籤題“五代史”。

卷一首葉第一行題“五代史記卷第一”，第二行題“歐陽脩撰”，第三行題“徐無黨注”，第四行、第五行題“大明南京國子監祭酒余有丁/司業周子義校刊”，第六行起正文。

書首有陳師錫撰“五代史記序”，目録。書末有萬曆丁丑周子義撰“書重刻五代史記後”。

18.宋史四百九十六卷目録三卷　十函一百册

元至正六年刻明嘉清三十五年、萬曆二十八年、清順治十六年遞修本

元脫脫等修。

版框高21釐米，寬15.1釐米。每半葉十行，行二十字。細黑口，雙黑魚尾，四周雙邊。版心上魚尾上方正面記“萬曆二十八年刊”，或“嘉靖丙辰年”、“順治十六年刊”，下方記“宋史”及卷次，下魚尾下方記葉次。書衣書籤題“宋史”。

卷一首葉第一行上方題“本紀卷第一”，下方空七格題“宋史一”，第二行、第三行題“開府儀同三司上柱國録軍國重事前中書右丞相監修國史領經筵事都總裁臣脫脫等奉敕修”，第四行起正文。

書首有明成化十六年朱英撰“新刊宋史序”，元至正五年阿魯圖等“進宋史表”，修史官員，元至正六年雕版記。

19.遼史一百十六卷附國語解　一函八册

明嘉靖八年刻清順治十六年遞修本

元脱脱等修。

版框高21.6釐米，寬16.1釐米。每半葉十行，行二十二字。細黑口，雙黑魚尾，左右雙邊。版心上魚尾上方正面記"嘉靖八年刊"或"順治十六年刊"，下方記"遼"及卷次，下魚尾下方記葉次。書衣書籤題"遼史"。

卷一首葉第一行上方題"本紀卷第一"，下方空八格題"遼史一"，第二行題"開府儀同三司上柱國前中書右丞相監修國史都總裁臣脱脱修"，第三行、第四行題"大明南京國子監祭酒臣張邦奇司業臣江汝璧奉/旨校刊"，第五行起正文。

書首有元至正四年脱脱撰"進遼史表"。

20.金史一百三十五卷目録二卷附國語解　二函二十册

明嘉靖八年刻清順治十六年遞修本

元脱脱等修。

版框高21.4釐米，寬16.2釐米。每半葉十行，行二十二字。細黑口，雙黑魚尾，左右雙邊。版心上魚尾上方正面記"嘉靖八年刊"或"順治十五年刊"、"順治十六年刊"，下方記"金史"及卷次，下魚尾下方記葉次。書衣書籤題"金史"。

卷一首葉第一行上方題"本紀卷第一"，下方空八格題"金史一"，第二行題"元開府儀同三司上柱國前中書右丞相監修國史都總裁臣脱脱修"，第三行、第四行題"大明南京國子監祭酒臣張邦奇司業臣江汝璧奉/旨校刊"，第五行起正文。

書首有元至正四年脱脱撰"進金史表"，修史官員。

21.元史二百十卷目録二卷附國語解　五函五十册

明嘉靖八年刻清順治十六年遞修本

明宋濂等修。

版框高23.5釐米，寬16.4釐米。每半葉十行，行二十字。白口，雙黑魚尾，四周雙邊。兩魚尾間記"元史"及卷次，下記葉次。補刻版單黑魚尾，魚尾上方正面記"崇禎三年刊"或"天啟三年刻"、"順治十六年刊"。書衣書籤題"元史"。

卷一首葉第一行題"本紀卷第一"，第二行題"南京國子監祭酒侯恪/司業謝德溥補刊"，第四行起正文。

書首有明洪武二年李善長撰"進元史表"，表後刻"順治己亥十一月初二日/江寧府學教授朱謨校閱"，"纂修元史凡例"，凡例後刻"順治戊戌年八月十二日/江寧府學教授朱謨閱"。

五帝本紀第一　史記一

漢　太　史　令　龍門司馬遷　撰

宋中郎外兵參軍河東裴　駰集解

唐國子博士弘文學士　河内司馬貞索隱

唐諸王侍讀率府長史張守節正義

裴駰曰凡是徐氏義稱徐姓名以別之餘者悉是駰註解并集衆家義○司馬貞索隱曰紀者記也本其事而記之故曰本紀又紀理也絲縷有紀而帝王書稱紀者言爲後代綱紀也○正義曰鄭玄注中候敕省圖云德合五帝坐星者稱帝又坤靈圖云德配天帝在正不在私曰帝按太史公依世本大戴禮以黃帝顓頊帝嚳唐堯虞舜爲五帝譙周應劭宋均皆同而孔安國尚書序皇甫謐帝王世紀孫氏注世本並以伏羲神農黃帝爲三皇少昊顓頊高辛唐虞爲五帝裴松之史目云天子稱本紀諸侯曰世家本者繫其本系故曰本紀者理也統理衆事繫之年月名之曰紀第者次序之目一者

萬曆二十四年刊　五帝本紀一　一

二十四史附考證

清乾隆四年(1739)武英殿刻本

DC0479八十函七百二十二册

書高28釐米,寬17.5釐米。版框高22.2釐米,寬15.4釐米。每半葉十行,行二十一字,小字雙行,字數同。白口,單黑魚尾,左右雙邊。版心上方鎸"乾隆四年校刊",魚尾下方記子目書名及卷次,版心中記類目,版心下記葉次。《明史》版心上方未鎸字。

闕《新五代史》卷二十五至三十三。

書中鈐"大倉文化財團藏書"朱印。

子目:

史記一百三十卷　漢司馬遷撰
漢書一百卷　漢班固撰
後漢書一百二十卷　南朝宋范曄撰
三國志六十五卷　西晉陳壽撰
晉書一百三十卷　唐房玄齡撰
宋書一百卷　梁沈約撰
南齊書五十九卷　梁蕭子顯撰
北齊書五十卷　唐李百藥撰
梁書五十六卷　唐姚思廉撰
陳書三十六卷　唐姚思廉撰
魏書一百一十四卷　北齊魏收撰
周書五十卷　唐令狐德棻等撰
隋書八十五卷　唐魏徵等撰
南史八十卷　唐李延壽撰
北史一百卷　唐李延壽撰
舊唐書二百卷　後晉劉昫等撰
新唐書二百二十五卷　宋歐陽修、宋祁撰
舊五代史一百五十卷　宋薛居正等撰
新五代史七十四卷　宋歐陽修撰
宋史四百九十六卷　元脱脱等撰
遼史一百一十六卷　元脱脱等撰
金史一百三十五卷　元脱脱等撰
元史二百一十卷　明宋濂等撰
明史三百三十二卷　清張廷玉等撰

史記卷一

漢　太　史　令司馬遷　撰

宋中郎外兵曹參軍裴　駰集解

唐國子博士弘文館學士司馬貞索隱

唐諸王侍讀率府長史張守節正義

五帝本紀第一

【集解】裴駰曰凡是徐氏義稱徐姓名以別之餘者悉是駰註解并集衆家義【索隱】紀者記也本其事而記之故曰本紀又紀理也絲縷有紀而帝王書稱紀者言爲後代綱紀也【正義】鄭玄注中候勑省圖云德合五帝坐星者稱帝又坤靈圖云德配天地在正不在私曰帝按太史公依世本大戴禮以黃帝顓頊帝嚳唐堯虞舜爲五帝譙周應劭宋均皆同而孔安國尚書序皇甫

乾隆四年校刊　史記卷一　本紀　一

史記一百三十卷

明嘉靖王延喆刻本

DC0012五十八册

漢司馬遷撰，南朝宋裴駰集解，唐司馬貞補史索隱，唐張守節正義。

司馬遷（前145或前135—前87?），字子長，西漢夏陽人。官太史令。裴駰，字龍駒，裴松之之子。南北朝時宋河東聞喜人。官至南中郎參軍。司馬貞，字子正，唐朝河内人，官至弘文館學士。

版框高20.1釐米，寬13釐米。每半葉十行，行十八字，小字雙行，行二十三字。白口，單黑魚尾，左右雙邊。魚尾下方記“史記”或“史”及篇名篇次，又下記葉次，版心下間記刻工。目録後、書末原有牌記裁去。

目録首葉第一行題“史記目録”，第二行題“集解宋中郎外兵曹參軍裴駰”，第三、第四行題“補史唐朝散大夫國子博士弘文館學士/河内司馬貞”，第五、第六行題“索隱唐朝散大夫國子博士弘文館學士/河内司馬貞”，第七、第八行題“正義唐諸王侍讀宣義郎守右清道率府長史張守節”。卷一首葉第一行上題“五帝本紀第一”，下題“史記一”，第二行起正文。

書首有司馬貞“史記索隱序”，張守節開元二十四年撰“史記正義序”，小司馬氏“補史記序”，裴駰“史記集解序”，目録，張守節“史記正義論例謚法解”。書末有“史記索隱後序”。

書衣書籤墨筆書“宋版史記”。書中鈐“水村陸氏珍玩”、“朱氏珍藏宋本古畫印”、“葉氏家藏”、“翰林學士文節之家藏書畫印”、“楚府圖書”、“倪氏元鎮家藏”、“顧氏藏書”、“天祿琳瑯”、“天祿繼鑑”、“乾隆御覽之寶”、“太上皇帝之寶”、“八徵耄念之寶”、“五福五代堂寶”、“邵純貞”、“大倉文化財團藏書”朱印。

案語：鈐印文字内容與《欽定天祿琳瑯書目》卷四著録之五十六册本同。

五帝本紀第一　　史記一

裴駰曰凡是徐氏義稱徐姓名以別之餘者悉是駰註解并集衆家義○司馬貞索隱曰紀者記也本其事而記之故曰本紀又紀理也絲縷有紀而帝王書稱紀者言爲後代綱紀也○正義鄭玄注中候勑省圖云德合五帝坐星者稱帝又坤靈圖云德配天地在正不在私曰帝按太史公依世本大戴禮以黄帝顓頊帝嚳唐堯虞舜爲五帝譙周應劭宋均皆同而孔安國尚書序皇甫謐帝王世紀孫氏注世本並以伏犧神農黄帝爲三皇少昊顓頊高辛唐虞爲五帝裴松之史目云天子稱本紀諸侯曰世家本者繫其本系故曰本紀者理也統理衆事繫之年月名之曰紀第者次序之目一者舉數之由故曰五帝本紀第一○又曰禮云動則左史書之言則右史書之正義云左陽故記動右陰故記言言爲尚書事爲春秋按春秋時置左右史故云史記也

黄帝者徐廣曰號有熊○索隱曰按有土德之瑞土色黄故稱黄帝猶神農火德王而稱炎帝然也此以黄

史記一百三十卷

日本元和寬永間活字本

DC0480六函五十册

漢司馬遷撰。

書高29釐米，寬20.5釐米。版框高22.2釐米，寬17.7釐米。每半葉八行，行十七字，小字雙行，字數同。上下粗黑口，雙黑花魚尾，四周雙邊。魚尾間記"史記"及卷次，版心下方記葉次。

卷一首葉第一行頂格題"五帝本紀第一"，下空四格題"史記一"，第二行起正文。

書首有司馬貞"史記索隱序"，"史記索隱後序"，開元二十四年張守節"史記正義序"，小司馬氏"補史記序"，裴駰"史記集解序"，張守節"史記正義論例謚法解"，"史記目録"。

書中鈐"福田文庫"、"穆如清風樓"、"樂蔭圖書"、"大倉文化財團藏書"朱印。

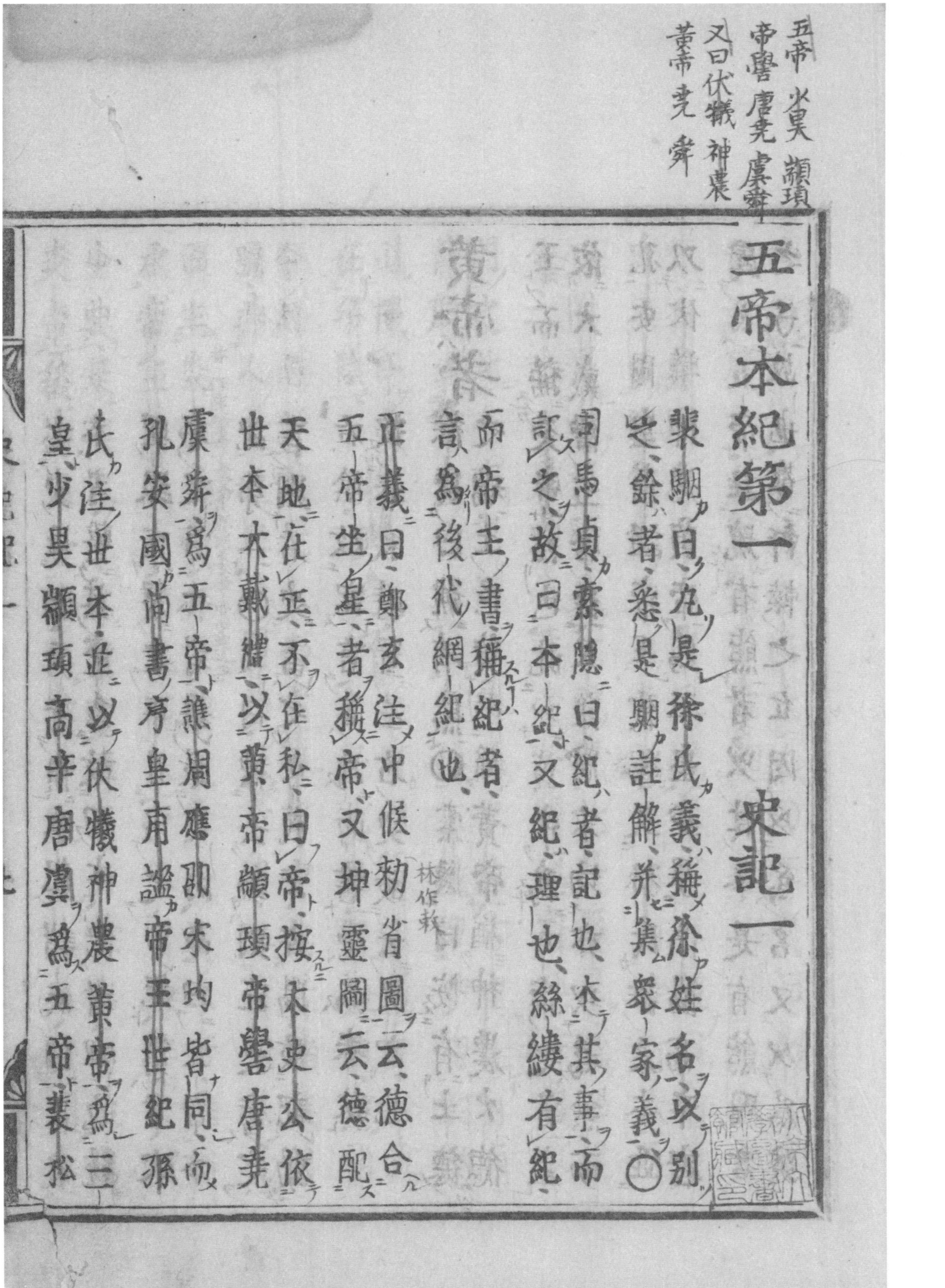

五帝 少昊 顓頊 帝嚳 唐堯 虞舜
又曰伏犧 神農 黄帝 堯 舜

五帝本紀第一　史記一

裴駰曰、凡是徐氏義、稱徐姓名以別之、餘者悉是駰註解、并集衆家義。○司馬貞索隱曰、紀者記也、本其事而記之、故曰本紀。又紀理也、絲縷有紀、而帝王書稱紀者、言爲後代綱紀也。

正義曰、鄭玄注中候勑省圖云、德合五帝坐星者稱帝、又坤靈圖云、德配天地、在正不在私、曰帝。按太史公依世本大戴禮、以黄帝顓頊帝嚳唐堯虞舜爲五帝、譙周應劭宋均皆同、而孔安國尚書序皇甫謐帝王世紀孫氏注世本、並以伏犧神農黄帝爲三皇、少昊顓頊高辛唐虞爲五帝、裴松

林作敕

漢書一百二十卷

明刻本

DC0013二十二册

漢班固撰，唐顏師古注。

班固（32—92），字孟堅，扶風安陵人。官至蘭台令史。顏師古（581—645），名籀，字師古，以字行，祖籍琅邪臨沂人，後遷為京兆萬年人，唐初官至中書舍人。

書高26.5釐米，寬16.8釐米。版框高19.2釐米，寬14釐米。每半葉十行，行二十二字，小字雙行，字數同。白口，無魚尾，四周單邊。版心上方記“前漢”及篇次，中記篇名，下記葉次。

卷一首葉第一行上方題“高帝紀第一上”，下九格小字印師古注，下題“班固”，又下空一格題“漢書一”，第二行刻“正議大夫行祕書少監琅邪縣開國子顏師古注”，第三行起正文。

書首有敘例、目録。

書中鈐“大倉文化財團藏書”朱印。

案語：與大倉藏書DC0015《後漢書》合刻合印。此版後經廣東崇正書院於嘉靖十六年重修。

高帝紀第一上 師古曰紀理也統理衆事而繫之於年月者也 班固 漢書一

正議大夫行秘書少監琅邪縣開國子顔師古注

高祖 荀悅曰諱邦字季邦之字曰國張晏曰禮謚法無高以爲功最高而爲漢帝之太祖故特起名焉師古曰邦之字曰國者臣下所避以相代也 沛豐邑中陽里人也 應劭曰沛縣也豐其鄉也孟康曰後沛爲郡而豐爲縣師古曰沛者本秦泗水郡之屬縣豐者沛之聚邑耳方言高祖所生故舉其本稱以說之也此下言縣鄉邑告喻之故知邑繫於縣也 姓劉氏 師古曰本出劉累而范氏在秦者又爲劉因以爲姓 母媪 文穎曰幽州及漢中皆謂老嫗爲媪孟康曰媪母別名音烏老反師古曰媪女老稱也孟音是矣史家不詳著高祖母之姓氏無得記之故取當時相呼稱號而言也其下王媪之屬意義皆同至如皇甫謐等妄引讖記好奇騁博強爲高祖父母名字皆非正史所説蓋無取焉寧有劉媪本姓實存史遷肯不詳載即理而言斷可知矣他皆類此 嘗息大澤之陂 師古曰蓄水曰陂蓋於澤陂隄塘之上休息而寢寐也陂音彼皮反 夢與神

前漢書一百二十卷

明嘉靖八至九年(1529—1530)南京國子監刻明清遞修本

DC0014四函三十二册

漢班固撰,唐顔師古注。

書高25.2釐米,寬16.1釐米。版框高21釐米,寬15.6釐米。每半葉十行,行二十一字,小字雙行,字數同。細黑口,雙黑魚尾,四周雙邊。上魚尾上方間記"嘉靖八年刊"或"嘉靖九年刊",下方記"前漢"及篇次,下魚尾下刻葉次。補刻版單黑魚尾,版心上方記"萬曆十年刻"、"崇禎三年春兩廂俟倪補修"、"順治十六年刊"、"乾隆五十五年刊"等。書衣書籤藍印"前漢書",鈐"書業堂圖書"朱印記。

卷一首葉第一行上方題"高帝紀第一上",下空六格題"前漢書一",第二行題"漢蘭臺令史班固撰",第三行題"唐正議大夫行祕書少監琅邪縣開國子顔師古注",第四行、第五行題"大明南京國子監祭酒臣張邦奇司業臣江汝璧奉/旨校刊",第六行起正文。

書首有"新刊前漢書敘例"、《漢書》參校所用諸本,後附慶元劉之同識語,南京國子監大明萬曆十年重修《前漢書》刊記,目録。

書中鈐"大倉文化財團藏書"朱印。

高帝紀第一上　前漢書一

漢　蘭　臺　令　史　班　固　撰

唐正議大夫行祕書少監琅邪縣開國子顔師古注

大明南京國子監祭酒臣張邦奇司業臣江汝璧奉

旨校刊

師古曰紀理也統理衆事而繫之於年月者也

高祖荀悅曰諱邦字季邦之字曰國張晏曰禮諡法無高以爲功最高而爲漢帝之太祖故特起名焉師古曰邦之字曰國者臣下所避以相代也沛豐邑中陽里人也應劭曰沛縣也豐其鄉也孟康曰後沛爲郡而豐爲縣師古曰沛者本秦泗水郡之屬縣豐者沛之聚邑耳方言高祖所生故舉其本稱以說之也此下言縣鄉邑告喻之故知邑繫於縣也○劉攽曰予謂沛豐郡縣名史記因漢事記錄耳姓

前漢書一百卷附考證

清乾隆四年（1739）武英殿刻道光十六年（1836）重修本

DC0481四夾板三十二册

漢班固撰。

書高30.2釐米，寬18.7釐米。版框高21.9釐米，寬15.2釐米。每半葉十行，行二十一字，小字雙行，字數同。白口，單黑魚尾，左右雙邊。版心上方記“道光十二年重修”，魚尾下方記“前漢書”及卷次，又下方記類目，版心下記葉次。

卷一首葉第一行題“前漢書卷一上”，第二行題“漢蘭臺令史班固撰”，第三行題“唐正議大夫行祕書少監琅邪縣開國子顔師古注”，第四行起正文。

書首有“前漢書敘例”，“前漢書敘例考證”，“前漢書目録”。書末有乾隆四年齊召南等校刊跋語，校刊職名。

書中鈐“大倉文化財團藏書”朱印。

前漢書卷一上

漢　蘭　臺　令　史班　固撰

唐正議大夫行祕書少監琅邪縣開國子顏師古注

高帝紀第一上

師古曰紀理也統理衆事而繫之於年月者也

高祖荀悅曰諱邦字季邦之字曰國張晏曰禮謚法無高以爲功最高而爲漢帝之太祖故特起名焉師古曰邦之字曰國者臣下所避以相代也沛豐邑中陽里人也應劭曰沛縣也豐其鄉也孟康曰後沛爲郡而豐爲縣師古曰沛者本秦泗水郡之屬縣豐者沛之聚邑耳方言高祖所生故舉其本稱以說之也此下言縣鄉邑告喻之故知邑繫於縣也姓○劉攽曰予謂沛豐邑縣名史官用漢事記錄耳劉氏師古曰本出劉累而范氏在秦者又爲劉因以爲姓母媼文穎曰幽州及漢中皆謂老嫗爲媼

漢書補注一百卷卷首一卷

清光緒庚子（二十六年，1900）長沙虛受堂刻本

DC0482四夾板二十四册

漢班固撰，清王先謙補注。

王先謙（1842—1917），字益吾，湖南長沙人。同治四年進士，授翰林院庶吉士，散館授編修，累遷翰林院侍講。

書高30.4釐米，寬18釐米。版框高20.6釐米，寬15.4釐米。每半葉十二行，行二十五字，小字雙行，字數同。白口，單黑魚尾，左右雙邊。各卷首尾葉版心魚尾下記"虛受堂"，其餘各葉魚尾下記"前漢"及卷次，又下記葉次。內封記"漢書補注百卷"，內封後牌記記"光緒庚子长沙春日王氏校刊"。

卷一首葉第一行頂格題"高帝紀第一上"，其下雙行小字注至第九行，第九行第二十三格起題"漢書一"，第十行題"漢蘭臺令史班固撰"，第十一行題"唐正議大夫行祕書少監琅邪縣開國子顏師古注"，第十二行題"賜進士出身前翰林院編修國子監祭酒加三級臣王先謙補注"，首葉背面第一行起正文。

書根墨書題"漢書補注"。

書中鈐"漢陽周氏晚喜盧所藏"、"鄂中周氏寶藏"、"貞亮私印"、"大倉文化財團藏書"朱印。

高帝紀第一上師古曰紀理也統理衆事而繫之於年月者也補注王先慎曰說文統下云紀也紀下云絲別也凡絲必有端別者尋其端故為紀淮南泰族訓云繭之性為絲然非得女工煮以熱湯而抽其統紀則不能成絲禮器鄭注云紀者絲縷之數有紀也此紀字本義引申之為凡事統紀之稱史記稱本紀班書單用紀字皆每帝事實分別統紀之意顏說非先謙曰官本考證云監本刊此六字於第一行下非也今從古本提行顏注紀理也云云卽解此目後凡某紀某傳俱放此王念孫云宋景祐監本無帝字下文惠帝紀至平帝紀亦皆無帝字景祐本是也敘傳云述高紀第一下至述平紀第十二皆無帝字又項籍傳云語在高紀他篇言語在某紀者並同師古注惠紀云解在高紀他篇注言解在某紀者並同皆其證先謙案宋乾道本亦無帝字上下字師古分卷加之亦非班氏元書所有官本第一行首列前漢書卷一上六字二三行低二格列班顏銜名四行低一格列高帝紀第一上六字五行低三格師古曰紀理也云云今案漢書上不當有前字汲古閣本大題在下猶存古式茲刻一依汲古惟因補注坿列銜名參同官本餘悉仍舊以存其眞　漢書一

漢　蘭臺令史班固撰

唐正議大夫行祕書少監琅邪縣開國子顏師古注

賜進士出身前翰林院編修國子監祭酒加三級臣王先謙補注

虛受堂　一

後漢書一百二十卷

明刻本

DC0015二十二册

南朝宋范曄撰，唐李賢注。

范曄（398—445），字蔚宗，南朝宋順陽人，官至左衛將軍，太子詹事。

書高26.5釐米，寬16.8釐米。版框高19.3釐米，寬14.2釐米。每半葉十行，行二十二字，小字雙行，字數同。白口，四周單邊。版心上方題“後漢”及篇次，中題篇名，下題葉次。

卷一首葉第一行上方題“光武帝紀第一上”，下空三格題“范曄”，又空五格題“後漢書一上”，第二行題“唐章懷太子賢注”，第三行正文。

書首有宋景祐元年余靖上言，目録。

書中鈐“大倉文化財團藏書”朱印。

案語：與大倉藏書DC0013《漢書》合刻合印。此版後經廣東崇正書院於嘉靖十六年重修。

光武帝紀第一上　　范曄　　後漢書一上

唐章懷太子賢注

世祖光武皇帝諱秀字文叔禮祖有功而宗有德光武中葉興故廟稱世祖謚法能紹前業曰光克定禍亂曰武伏侯古今註曰秀之字曰茂伯仲叔季兄弟之次長兄伯升次仲故字文叔焉南陽蔡陽人南陽郡今鄧州縣也蔡陽縣故城在今隨州棗陽縣西南高祖九世之孫也出自景帝生長沙定王發長沙郡今潭州縣也○劉攽曰按文言出自景帝生長沙定王發文意不足蓋此生字當作子字發生舂陵節侯買舂陵鄉名本屬零陵泠道縣在今永州唐興縣北元帝時徙南陽仍號舂陵故城今在隨州棗陽縣東事具宗室四王傳買生鬱林太守外鬱林郡今鄉州縣前書曰郡守秦官秩二千石景帝更名太守外生鉅鹿都尉回鉅鹿郡今邢州縣也前書曰都尉本郡尉秦官也掌佐守典武職秩比二千石景帝更名都尉回生南頓令欽南頓縣屬

後漢書一百二十卷

明嘉靖汪文盛等刻本

DC0016六函五十二册

南朝宋范曄撰，唐李賢注。

書高23.8釐米，寬16釐米。版框高19.2釐米，寬13.4釐米。每半葉十二行，行二十二字，小字雙行，行二十八字。白口，左右雙邊。版心上方記“后漢”及篇次，中記篇名，下記葉次。版框外左上方記篇名。

卷二首葉第一行頂格題“光武第一下”，下空十格題“後漢書一”，第二行題“南宋范曄撰唐章懷太子賢注”，第三行起正文。

目録、卷一鈔配。

書中鈐“大倉文化財團藏書”朱印。

光武第一下　　後漢書一

南宋范曄譔　唐章懷太子賢注

六年春正月丙辰改舂陵鄉爲章陵縣世世復徭役比豐沛無有所豫高祖豐沛邑人故代代復令無所豫也復音福辛酉詔曰往歲水旱蝗蟲爲災穀價騰躍言踴貴也人用困乏朕惟百姓無以自贍惻然愍之其命郡國有穀者給稟說文稟賜穀也音筆錦反高年鰥寡孤獨及篤癃無家屬貧不能自存者如律大戴禮曰六十無妻曰鰥五十無夫曰寡禮記曰幼而無父曰孤老而無子曰獨爾雅曰篤困也蒼頡篇曰癃病也漢律今亡二千石勉加循撫無令失職職猶常也揚武將軍馬成等拔舒獲李憲二月大司馬吳漢拔朐獲董憲龐萌山東悉平諸將還京師置酒賞賜三月公孫述遣將任滿寇南郡今荊州也夏四月丙子幸長安始謁高廟遂有事十一陵有事謂祭也左傳曰有事於太廟高祖長陵惠帝安陵文帝霸陵景帝陽陵武帝茂陵昭帝平陵宣帝杜

後漢書一百二十卷附考證

清乾隆四年（1739）武英殿刻道光十六年（1836）重修本

DC0483四夾板二十八册

南朝宋范曄撰，唐李賢注。

書高30.2釐米，寬18.7釐米。版框高21.7釐米，寬15.1釐米。每半葉十行，行二十一字，小字雙行，字數同。白口，單黑魚尾，左右雙邊。版心上方記"道光十六年重修"，魚尾下方記"後漢書"卷次，又下方記類目，版心下方記葉次。

卷一首葉第一行題"後漢書卷一上"，第二行題"宋宣城太守范曄撰"，第三題"唐章懷太子賢注"，第四行起正文。目録首葉第一行題"後漢書目録"，第二行題"宋宣城太守范曄撰"，第三行題"梁剡令劉昭補志"，第四行題"唐章懷太子賢注"，第五行起正文。

書首有"後漢書目録"。書末有范曄自序，劉昭"後漢書注補志序"，"景祐刊正劄子"，陳浩等校刊跋語，校刊《後漢書》職名。

書中鈐"大倉文化財團藏書"朱印。

後漢書卷一上

宋 宣 城 太 守 范 曄 撰

唐 章 懷 太 子 賢 注

光武帝紀第一上

世祖光武皇帝諱秀字文叔禮祖有功而宗有德光武中興故廟稱世祖謚法能紹前業曰光克定禍亂曰武伏侯古今注曰秀之字曰茂伯仲叔季兄弟之次長兄伯升次仲故字文叔焉南陽蔡陽人南陽郡今鄧州縣也蔡陽縣故城在今隨州棗陽縣西南高祖九世之孫也出自景帝生長沙定王發長沙郡今潭州縣也。劉攽曰按文言出自景帝生長沙定王發文意不足蓋此生字當作子字發生春陵節侯買春陵鄉名本屬零陵泠道縣在今永州唐興縣北元帝時徙南陽仍號春陵故城今在隨州棗陽縣東事具宗室四王傳買生

晉書一百三十卷附音義

明刻本

DC0017八函八十册

唐太宗御撰。

唐太宗（598—649），李氏，諱世民，唐朝第二位皇帝，年號貞觀，在位二十三年。

書高26.7釐米，寬20.2釐米。版框高21.9釐米，寬18.2釐米。每半葉九行，行十六字。白口，雙黑魚尾，左右雙邊。上魚尾下記書名“晉”及篇名篇次，下魚尾下記葉次。

目録首葉第一行上方題“晉書目録”，下空二格題“唐太宗文皇帝御撰”。卷一首葉第一行上方題“帝紀第一”，下空二格題“晉書一”，又下空五格題“御撰”，第二行正文。

各卷卷末附音義。

各函書根書籤墨題“萬梅堂本”。書中鈐“大倉文化財團藏書”朱印。

案語：據宋九行大字本翻刻。

帝紀第一　晉書一

宣帝

宣皇帝諱懿字仲達河内温縣孝敬里人姓司馬氏其先出自帝高陽之子重黎爲夏官祝融歷唐虞夏商世序其職及周以夏官爲司馬其後程伯休父周宣王時以世官克平徐方錫以官族因而爲氏楚漢閒司馬卬爲趙將與諸侯伐秦秦亡立爲殷王都河内漢以其地爲郡子孫遂家焉

晉書一百三十卷附音義

明末吳氏西爽堂刻本

DC0018四函二十八册

唐太宗御撰。

書高27.5釐米，寬16.9釐米。版框高20.4釐米，寬14.6釐米。每半葉十行，行二十字。白口，單白魚尾，左右雙邊，魚尾上方記“晉書”及卷次，魚尾下方記篇名及卷次，版心下記葉次。

卷一首葉第一行上方題“帝紀第一”，下空六格題“晉書一”，第二行題“唐太宗文皇帝御撰”，第三行起正文。目録及各卷末葉末行或刻“吳氏西爽堂校刻”。

書首有黄汝亨“晉書序”，目録。

各卷卷末附音義。

書中鈐“大倉文化財團藏書”朱印。

帝紀第一　晋書一

唐太宗文皇帝　御撰

宣帝

宣皇帝諱懿字仲達河内温縣孝敬里人姓司馬氏其先出自帝高陽之子重黎爲夏官祝融歷唐虞夏商世序其職及周以夏官爲司馬其後程伯休父周宣王時以世官克平徐方錫以官族因而爲氏楚漢間司馬卬爲趙將與諸侯伐秦秦亾立爲殷王都河内漢以其地爲郡子孫遂家焉自卬八世生征西將軍鈞字叔平鈞生豫章太守量字公度量生潁川太

宋書一百卷

宋刻宋元明遞修本

DC0019四函三十二册

南朝梁沈約撰。

沈約（441—513），字休文，吴興武康人，官至尚書令、領太子少傅。

書高30.5釐米，寬21.8釐米。版框高23.4釐米，寬19.2釐米。每半葉九行，行十八字。細黑口，單黑魚尾，左右雙邊。魚尾上記字數，下方記"宋書"及篇名篇次，又下方記葉次，版心下方記刻工。補刻版魚尾上方記"弘治四年"，或"嘉靖八年補刊"、"嘉靖九年補刊"、"嘉靖十年補刊"。

卷一首葉第一行上方題"本紀第一"，下空六格題"宋書一"，第二行題"臣沈約新撰"，第三行起正文。

書首有目録。

闕卷一百末二葉。

書中鈐"大倉文化財團藏書"朱印。

案語：補刻至明嘉靖十年。

本紀第一　宋書一

臣沈約新撰

武帝上

高祖武皇帝諱裕字德輿小名寄奴彭城縣綏里人漢高帝弟楚元王交之後也交生紅懿侯富富生宗正辟彊辟彊生陽城繆侯德德生陽城節侯安民安民生陽城釐侯慶忌慶忌生陽城肅侯岑岑生宗正平平生東武城令某某生東萊太守景景生明經洽洽生博士弘弘生鄉

魏書一百十四卷

宋刻元明遞修本

DC0020八十册

北齊魏收撰。

魏收（507—572），字伯起，小字佛助，鉅鹿下曲陽人，官至尚書右僕射。

書高29.9釐米，寬21.2釐米。版框高22.3釐米，寬18.2釐米。每半葉九行，行十八字。細黑口，單黑魚尾，左右雙邊。魚尾下方記"魏書"及篇次，又下記葉次，版心下方偶記刻工。補刻版版心上方刻"嘉靖八年補刊"或"嘉靖十年補刊"。

卷一首葉第一行上方題"序紀第一"，下空六格題"魏書一"，第二行起正文。

卷首有"魏書目録"，宋劉攽等上表。

書中鈐"大倉文化財團藏書"朱印。

案語：修補至明嘉靖十年。

序紀第一　魏書一

昔黄帝有子二十五人或内列諸華或外分服昌意少子受封北土國有大鮮卑山因以爲號其後世爲君長統幽都之北廣漠之野畜牧遷徙射獵爲業淳樸爲俗簡易爲化不爲文字刻木紀契而已世事遠近人相傳授如史官之紀録焉黄帝以土德王北俗謂土爲托謂后爲跋故以爲氏其裔始均入仕堯世逐女魃於弱水之北民賴其勤帝舜嘉之命爲田祖爰歷三

隋書八十五卷

元大德瑞州路刻明正德嘉靖間南監修補印本

DC0021十二册

唐魏徵等撰。

魏徵（580—643），字玄成，魏州曲城人。官至晉檢校侍中，封鄭國公。卒謚文貞。

書高28.9釐米，寬18.2釐米。版框高21.9釐米，寬16.3釐米。每半葉十行，行二十二字。黑口，單黑魚尾，或雙黑魚尾、三黑魚尾，四周雙邊或左右雙邊。上魚尾上方記字數，下方記"隋"及篇名篇次，中下魚尾間記葉次，下魚尾下間記刻工。補刻版版心上方記"正德十年"或"嘉靖十年刊"。

卷一首葉第一行上題"帝紀第一"，下空七格題"隋書一"，第二行上題"高祖上"，下空三格題"特進臣魏徵上"，第三行起正文。

書首有目録，書末有宋天聖二年雕造識語。

書根墨書"隋書"及册次。書中鈐"錢謙益印"、"牧翁蒙叟"、"大倉文化財團藏書"朱印。

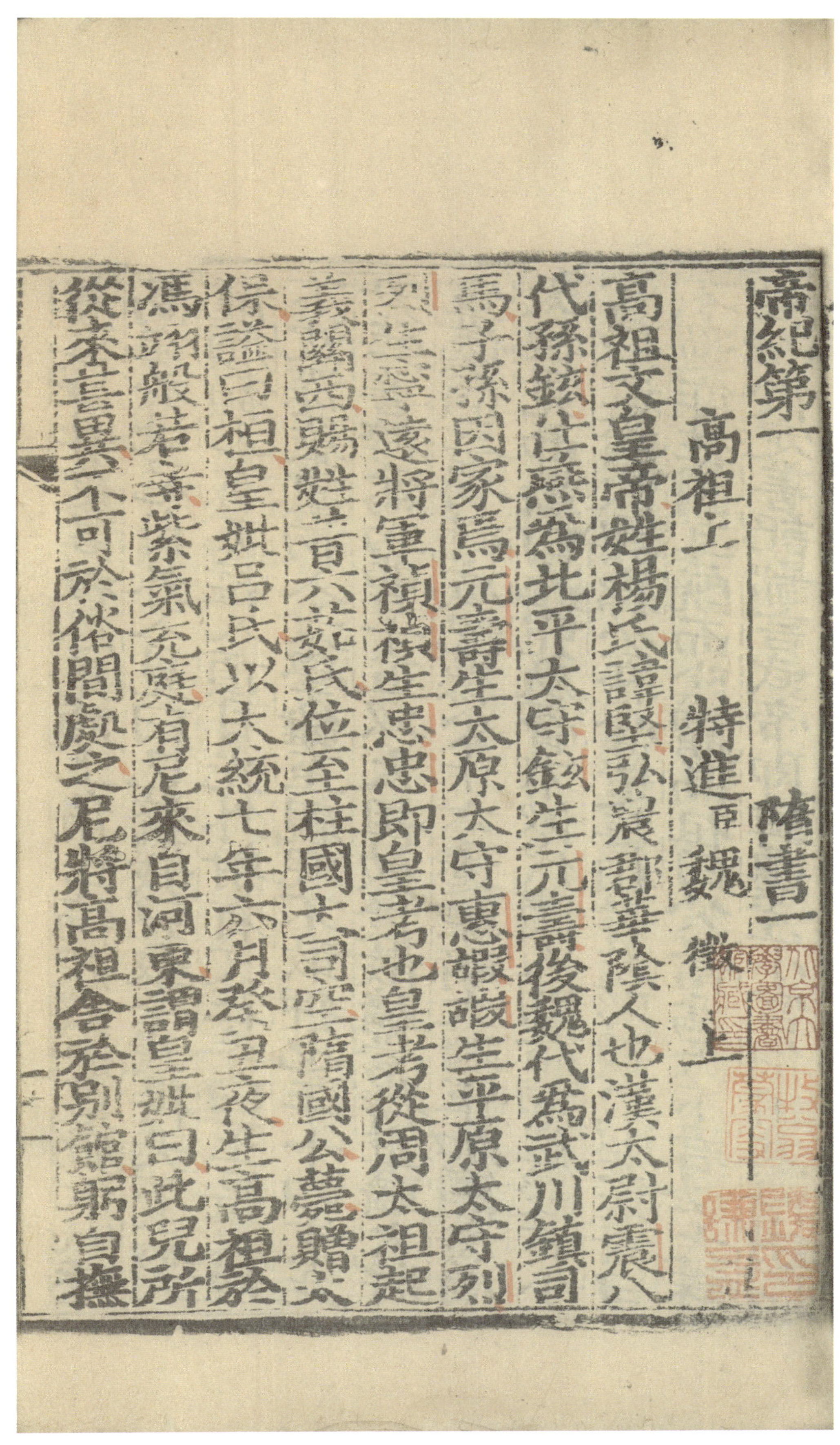

帝紀第一　　隋書一

高祖上　特進臣魏徵上

高祖文皇帝姓楊氏諱堅弘農郡華陰人也漢太尉震八代孫鉉仕燕為北平太守鉉生元壽後魏代為武川鎮司馬子孫因家焉元壽生太原太守惠嘏嘏生平原太守烈烈生禎寧遠將軍禎生忠忠即皇考也皇考從周太祖起義關西賜姓普六茹氏位至柱國大司空隋國公薨贈太保謚曰桓皇妣呂氏以大統七年六月癸丑夜生高祖於馮翊般若寺紫氣充庭有尼來自河東謂皇妣曰此兒所從來甚異不可於俗間處之尼將高祖舍於別館躬自撫

南史八十卷

清同治十一年（1872）金陵書局刻本

DC0484二夾板十二册

唐李延壽撰。

李延壽，生卒年不詳，字遐齡，唐代相州人，官至符璽郎，兼修國史。

書高29.5釐米，寬17.5釐米。版框高21釐米，寬15.1釐米。每半葉十二行，行二十五字。白口，單黑魚尾，左右雙邊。魚尾下記“南史”及卷次，又下記葉次；每卷卷首和卷末葉魚尾下記“汲古閣/毛氏正本”。内封鐫“南史”，内封背面有牌記“同治十弍年冬十月金陵書局印行”。各卷卷末鐫“金陵書局仿汲古閣本刊”墨印。

卷一首葉第一行題“南史卷一”，第二行起正文。

書首有總目，《南史》目録。

書中鈐“大倉文化財團藏書”朱印。

案語：與DC0485《北史》合印。

南史卷一

宋本紀上第一

武帝

少帝

宋高祖武皇帝諱裕字德輿小字寄奴彭城縣綏輿里人姓劉氏漢楚元王交之二十一世孫也彭城楚都故苗裔家焉晉氏東遷劉氏移居晉陵丹徒之京口里皇祖靖晉東安太守皇考翹字顯宗郡功曹帝以晉哀帝興寧元年歲在癸亥三月壬寅夜生神光照室盡明是夕甘露降于墓樹及長雄傑有大度身長七尺六寸風骨奇偉不事廉隅小節奉繼母以孝聞嘗游京口竹林寺獨臥講堂前上有五色龍章衆僧見之驚以白帝帝獨喜曰上人無妄言皇考墓在丹徒之候山其地秦史所謂曲阿丹徒閒有天子氣

北史一百卷

清同治十一年（1872）金陵書局刻本

DC0485四夾板二十册

唐李延壽撰。

書高29.5釐米，寬17.5釐米。版框高21.3釐米，寬15.3釐米。每半葉十二行，行二十五字。白口，單黑魚尾，左右雙邊。魚尾下記"北史"及卷次，下記葉次；每卷卷首和卷末葉魚尾下記"汲古閣/毛氏正本"。内封刻"北史"，内封後牌記鎸"同治十弍年冬十月金陵書局印行"。各卷卷末牌記鎸"金陵書局仿汲古閣本刊"。

卷一首葉第一行題"北史卷一"，第二行起正文。

書首有總目，《北史》目録。

書根墨題"北史"。書中鈐"大倉文化財團藏書"朱印。

案語：與DC0484《南史》合印。

北史卷一

魏本紀第一

魏之先出自黃帝軒轅氏黃帝子曰昌意昌意之少子受封北國有大鮮卑山因以爲號其後世爲君長統幽都之北廣漠之野畜牧遷徙射獵爲業淳樸爲俗簡易爲化不爲文字刻木結繩而已時事遠近人相傳授如史官之紀錄焉黃帝以土德王北俗謂土爲托謂后爲跋故以爲氏其裔始均仕堯時逐女魃於弱水北人賴其勳舜命爲田祖歷三代至秦漢獯鬻獫狁山戎匈奴之屬累代作害中州而始均之裔不交南夏是以載籍無聞積六七十代至成皇帝諱毛立統國三十六大姓九十九威振北方成帝崩節皇帝貸立節帝崩莊皇帝觀立莊帝崩明皇帝樓立明帝崩安皇帝越立安帝崩宣皇帝推寅立宣帝南遷大澤方千餘里厥土昏

汲古閣 毛氏

唐書二百卷

明嘉靖十八年(1539)聞人詮刻本

DC0022六函四十册

五代後晉劉昫等修。

劉昫(887—946),字耀遠,涿州歸義人,後晉時官至司空、同中書門下平章事。

書高28.7釐米,寬18.8釐米。版框高21.7釐米,寬14.9釐米。每半葉十四行,行二十六字。白口,雙黑魚尾,左右雙邊。版心上魚尾下記"唐書"及卷次,又下記葉次。

卷一首葉第一行題"唐書本紀卷第一",第二行至第四行題"監修國史推誠守節保運功臣特進守司空兼門下侍郎同中書下平章事上柱國譙國公食邑五千戶食實封四百戶臣劉昫等奉勑修",第五行題"皇明奉勑提督南畿學政山西道監察御史餘姚聞人詮校刻",第六行題"蘇州府儒學訓導門人嘉興沈桐同校",第七行起正文。

書首有嘉靖十七年楊循吉"舊唐書重鏤紀勋序",嘉靖己亥文徵明"重刊唐書敘",嘉靖十八年沈桐識語,目録。

書中鈐"璜川吴氏收藏圖書"、"毘陵董氏誦芬室收藏舊槧精鈔書籍之印"、"董康私印"、"大倉文化財團藏書"朱印。

唐書本紀卷第一

監修國史推誠守節保運功臣特進守司空兼門下侍郎同中
書門下平章事上柱國譙國公食邑五千戶食實封四百戶臣
劉　昫　等奉勑修

皇明奉　勑提督南畿學政山西道監察御史餘姚聞人詮校刻
蘇州府儒學訓導門人嘉興沈桐同校

高祖

高祖神堯大聖光孝皇帝姓李氏諱淵其先隴西狄道人涼武昭王暠七代孫也暠生歆歆生重耳仕魏爲弘農太守重耳生熙爲金門鎮將領豪傑鎮武川因家焉儀鳳中追尊宣皇帝熙生天錫仕魏爲幢主大統中贈司空儀鳳中追尊光皇帝皇祖諱虎後魏左僕射封隴西郡公與周文帝及太保李弼大司馬獨孤信等以功參佐命當時稱爲八柱國家仍賜姓大野氏周受禪追封唐國公謚曰襄至隋文帝作相還復本姓武德初追尊景皇帝廟號太祖陵曰永康皇考

唐書二百二十五卷目録二卷附釋音二十五卷

元刻元明遞修本

DC0023五十册

宋歐陽修撰，宋董衝釋音。

歐陽修（1007—1072），字永叔，號醉翁、六一居士，吉州永豐人，官至樞密副使、參知政事。謚文忠。

書高28釐米，寬17.1釐米。版框高19.9釐米，寬13.2釐米。每半葉十行，行十九字。單魚尾或雙魚尾，大黑口，左右雙邊。上魚尾下記“唐”及篇名卷次，又下記葉次；補刻版版心魚尾上方記“府劉校”、“四年刊”等。

卷一首葉第一行頂格題“本紀第一”，下空六格題“唐書一”，第二行、三行題“翰林學士兼龍圖閣朝散大夫給事中知制誥充史/館脩撰判祕閣臣歐陽脩奉敕撰”，第四行起正文。

《唐書·釋音》卷首有宋崇寧五年董衝“新唐書釋音序”。

書中鈐“大倉文化財團藏書”朱印。

本紀第一　　唐書一

翰林學士兼龍圖閣學士朝散大夫給事中知制誥充史

館脩撰判祕閣臣歐陽脩奉　敕撰

高祖神堯大聖大光孝皇帝諱淵字叔德姓李氏

隴西成紀人也其七世祖暠當晉末據秦涼以自

王是為涼武昭王暠生歆歆為沮渠蒙遜所滅歆

生重耳魏弘農太守重耳生熙金門鎮將戍于武

川因留家焉熙生天賜天賜生虎西魏時

賜姓大野氏官至太尉與李弼等八人佐周代魏

有功皆為柱國號八柱國家周閔帝受魏禪虎已

五代史記七十四卷

明嘉靖汪文盛等刻本

DC0025二函十六册

宋歐陽修撰，徐無黨注。

徐無黨（1024—1086），初名光，浙江永康人，官至政和殿學士。

書高25.3釐米，寬15.5釐米。版框高17.2釐米，寬13.3釐米。每半葉十二行，行二十二字，小字雙行，行二十六至二十八字不等。白口，四周單邊。版心上方記“五代史記”及卷次，中記類目及卷次，下方記葉次。

卷一首葉第一行頂格題“五代史記卷第一”，下空七格題“梁本紀一”，第二行題“宋歐陽脩譔徐無黨注”，第三行起正文。

書首有目録。

卷七十四闕第九葉，又第十一葉以後闕。

書中鈐“雲蘿書屋”、“姚嘉善印”、“大倉文化財團藏書”朱印。

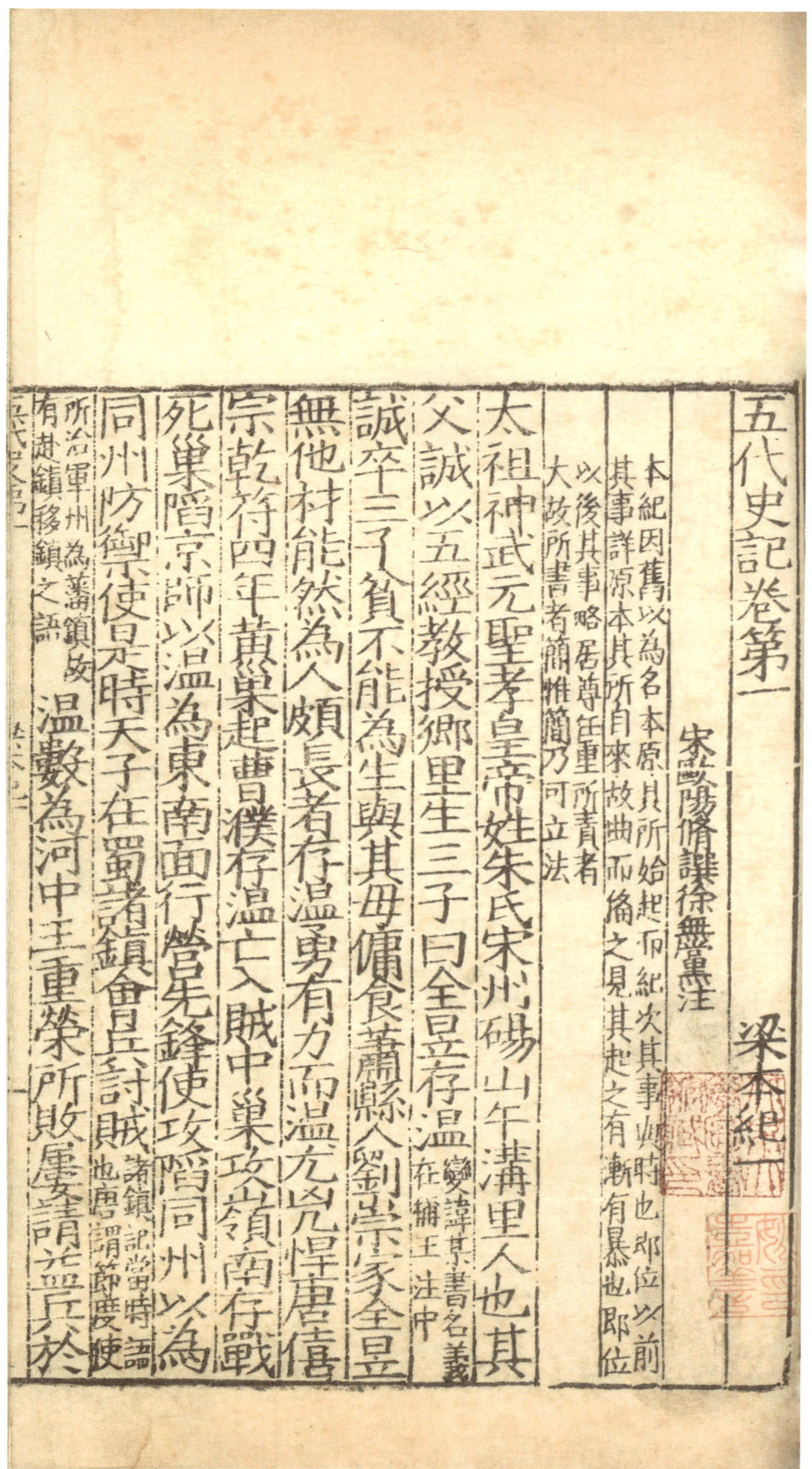

五代史記卷第一　梁本紀一

宋歐陽脩譔徐無黨注

本紀因舊以為名本原其所始起而紀次其事與時也即位以前其事詳原本其所自來故曲而備之見其起之有漸有㨿也即位以後其事略居尊任重所責者大故所書者簡惟簡乃可立法

太祖神武元聖孝皇帝姓朱氏宋州碭山午溝里人也其父誠以五經教授鄉里生三子曰全昱存温（變諱某書名義在補王注中）誠卒三子貧不能為生與其母傭食蕭縣人劉崇家全昱無他材能然為人頗長者存温勇有力而温尤凶悍唐僖宗乾符四年黃巢起曹濮存温亡入賊中巢攻嶺南存戰死巢陷京師以温為東南面行營先鋒使攻陷同州以為同州防禦使是時天子在蜀諸鎮會兵討賊（諸鎮記當時語也唐謂節度使所治軍州為藩鎮故有某鎮移鎮之語）温數為河中王重榮所敗屢請兵於

五代史記一　一

五代史記七十四卷

清道光八年(1828)刻本

DC0026四夾板三十二册

宋歐陽修撰，宋徐無黨原注，清彭元瑞注，清劉鳳誥排次。

彭元瑞(1731—1803)，字掌仍，一字輯五，號芸楣(一作雲楣)，江西南昌人。乾隆二十二年進士，官至工部尚書、協辦大學士。劉鳳誥(1760—1830)，字丞牧，號金門，江西萍鄉人。乾隆五十四年進士，官至吏部右侍郎。

書高26釐米，寬17釐米。版框高20.8釐米，寬15.2釐米。每半葉十行，行二十一字，小字雙行，字數同。單魚尾，白口，左右雙邊。魚尾下記“五代史記”及卷次，中記篇名，下記葉次。

卷一首葉第一行題“五代史記卷第一”，第二行題“廬陵歐陽脩撰徐無黨原注”，第三行題“南昌彭元瑞注劉鳳誥排次”，第四行起正文。

書首有建安陳師錫“五代史記序”，清嘉慶乙亥劉鳳誥撰“五代史記注職語”，劉鳳誥“五代史記注例”，“五代史記注例述”，“五代史記目録”。書末有道光戊子楊文蓀跋。

書中鈐“大倉文化財團藏書”朱印。

五代史記卷第一

廬陵歐陽脩撰　徐無黨原注

南昌彭元瑞注　劉鳳誥排次

梁本紀第一

原注本紀因舊以爲名本原其所始起而紀次其事與時也即位以前其事詳原本其所自來故曲而備之見其起之有漸有暴也即位以後其事略居尊任重所責者大故所書者簡惟簡乃可立法

太祖神武元聖孝皇帝姓朱氏宋州碭山午溝里人也其父誠五代史太祖神武元聖孝皇帝姓朱氏諱晃本名溫宋州碭山人其先舜司徒虎之後高祖黯曾祖茂琳祖信父誠帝即誠之第三子母曰文惠王皇后以唐大中六年歲在壬申十月二十一日夜生于碭山縣午溝里是夕所居廬舍之上有赤氣上騰里人望之皆驚奔而來曰朱家火發矣及至則廬舍儼然既入

元史二百一十卷目録二卷

明洪武二年（1369）內府刻明修補本

DC0027四函三十六册

明宋濂等修。

宋濂（1310—1381），字景濂，號潛溪，别號玄眞子、玄眞道士、玄眞遁叟，浦江人。官至翰林院學士承旨、知制誥。

書高29釐米，寬19.2釐米。版框高25.7釐米，寬17.4釐米。每半葉十行，行二十字。版心雙魚尾，上下大黑口，四周雙邊。上魚尾下記"元史"及類目卷次，下記葉次；補刻版版心上正面記"嘉靖九年刊"、"嘉靖十年刊"等。

卷一首葉第一行頂格題"本紀卷第一"，下空六格題"元史一"，第二、三行題"翰林學士亞中大夫知制誥兼修國史臣宋濂翰林待制承直郎兼國史院編修官臣王褘等奉/勑修"，第四行起正文。

書首有洪武二年李善長等"進元史表"，不署撰者"纂修元史凡例"，"元史目録"，目録後有洪武二年宋濂鏤板識語。

目録上第九至十葉，目録下第十三至十四、二十五至二十六葉闕。

函套書籤墨題"小蓮花山館藏書"。書中鈐"大倉文化財團藏書"朱印。

本紀卷第一　　元史一

翰林學士亞中大夫知制誥兼修國史臣宋濂　翰林待制承直郎同知制誥兼國史院編修官臣王禕等奉

勅修

太祖

太祖法天啓運聖武皇帝諱鐵木真姓奇渥溫氏蒙古部人其十世祖孛端叉兒母曰阿蘭果火嫁脫奔咩哩犍生二子長曰博寒葛荅黑次曰博合覩撒里直既而夫亡阿蘭寡居夜寢帳中夢白光自天窻中入化爲金色神人來趨臥榻阿蘭驚覺遂有娠產一子即孛端叉兒也孛端叉兒狀貌奇異沉默寡言家

清史稿五百三十六卷目録五卷

民國戊辰(十七年, 1928)鉛印本

DC0500一百三十一册

趙爾巽等纂。

趙爾巽(1844—1927), 字公鑲, 號次珊, 漢軍正藍旗人。同治十三年進士, 官至東三省總督。民國後歷任奉天都督、清史館總裁、善後會議議長、臨時參議院議長。

書高30.2釐米, 寬18.3釐米。版框高22.9釐米, 寬15.9釐米。每半葉十三行, 行三十字。下黑口, 單黑魚尾, 四周雙邊。版心上記"清史稿", 魚尾下記卷次及葉次。

卷一首葉第一行題"清史稿本纪一", 第二行起正文。

書衣書籤題"清史稿"。書首有民國十六年趙爾巽"清史稿發刊綴言", 職名, 金梁"清史稿校刻記"。

書中鈐"大倉文化財團藏書"朱印。

又一部

DC0500五十册

存本纪二十五卷; 志七十五至八十六、九十五至一百、一百七至一百十、一百二十三至一百二十五、一百三十至一百三十三; 表一至五、十四至十七、三十八至五十一; 列傳十二至八十七、一百二十七至一百七十九。

書中鈐"大倉文化財團藏書"朱印。

又一部

DC0500四十九册

存本纪二十五卷; 志七十五至八十六、九十五至一百、一百七至一百十、一百二十三至一百二十五、一百三十至一百三十三; 表一至四、十四至十七、三十八至五十一; 列傳十二至七十五、八十二至八十七、一百二十七至一百七十九。

書中鈐"大倉文化財團藏書"朱印。

清史稿　本紀一

太祖本紀

太祖承天廣運聖德神功肇紀立極仁孝睿武端毅欽安弘文定業高皇帝姓愛新覺羅氏諱努爾哈齊其先蓋金遺部始祖布庫里雍順母曰佛庫倫相傳感朱果而孕稍長定三姓之亂衆奉爲貝勒居長白山東俄漠惠之野俄朶里城號其部族曰滿洲滿洲自此始元於其地置軍民萬戶府明初置建州衛越數世布庫里雍順之族不善撫其衆衆叛族被戕幼子范察走免又數世至都督孟特穆是爲肇祖原皇帝有智略謀恢復殲其仇且責地焉於是肇祖移居蘇克蘇滸河赫圖阿喇有子二長充善次褚宴充善子三長妥羅次妥義謨次錫寶齊篇古錫寶齊篇古子一都督福滿是爲興祖直皇帝興祖有子六長德世庫次劉闡次索長阿次覺昌安是爲景祖翼皇帝次包朗阿次寶實景祖承祖業居赫圖阿喇諸兄弟各築城近者五里遠者二十里環衞而居通稱寧古塔貝勒是爲六祖景祖有子五長禮敦次額爾袞次界堪次塔克世是爲顯祖

八史經籍志十種

清光緒九年(1883)張壽榮據日本文政八年刻板補刻清末民初蘇州振新書社印本
DC0486十六册

日本佚名輯。

書高29.5釐米,寬17.4釐米。版框高21.7釐米,寬16.2釐米。每半葉十行,行二十一字,小字雙行,字數同。白口,單黑魚尾,左右雙邊。版心上記書名,中記卷次,下記葉次。書內封鐫"光緒八年校刊/八史經籍志/葛起同題",鈐"蘇州觀西"、"振新書社督造書籍"朱印;內封後鐫子目"漢書藝文志/隋書經籍志/唐書經籍志/宋書藝文志/遼金元藝文志/補三史藝文志/元史藝文志/明史藝文志"。《明史·藝文志》卷四後鐫"文政八年刊"。

書首有光緒九年張壽榮"八史經籍志序"。

書中鈐"大倉文化財團藏書"朱印。

子目:

前漢書藝文志一卷　漢班固撰　唐顔師古注

隋書經籍志四卷　唐長孫無忌等撰

舊唐書經籍志二卷　宋劉煦等修

唐書藝文志四卷　宋歐陽脩撰

宋史藝文志八卷　元脱脱等修

宋史藝文志補一卷　清盧文弨撰

補遼金元藝文志一卷　清盧文弨撰

補三史藝文志一卷　清金門詔撰

元史藝文志四卷　清錢大昕補

明史藝文志四卷　清張廷玉等修

前漢書藝文志

漢 班固 撰

唐 顏師古 注

昔仲尼沒而微言絕（師古曰精微要妙之言耳）七十子喪而大義乖（師古曰七十子謂弟子達者七十二人舉其成數故言七十）故春秋分爲五（韋昭曰謂左氏公羊穀梁鄒氏夾氏也）詩分爲四（韋昭曰謂毛氏齊魯韓）易有數家之傳戰國從衡眞僞分爭諸子之言紛然殽亂至秦患之乃燔滅文章以愚黔首（師古曰燔燒也秦謂人爲黔首言其頭黑也燔音扶元反黔音其炎反又

資治通鑑二百九十四卷通鑑釋文辯誤十二卷

清嘉慶二十一年（1816）鄱陽胡克家仿元刻本

DC0487十夾板九十七册

宋司馬光編集，元胡三省註。

司馬光（1019—1086），字君實，山西涑水人。寶元元年進士，官至尚書左僕射兼門下侍郎。卒贈太師、溫國公，謚文正。胡三省（1230—1287），字身之，寧波寧海人，寶祐四年進士，官至朝奉郎沿江制置司機宜文字。

書高28.3釐米，寬17.5釐米。版框高21.8釐米，寬14.7釐米。每半葉十行，行二十字，小字雙行，字數同。上下細黑口，雙黑魚尾，四周雙邊。版心上方正背面分鐫大小字數，上魚尾下記"通鑑"及卷次，下魚尾下記葉次，版心下記刻工。王磐序後末行鐫"金陵劉文奎弟文楷/模鐫"。

卷一首葉第一行題"資治通鑑卷第一"，第二、三行題"朝散大夫右諫議大夫權御史中丞充理檢使上護軍賜紫金魚袋臣司馬光奉/勑編集"，第四行題"後學天台胡三省音註"，第五行起正文。

書首有王磐"興文署新刊資治通鑑序"，天台胡三省父"新註資治通鑑序"，治平四年御製"資治通鑑序"。《辯誤》書首有嘉慶二十一年胡克家"重刊元本資治通鑑後序"。書末有辛亥天台胡三省"通監辨誤後序"。

闕卷八十八至九十三。

書中鈐"大倉文化財團藏書"朱印。

資治通鑑卷第一

朝散大夫右諫議大夫權御史中丞充理檢使上護軍賜紫金魚袋臣司馬光奉

勑編集

後學天台胡 三省 音註

周紀一

起著雍攝提格盡玄黓困敦凡三十五年

爾雅太歲在甲曰閼逢在乙曰旃蒙在丙曰柔兆在丁曰彊圉在戊曰著雍在己曰屠維在庚曰上章在辛曰重光在壬曰玄黓在癸曰昭陽是爲歲陽在寅曰攝提格在卯曰單閼在辰曰執徐在巳曰大荒落在午曰敦牂在未曰協洽在申曰涒灘在酉曰作噩在戌曰掩茂在亥曰大淵獻在子曰困敦在丑曰赤奮若是爲歲名周紀分註起著雍攝提格起戊寅也盡玄黓困敦盡壬子也閼讀如字史記作焉於乾翻著陳如翻雍於容翻黓逸職翻單閼上

續資治通鑑長編五百二十卷目録二卷

清嘉慶己卯（二十四年，1819）張氏愛日精廬活字本

DC0029九十六册

宋李燾撰。

李燾（1115—1184），字仁甫，一字子眞，號巽岩，眉州丹棱人。宋紹興八年進士，官至敷文閣學士兼侍讀。

書高28.8釐米，寬17.8釐米。版框高22釐米，寬16.1釐米。每半葉十二行，行二十一字，小字雙行，字數同。白口，單黑魚尾，四周單邊。版心魚尾上方記“續資治通鑑長編”，魚尾下記卷次，又下記葉次，版心下印“愛日精廬”。張金吾跋及目録末葉書牌印“嘉慶己卯仲夏海虞/張氏愛日精廬印行”。

卷一首葉第一行題“續資治通鑑長編卷一”，第二行題“宋李燾撰”，第三行起正文。

書首內封題“續資治通鑑長編”，録《四庫全書》提要，宋乾道四年李燾撰“進續資治通鑑長編表”，雜識，嘉慶庚申黃廷鑑跋，嘉慶庚申張金吾跋。

書中鈐“希聖鑑賞”、“君修”、“江南貧孟嘗”、“大倉文化財團藏書”朱印。

續資治通鑑長編卷一

宋 李燾 撰

太祖

建隆元年春正月辛丑朔鎮定二州言契丹入侵北漢兵自土門東下與契丹合周帝命太祖領宿衛諸將禦之太祖自殿前都虞侯再遷都點檢掌軍政凡六年士卒服其恩威數從世宗征伐洊立大功人望固已歸之於是主少國疑中外始有推戴之議

壬寅殿前司副都點檢鎮寧軍節度使太原慕容延釗延釗初以殿前都虞侯見顯德五年三月不著邑里將前軍先發時都下讙言將以出軍之日策點檢爲天子士民恐怖爭爲逃匿之計惟內庭晏然不知

箋註十八史略校本七卷

日本明治十二年（1879）刻本

DC0501六册

元曾先之編次，日本近藤元粹註釋。

曾先之，生卒無攷，字從野，元廬陵人。近藤元粹（1850—1922），字純叔，别號螢雪軒主人，日本伊豫人，官南州外史。

書高26.2釐米，寬18.4釐米。版框高22.4釐米，寬15.1釐米。三截版，白口，單黑魚尾，四周單邊。魚尾上記“箋註十八史略校本”，下記卷次及朝代帝王，又下記葉次。下截版高17.6釐米，半葉十一行，行二十二字，小字雙行，字數同，字旁有日文訓讀。中截版高3.8釐米，半葉二十二行，行六字；上截版高1釐米，半葉二十二行，行二字；書末有明治十二年版權葉。

卷二首葉第一行題“箋註十八史略校本卷之二”，第二行題“元廬陵曾先之編次”，第三行題“明建陽劉剡定正”，第四行題“日本伊豫近藤元粹註釋”，第五行起正文。

書衣書籤題“箋註十八史略校本”。

缺卷一。

書中鈐“大倉文化財團藏書”朱印。

案東軒筆録云：秦始皇諱政，至今呼正月為征月。

太子有子二十四人，正妃華陽夫人無子。楚母母愛，故為質于趙。

箋註十八史略校本卷之二

元 廬陵 曾 先之 編次
明 建陽 劉 剡 定正
日本伊豫 近藤元粹 註釋

秦

秦，隴西谷名也。在雍州鳥鼠山之東北。秦之先非子，為周孝王養馬於汧渭之間，封為附庸，邑之秦谷。非子曾孫秦仲，周宣王命為大夫。仲之孫襄公，討西戎，救周。平王東遷，以岐豐之地賜之，列為諸侯。春秋時稱秦伯。始皇初并天下，而稱皇帝，都于咸陽。分天下為三十六郡。後又置四郡，凡四十郡。

秦始皇帝名政。姓趙氏。索隱曰：生於趙，故曰趙政。一曰：秦與趙同祖，以趙城為榮，故姓趙氏。始生于邯鄲。音寒丹。趙都名。昭襄王時，孝文王柱為太子。有庶子楚，案戰國策，子楚本名子異，後為華陽夫人嗣。夫人，楚人，因改名子楚也。為質于趙。大子，妃曰華陽夫人，無子。夏姬生子異人，質於趙。質，音致。國疆欲待弱之來相事，故遣子及貴臣為質。如上音。國弱懼，其侵伐，令子及貴

宋元通鑑一百五十七卷

明嘉靖丙寅（四十五年，1566）薛氏自刻本

DC0031八函六十四册

明薛應旂編集。

薛應旂（1500—1575），字仲常，號方山，江蘇武進人。嘉靖十四年進士，官至浙江提學使。

書高25.3釐米，寬16.9釐米。版框高20.1釐米，寬14.6釐米。每半葉十行，行二十字。白口，單黑魚尾，四周單邊。上魚尾下記“宋元通鑑”及卷次，下記葉次，版心下記刻工姓名；各卷卷端版心下記“繆淵寫”。

卷一首葉第一行題“宋元通鑑卷第一”，第二行題“明賜進士前中憲大夫浙江按察司提學副使兩京吏禮郎中武進薛應旂編集”，第三行題“明賜進士太中大夫陝西布政叅政前湖廣副使整飭蘇松常鎮兵備陽曲王道行”，第四行題“明賜進士中憲大夫陝西按察司副使前知常州府事蘄水朱袗校正”，第五行起正文。

書首有明嘉靖丙寅薛應旂撰“宋元通鑑序”，“宋元通鑑義例”，“宋元通鑑目録”。

書中鈐“大倉文化財團藏書”朱印。

宋元通鑑卷第一

明賜進士前中憲大夫浙江按察司提學副使兩京吏禮郎中武進薛應旂編集
明賜進士太中大夫陝西布政司叅政前湖廣副使整飭蘇松常鎮兵備陽曲王道行
明賜進士中憲大夫陝西按察司副使前知常州府事蘄水朱　袗校正

宋紀一 起庚申至壬戌凡三年

太祖一

建隆元年 周恭帝宗訓元年周亡蜀主孟昶廣政二十三年南漢主劉鋹大寶三年北漢孝和帝劉鈞天會五年南唐元宗李景十八年新大國一舊小國四凡五國吳越荆南湖南凡三鎮

春正月周殿前都點檢趙匡胤稱帝匡胤涿郡人四世祖朓唐幽都令生珽唐御史中丞珽生敬涿州刺史敬

大清世祖章皇帝實録一百四十四卷

清乾隆四年（1739）實録館小紅綾紅欄寫本

DC0491二十四函一百四十七册

清巴泰等修，清鄂爾泰等校。

巴泰（？—1690），金氏，漢軍鑲藍旗人。中和殿大學士兼吏部尚書，加太子太傅。謚文恪。鄂爾泰（1677—1745），西林覺羅氏，字毅庵，滿洲鑲藍旗人。康熙舉人，官至保和殿大學士、軍機大臣、領侍衛内大臣、議政大臣、經筵講官，賜號襄勤伯。謚文端。

書高44.4釐米，寬29.5釐米。版框高27釐米，寬19.5釐米。每半葉九行，行十八字。白口，四周雙邊。版心中部記"實録"及卷次，版心下方記葉次。書衣、書套籤題"大清世祖章皇帝實録"。蝴蝶裝。

卷一首葉第一行至第二行題"大清世祖體天隆運定統建極英睿欽文顯武/大德弘功至仁純孝章皇帝實録卷之一"，第三行至第七行題"監修總裁官光禄大夫内大臣吏部尚書中和殿大學士加一級臣巴泰/總裁官光禄大夫都統吏部尚書中和殿大學士加一級臣圖海光禄大夫戶部尚書保和殿大學士臣索額圖/光禄大夫太子太保戶部尚書保和殿大學士加二級臣李霨光禄大夫太子太保禮部尚書保和殿大/學士加一級臣魏裔介光禄大夫太子太保禮部尚書保和殿大學士加一級臣杜立德等奉/敕修"，第八至十二行題"總裁官光禄大夫經筵講官太保議政大臣保和殿大學士總理兵部事三等/伯加十六級臣鄂爾泰光禄大夫經筵日講官起居注太保兼太子太保保和/殿大學士仍兼管吏部尚書翰林院掌院事三等伯加十二級臣張廷玉光禄/大夫經筵講官太子太保東閣大學士兼禮部尚書加五級臣徐本等奉/敕恭校"，第十三行起正文。

書前有乾隆四年"世祖章皇帝實録序"，乾隆四年鄂爾泰等進實録表，校對官姓氏，康熙十一年"世祖章皇帝實録序"，"世祖章皇帝實録修纂凡例"，"大清世祖體天隆運定統建極英睿欽文顯武大德弘功至仁純孝章皇帝實録目録"，康熙十一年巴泰等進實録表，纂修官姓氏。

卷五至十六鈔補，書衣用祥雲紫綾。

書中鈐"大倉文化財團藏書"朱印。

案語：清代各朝實録共繕寫正本四部、副本一部。正本計大紅綾本兩部，一貯皇史宬，現藏於中國第一歷史檔案館；一貯盛京崇謨閣，現藏於遼寧省檔案館。小紅綾本兩部，一貯乾清宫，現藏於故宫博物院圖書館；一貯内閣實録庫，現藏於中國第一歷史檔案館。副本為小黄綾本，亦貯内閣實録庫，現藏於中國第一歷史檔案館。1983年中華書局影印《清實録》，其《世祖章皇帝實録》即以故宫小紅綾本為底本。

大清世祖體天隆運定統建極英睿欽文顯武
大德弘功至仁純孝章皇帝實錄卷之一

監修總裁官光祿大夫內大臣吏部尚書中和殿大學士加一級臣巴泰

總裁官光祿大夫都統吏部尚書中和殿大學士加一級臣圖海光祿大夫戶部尚書保和殿大學士臣索額圖

光祿大夫太子太保戶部尚書保和殿大學士加二級臣李霨光祿大夫太子太保禮部尚書保和殿大

學士加一級臣魏裔介光祿大夫太子太保禮部尚書保和殿大學士加一級臣杜立德等奉

敕修

總裁官光祿大夫經筵講官太保議政大臣保和殿大學士總理兵部事三等

伯加十六級臣鄂爾泰光祿大夫經筵日講官起居注太保兼太子太保保和

御撰資治通鑑綱目三編二十卷

清刻本

DC0488一函四册

清張廷玉等編次。

張廷玉（1672—1755），字衡臣，號研齋，安徽桐城人。康熙三十九年進士，官至保和殿大學士、吏部尚書、軍機大臣，加太保銜，封三等伯。謚文和。

書高26.9釐米，寬16.5釐米。版框高19釐米，寬13.1釐米。每半葉十一行，行二十二字，小字雙行，字數同。下黑口，雙黑魚尾，四周雙邊。版心上記“御撰資治通鑑綱目三編”及卷次，上魚尾下記皇帝紀年，下魚尾下記葉次。

卷一首葉第一行題“御撰資治通鑑綱目三編卷一”，第二行起正文。

書首有乾隆十一年“御撰資治通鑑綱目三編序”，乾隆十一年張廷玉等進表，乾隆四年上諭，“御撰資治通鑑綱目三編總目録”。

書中鈐“大倉文化財團藏書”朱印。

戊申

御撰資治通鑑綱目三編卷一

起戊申元順帝至正二十八年明太祖洪武元年盡壬子明太祖洪武五年　凡五年

元順帝至正二十八年○明太祖高皇帝洪武元年○是歲閏七月元帝出奔

春正月。吳相國李善長等尊吳王朱元璋爲皇帝。國號明。

元璋先世家沛徙句容再徙泗州父世珍始徙濠之鍾離母陳氏元璋始生室中數有光起比長姿貌雄傑志意廓然年十七父母相繼殁孤無所依乃入皇覺寺爲僧至正十二年從郭子興於濠州子興奇其狀貌留爲親兵戰輒勝明年收里中兵得七百人子興署爲鎮撫與徐達湯和等略定遠下滁州得李善長與語大悅之留掌書記十五年子興卒劉福通立韓林兒於亳檄元璋爲副元帥不受遂渡江拔牛渚下太平取集慶路以次略定江左二十四年自立爲吳王建百官遂降陳理執張士誠走方國珍盡有淮南浙東江西荊楚地二十七年命諸將北定中原善長帥百官勸進乃以是年春正月乙亥祀天地於南郊卽皇帝位建元洪武

追尊祖考爲皇帝。

御批歷代通鑑輯覽一百二十卷

清刻本

DC0489八夾板六十册

清傅恒等編纂。

書高26.7釐米，寬16.8釐米。版框高17.8釐米，寬13.3釐米。每半葉十一行，行二十二字，小字雙行，字數同。天頭有墨色批注。白口，雙黑魚尾，四周雙邊。版心上方記"御批歷代通鑑輯覽"，上魚尾下記卷次及類目，下魚尾下記葉次。

卷一首葉第一行題"御批歷代通鑑輯覽卷之一"，第二行起正文。

書首有乾隆丁亥御製"通鑑輯覽序"，乾隆三十三年傅恒等進表，"凡例"，"編纂職名"，"刊刻職名"，"御批歷代通鑑輯覽總目録"。

書中鈐"大倉文化財團藏書"朱印。

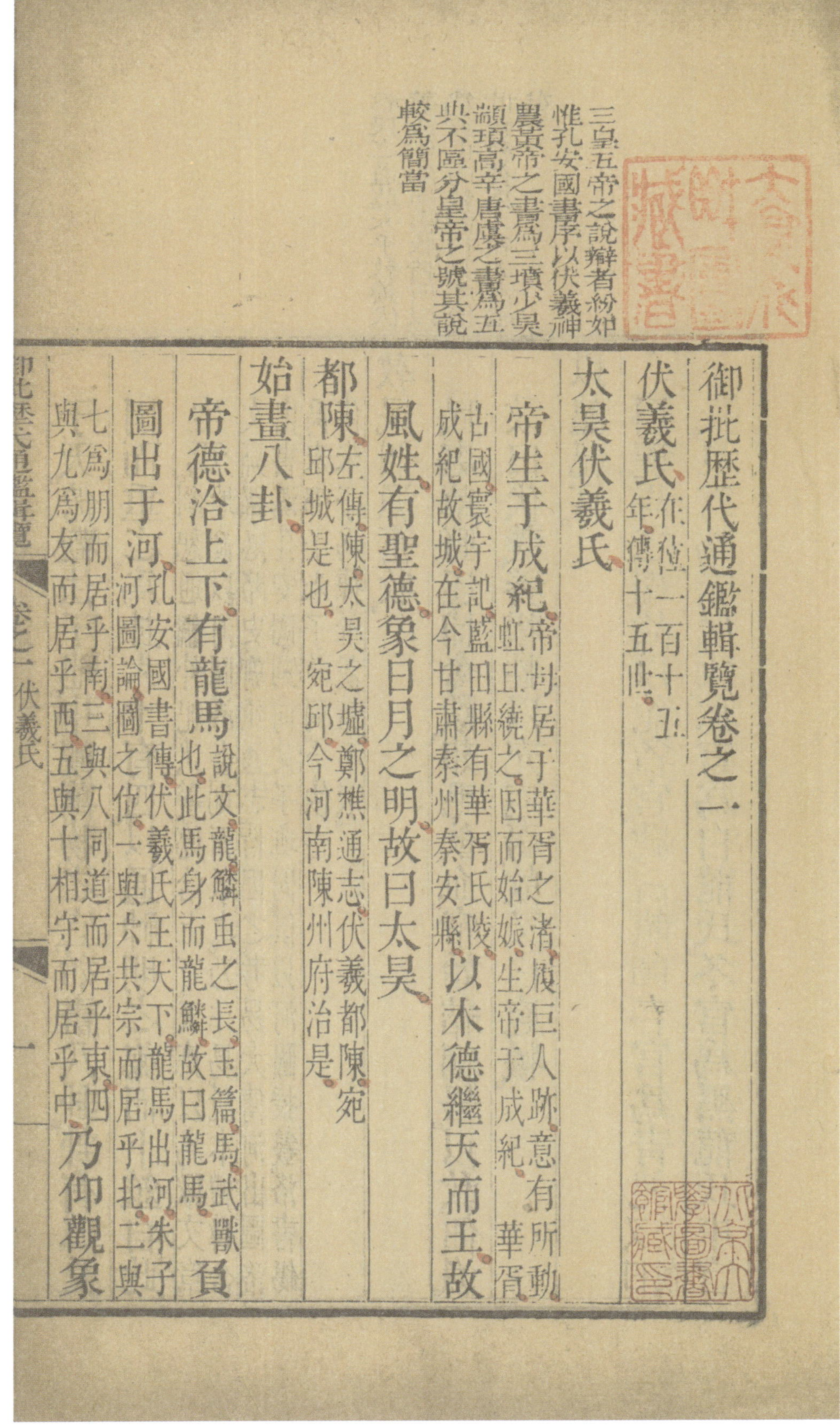

三皇五帝之說辯者紛如惟孔安國書序以伏羲神農黃帝之書爲三墳少昊顓頊高辛唐虞之書爲五典不區分皇帝之號其說較爲簡當

御批歷代通鑑輯覽卷之一

伏羲氏 在位一百十五年傳十五世

太昊伏羲氏

帝生于成紀 帝母居于華胥之渚履巨人跡意有所動虹且繞之因而始娠生帝于成紀 華胥古國寰宇記藍田縣有華胥氏陵 成紀故城在今甘肅秦州秦安縣 以木德繼天而王故風姓有聖德象日月之明故曰太昊

都陳 左傳陳太昊之墟鄭樵通志伏羲都陳宛邱城是也 宛邱今河南陳州府治是

始畫八卦

帝德洽上下有龍馬 說文龍鱗虫之長玉篇馬武獸也此馬身而龍鱗故曰龍馬 負圖出于河 孔安國書傳伏羲氏王天下龍馬出河朱子河圖論圖之位一與六共宗而居乎北二與七爲朋而居乎南三與八同道而居乎東四與九爲友而居乎西五與十相守而居乎中 乃仰觀象

續資治通鑑二百二十卷

清嘉慶六年（1801）馮集梧刻本

DC0490四夾板六十四册

清畢沅編集。

畢沅（1730—1797），字纕蘅，自號靈岩山人，鎮洋人。乾隆二十五年進士，官至湖廣總督。

書高28.3釐米，寬18釐米。版框高22釐米，寬15.6釐米。每半葉十行，行二十一字，小字雙行，字數同。白口，單黑魚尾，四周雙邊。版心上方記“續資治通鑑”，魚尾下記卷次及葉次。內封題“續資治通鑑/德裕堂藏板”。末卷末行鐫“江寧監生王景桓鐫”。

卷一首葉第一行題“續資治通鑑卷第一”，第二行題“賜進士及第兵部尚書兼都察院右都御史總督湖北湖南等處地方軍務兼理糧餉世襲二等輕車都尉畢沅編集”，第三行起正文。

書首有嘉慶六年馮集梧識語，“續資治通鑑目録”。

書中鈐“黄陂范氏藏書”、“敬勝閣藏”、“范熙壬印”、“大倉文化財團藏書”朱印。

案語：據馮集梧識語，是書初由邵晉涵校刻，僅百三卷，所餘百十七卷為馮集梧補鐫。

續資治通鑑卷第一

賜進士及第兵部尚書兼都察院右都御史總督湖北湖南等處地方軍務兼理糧餉世襲一等輕車都尉畢沅編集

宋紀一

起上章涒灘正月盡十二月凡一年

太祖啓運立極英武睿文神德聖功至明大孝皇帝

帝諱匡胤姓趙氏涿郡人高祖脁唐幽都令曾祖珽唐御史中丞祖敬涿州刺史考宏殷周檢校司徒天水縣男贈太尉母杜氏後唐天成二年帝生於洛陽夾馬營赤光繞室異香經月不散既長容貌雄偉器度豁如識者知非常人事周世宗累官殿前都點檢恭帝即位改宋州節度使進封開國侯依前都點檢

建隆元年遼應歷十年春正月乙巳周歸德軍節度使檢校太尉殿前都點檢趙匡胤稱帝先是辛丑朔周羣臣方

紀事本末五種

清同治癸酉（十二年，1873）江西書局刻本

DC0496十二函一百三十六册

書高25.9釐米，寬16.9釐米。版框高21.2釐米，寬14.9釐米。每半葉十行，行二十字。下黑口，單黑魚尾，左右雙邊。版心上記書名，魚尾下記卷次及葉次。

書中鈐"大倉文化財團藏書"朱印。

子目：

1. 左傳紀事本末五十三卷

清高士奇撰。

内封鎸"左傳紀事本末五十三卷"，背面牌記"同治癸酉孟春江西書局開雕"。

卷一首葉第一行題"左傳紀事本末卷一"，第二行題"日講官起居注詹事府少詹事兼翰林院侍講學士臣高士奇"，第三行起正文。

書首有康熙二十九年韓菼序，"左傳紀事本末目録"、高士奇凡例。

2. 通鑑紀事本末二百三十九卷

宋袁樞編輯。

内封鎸"通鑑紀事本末二百三十卷"，背面牌記"同治癸酉孟春江西書局開雕"。

卷一首葉第一行題"通鑑紀事本末卷一"，第二行題"宋建安袁樞編輯"，第三行題"明太倉張溥論正"，第四行起正文。

書首有延祐六年陳良弼序，寶祐丁巳趙與𥲅序，淳熙元年楊萬里敘、"通鑑紀事本末目録"。

3.宋史紀事本末一百零九卷

明馮琦原編，明陳邦瞻增訂。

内封鎸"宋史紀事本末一百九卷"，背面牌記"同治癸酉孟春江西書局開雕"。

卷一首葉第一行題"宋史紀事本末卷一"，第二行題"高安陳邦瞻增訂"，第三行題"明臨朐馮琦原編"，第四行題"太倉張溥論正"，第五行起正文。

書首有張溥序、"宋史紀事本末目録"。

4.元史紀事本末二十七卷

明陳邦瞻編輯。

内封鎸"元史紀事本末二十七卷"，背面牌記"同治癸酉孟春江西書局開雕"。

卷一首葉第一行題"元史紀事本末卷一"，第二、三行題"明高安陳邦瞻編輯/太倉張溥論正"，第四行起正文。

書首有"元史紀事本末目録"。

5.明史紀事本末八十卷

清谷應泰編輯。

内封鎸"明史紀事本末二十七卷"，背面牌記"同治癸酉孟春江西書局開雕"。

卷一首葉第一行題"明史紀事本末卷一"，第二行題"提督浙江學政僉事豐潤谷應泰編輯"，第三行起正文。

書首有順治戊戌谷應泰自序，順治戊戌傅以漸序，"明史紀事本末目録"。

左傳紀事本末卷一

日講官起居注詹事府少詹事兼翰林院侍講學士臣高士奇

王朝交魯

隱公元年秋七月天王使宰咺來歸惠公仲子之賵緩且子氏未薨故名天子七月而葬同軌畢至諸侯五月同盟至大夫三月同位至士踰月外姻至贈死不及尸弔生不及哀豫凶事非禮也　十二月祭伯來非王命也

三年春王三月壬戌平王崩赴以庚戌故書之　秋武氏子來求賻王未葬也

紀事本末彙編

清光緒戊戌(二十四年, 1898)湖南思賢書局刻本

DC0497—百二十册

書高26.7釐米, 寬16.9釐米。版框高19.3釐米, 寬14.2釐米。每半葉十一行, 行二十字。上下大黑口, 雙黑魚尾, 左右雙邊。上魚尾下記書名及卷次, 下魚尾上記葉次。

書中鈐“大倉文化財團藏書”朱印。

子目:

1. 左傳紀事本末五十三卷

清高士奇撰。

內封鐫“左傳紀事本末五十三卷”, 背面牌記“光緒戊戌湖南思賢書局校刊”。

卷一首葉第一行題“左傳紀事本末卷一”, 第二行題“日講官起居注詹事府少詹事兼翰林院侍講學士臣高士奇”, 第三行起正文。

書首有康熙二十九年韓菼序, 高士奇凡例, “左傳紀事本末目録”。

2. 通鑑紀事本末二百三十九卷

宋袁樞編輯。

內封鐫“通鑑紀事本末二百三十卷”, 背面牌記“光緒戊戌湖南思賢書局校刊”。

卷一首葉第一行題“通鑑紀事本末卷一”, 第二行題“宋建安袁樞編輯”, 第三行題“明太倉張溥論正”, 第四行起正文。

書首有延祐六年陳良弼序, 寶祐丁己趙與憲序, 淳熙元年楊萬里序, “通鑑紀事本末目録”。

3.宋史紀事本末一百零九卷

明馮琦原編, 明陳邦瞻增訂。

內封鐫“宋史紀事本末一百九卷”, 背面牌記“光緒戊戌湖南思賢書局校刊”。

卷一首葉第一行題“宋史紀事本末卷一”, 第二行題“高安陳邦瞻增訂”, 第三行題“明臨朐馮琦原編”, 第四行題“太倉張溥論正”, 第五行起正文。

書首有張溥序, “宋史紀事本末目録”。

4.元史紀事本末二十七卷

明陳邦瞻編輯。

內封鐫“元史紀事本末二十七卷”, 背面牌記“光緒戊戌湖南思賢書局校刊”。

卷一首葉第一行題“元史紀事本末卷一”, 第二、三行題“明高安陳邦瞻編輯/太倉張溥論正”, 第四行起正文。

書首“元史紀事本末目録”。

5.明史紀事本末八十卷

清谷應泰編輯。

內封鐫“明史紀事本末二十七卷”, 背面牌記“光緒戊戌湖南思賢書局校刊”。

卷一首葉第一行題“明史紀事本末卷一”, 第二行題“提督浙江學政僉事豐潤谷應泰編輯”, 第三行起正文。

書首有順治戊戌谷應泰自序, 順治戊戌傅以漸序、“明史紀事本末目録”。

左傳紀事本末卷一

日講官起居注詹事府少詹事兼翰林院侍講學士臣高士奇

王朝交魯

隱公元年秋七月天王使宰咺來歸惠公仲子之賵緩且子氏未薨故名天子七月而葬同軌畢至諸侯五月同盟至大夫三月同位至士踰月外姻至贈死不及尸弔生不及哀豫凶事非禮也　十二月祭伯來非王命也

三年春王三月壬戌平王崩赴以庚戌故書之　秋武氏子來求賻王未葬也

六年冬京師來告饑公爲之請糴於宋衞齊鄭禮也

通鑑紀事本末四十二卷

宋寶祐丁巳（五年，1257）刻元明遞修本

DC0033八夾板八十四册

宋袁樞編。

袁樞（1131—1205），字機仲，建安人。宋隆興元年進士，官至江陵知府。

書高31.5釐米，寬23.8釐米。版框高25.4釐米，寬20釐米。每半葉十一行，行十九字。小字雙行，字數同。白口，單黑魚尾，左右雙邊。版心上記字數，中鐫“通鑑紀事本末”及卷次，下記葉次及刻工。

目録首葉第一行題“通鑑紀事本末揔目”，第二行題“建安袁樞編”。卷一首葉第一行題“通鑑紀事本末卷第一”，第二行起正文。

書首有淳熙元年楊萬里“通鑑紀事本末敘”，延祐六年陳良弼識語，寶祐五年趙與憲重刻序。

卷四十二存第一百一十六葉半面，以下闕。

明代補版版心刊記皆被挖去。

書根墨書“宋刻通鑑紀事本末”及册次，其七十三至七十六册實為第八十一至八十四册。書中鈐“宋本”、“祕笈”、“毛氏珍藏”、“汲古閣印”、“玉方”、“陳希祖印”、“横雲山人”、“張之洞審定舊槧精鈔書籍記”、“箓斐軒藏書記”、“胡薊門藏書印”、“壺公”、“方功惠印”、“柳橋”、“巴陵方氏碧琳瑯館珍藏古刻善本之印”、“巴陵方氏碧琳瑯館珍藏秘笈”、“無競居士”、“萬物過眼即為我有”、“仲甲眼福”、“大倉文化財團藏書”朱印。

通鑑紀事本末卷第一

三家分晉

周威烈王二十三年　初命晉大夫魏斯趙籍韓虔爲諸侯

臣光曰臣聞天子之職莫大於禮禮莫大於分分莫大於名何謂禮紀綱是也何謂分君臣是也何謂名公侯卿大夫是也夫以四海之廣兆民之衆受制於一人雖有絶倫之力高世之智莫敢不奔走而服役者豈非以禮爲之綱紀哉是故天子統三公三公率諸侯諸侯制卿大夫卿大夫治士庶人貴以臨賤賤以承貴上之使下猶心腹之運手

三朝北盟會編二百五十卷坿校勘記

清光緒三十三年至宣統二年（1907—1910）刻本

DC0034四十册

宋徐夢莘撰。

徐夢莘（1126—1207），字商老，清江人，官至直秘閣。

書高29.8釐米，寬18釐米。版框高18.8釐米，寬13.1釐米。每半葉十行，行二十一字，小字雙行，字數同。白口，單黑魚尾，左右雙邊。版心魚尾上方記“三朝北盟會編”，魚尾下方記卷次，又下記葉次。

卷一首葉第一行題“三朝北盟會編卷一”，第二行起正文。

書前內封題“三朝北盟/會編二百/五十卷坿校勘記”。內封背面題“光緒卅三年開雕宣統二年刻竟大關唐鴻昌題”。各卷後題“賜進士出身頭品頂戴四川等處承宣布政使司布政使清苑許涵度校刊”。書衣書籤題“三朝北盟會編”。

書首有光緒三十四年許涵度“校刊三朝北盟會編序”。影刻乾隆間彭元瑞、吳城、朱文藻、吳玉墀等題記，紹熙五年徐夢莘“三朝北盟會編序”，《三朝北盟會編》書目。各卷後附校勘記。

書中鈐“大倉文化財團藏書”朱印。

三朝北盟會編卷一

政宣上帙一

起政和七年七月四日庚寅盡政和八年四月二十七日己卯

政和七年秋七月四日庚寅登州守臣王師中奏有遼人薊州漢兒高藥師僧郎榮等以舟浮海至文登縣詔師中募人同往探問以聞

先是政和元年朝廷差童貫副鄭允中奉使遼人有馬植者潛見童貫於路植燕京霍陰人涉獵書傳有口才能文辭長於智數見契丹爲女眞侵暴作改伐邊

繹史一百六十卷附世系圖年表

清康熙九年（1670）刻本

DC0032四函二十四册

清馬驌撰。

馬驌（1621—1673），字驄御，一字宛斯，山东鄒平人。順治己亥進士，官至靈壁縣令。

書高28.2釐米，寬17.6釐米。版框高19.2釐米，寬14.3釐米。每半葉十一行，行二十四字，小字雙行，行三十六字。白口，無魚尾，左右雙邊。版心上記書名“繹史”，中記卷次，下記葉次。每卷首葉版心卷次下記篇目。

卷一首葉第一行頂格題“繹史卷一”，下空十四格題“太古第一”，第二行起正文。目録首葉第一行題“繹史目録”，第二行題“鄒平馬驌宛斯譔”，第三行起正文。

書首有康熙九年李清序，馬驌撰徵言，“繹史目録”。

書中鈐“嘉興新豐鄉人唐翰題收藏印”、“新豐鄉人庚申以後所聚”、“質肅公孫翰題印長壽”、“鷦安校勘秘籍”、“大倉文化財團藏書”朱印。

繹史卷一　　太古第一

開闢原始

列子　昔者聖人因陰陽以統天地夫有形者生於無形則天地安從生故曰有太易有太初有太始有太素太易者未見氣也太初者氣之始也太始者形之始也太素者質之始也氣形質具而未相離故曰渾淪渾淪者言萬物相渾淪而未相離也視之不見聽之不聞循之不得故曰易也易無形埒易變而爲一一變而爲七七變而爲九九變者究也乃復變而爲一一者形變之始也淸輕者上爲天濁重者下爲地故天地含精萬物化生

白虎通　始起先有太初後有太始形兆既成名曰太素混沌相連視之不見聽之不聞然後剖判淸濁既分精出曜布度物施生精者爲三光號者爲五行五行生情情生汁中汁中生神明神明生道德道德生文章

廣雅　太初氣之始也生於酉仲淸濁未分也太始形之始也生於戌仲淸者爲精濁者爲形也太素質之始也生於亥仲已有素朴而未散也三氣相接至於

又一部

DC0492八函六十四册

書高26.2釐米，寬17.1釐米。版框高19.3釐米，寬14.3釐米。

書中鈐“甘揚聲印”、“揚聲印信”、“應谷珍藏”、“大倉文化財團藏書”朱印。

繹史卷一　　　太古第一

開闢原始

列子 昔者聖人因陰陽以統天地夫有形者生於無形則天地安從生故曰有太易有太初有太始有太素太易者未見氣也太初者氣之始也太始者形之始也太素者質之始也氣形質具而未相離故曰渾淪渾淪者言萬物相渾淪而未相離也視之不見聽之不聞循之不得故曰易也易無形埒易變而爲一一變而爲七七變而爲九九變者究也乃復變而爲一一者形變之始也清輕者上爲天濁重者下爲地故天地合精萬物化生 白虎通 始起先有太初後有太始形兆既成名曰太素混沌相連視之不見聽之不聞然後剖判清濁既分精出曜布度物施生精者爲三光號者爲五行行生情情生汁中汁中生神明神明生道德道德生文章 廣雅 太初氣之始也生於酉仲清濁未分也太始形之始也生於戌仲清者爲精濁者爲形也太素質之始也生於亥仲已有素朴而未散也三氣相接至於

平定金川方略二十六卷圖説一卷

清乾隆十七年（1752）武英殿刻本

DC0493五函三十六册

清來保纂修。

來保（1681—1764），喜塔臘氏，字學圃，滿洲正白旗人。官至太子太傅、武英殿大學士、軍機大臣。謚文端。

書高31.8釐米，寬20.2釐米。版框高23.6釐米，寬16.6釐米。每半葉七行，行二十字。上下粗黑口，雙黑魚尾，四周雙邊。上魚尾下方記"平定金川方略"及卷次，版心下方記葉次。

卷一首葉第一行題"平定金川方略卷之一"，第二行起正文。

書首有乾隆十七年"御製平定金川方略序"，"金川圖"，"金川圖説"，來保等"恭進平定金川方略表"，表後附纂修官職名，"平定金川方略目録"，"御製詩"，"御製平定金川方略告成太學碑文"，"平定金川雅"，"平定金川詩"，"平定金川頌"，"平定金川賦"，"平定金川雅歌"。

首册序、圖、圖説鈔配。

書中鈐"大倉文化財團藏書"朱印。

平定金川方略卷之一

欽惟
國家重熙累洽。久道化成。
列聖相承。功德隆盛。薄海內外。罔不率俾。我
皇上以神聖嗣服。勤求治理。宵旰孜孜。盛德大業。日
起有功。謨烈紹乎
祖宗。膏澤覃乎黎庶。聲教所被。凡雕題鑿齒之倫。窮髮

平定兩金川方畧一百三十六卷卷首八卷紀略一卷藝文八卷

清嘉慶武英殿刻本

DC0494八函六十四册

清舒赫德等奉敕纂修。

舒赫德（1710—1777），舒穆魯氏，字伯雄、伯容，又字明亭，滿洲正白旗人。官至滿洲正白旗都統、武英殿大學士兼管刑部事務。謚文襄。

書高30.4釐米，寬19釐米。版框高23.7釐米，寬16.4釐米。每半葉七行，行二十字，上下粗黑口，雙黑魚尾，四周雙邊。上魚尾下方記“平定兩金川方畧”及卷次，版心下方記葉次。

卷一首葉第一行題“平定兩金川方畧卷之一”，第二行起正文。

書首有阿桂等“恭進平定兩金川方畧表”，“平定兩金川方畧總裁提調收掌纂修諸臣職名”，“平定兩金川紀畧”。

書中鈐“大倉文化財團藏書”朱印。

平定兩金川方畧卷之一

乾隆二十年。乙亥。六月。癸卯。

上諭內閣曰。開泰著調補四川總督。新任大學士黃

廷桂。著調任陜甘總督。將川督應辦事務。交明開

泰。即赴肅州。

已巳。四川總督黃廷桂。提督岳鍾璜。奏言。四川

打箭爐外。孔撒麻書兩土司。本屬嫡堂叔姪。近

欽定平苗紀畧五十二卷卷首四卷

清嘉慶武英殿聚珍本

DC0046二十八册

清鄂輝等撰。

鄂輝（？—1798），碧魯氏，滿洲正白旗人。官至雲貴總督。謚恪靖。

書高25.3釐米，寬15.9釐米。版框高18.4釐米，寬12.8釐米。每半葉七行，行二十字，小字雙行，字數同。白口，單黑魚尾，四周雙邊。上魚尾上方記"欽定平苗紀畧"，下方記卷次、葉次。

卷一首葉第一行題"欽定平苗紀畧卷一"，第二行起正文。

書首有乾隆甲午"御製題武英殿聚珍版十韻有序"。

書根墨書册次。

各册書首襯葉鈐"大倉文化財團藏書"朱印。

欽定平苗紀畧卷一

乾隆六十年二月初四日丙辰湖廣提督劉君輔

奏言臣於正月二十二日申刻接准鎮筸鎮臣

明安圖咨稱黔省松桃廳所屬大塘苗人石柳

鄧等聚衆不法恐其竄入楚境該鎮親帶兵丁

前赴松桃交界處所堵截臣即檄行永綏靖州

沅州辰州酌派兵丁在交界處所堵截嚴拏復

欽定平定回疆勦捦逆裔方略八十卷卷首六卷

清道光武英殿刻本

DC0495四函八十六册

清曹振鏞等纂修。

曹振鏞（1755—1835），字儷生，號怿嘉。乾隆四十六年進士，官至工部尚書。

書高31.7釐米，寬20.3釐米。版框高21.6釐米，寬16.5釐米。每半葉七行，行二十字。上下粗黑口，雙黑魚尾，四周雙邊。上魚尾下方記“欽定平定回疆勦捦逆裔方略”及卷次，下魚尾上方記葉次。

卷一首葉第一行題“欽定平定回疆勦捦逆裔方略之一”，第二行起正文。

書首有道光十年“欽定平定回疆勦捦逆裔方略序”。

卷首有表文一卷，御製詩二卷，御製文一卷，銜名目録一卷，紀略一卷。

書中鈐“大倉文化財團藏書”朱印。

欽定平定回疆勦擒逆裔方略卷之一

嘉慶二十五年秋九月庚申

命伊犂將軍慶祥馳赴喀什噶爾擒捕逆裔

上命軍機大臣傳諭慶祥曰據斌靜等奏圖舒克塔什卡倫外之沖巴噶什愛曼布魯特比蘇蘭奇串通薩木薩克之子張格爾滋事賊衆約有三百餘人業將圖舒克塔什卡倫官兵殺傷並將伊斯里

聖武記十四卷

清道光二十四年（1844）古微堂刻第二次重定本

DC0035四函十六册

魏源撰。

魏源（1794—1857），名遠達，字默深，又字墨生、漢士，號良圖，湖南邵陽人。道光三年舉人。官至内閣中書，晚年任高郵知州。

書高26.2釐米，高16.4釐米。版框高18釐米，寬13.5釐米。每半葉十行，行二十一字，小字雙行，字數同。白口，單黑魚尾，四周雙邊。版心魚尾上記“聖武記”，下記卷次，版心下記葉次。書内封刻“道光廿四年重訂／聖武記／古徽堂藏版”。函套書籤及各函首册書衣畫籤印“書業德記發兑”朱印。

卷一首葉第一行題“聖武記卷一”，第二行題“邵陽魏源譔”，第三行起正文。

書前有道光二十二年魏源“聖武記敘”，目録，目録後有道光二十四年魏源識語。

書中鈐“大倉文化財團藏書”朱印。

聖武記卷一

邵陽魏源譔

開國龍興記一

維帝軒轅畫井始遼粵及有虞州剖十二而遼以西則剖冀東北境是爲幽州遼以東則剖青海外境是爲營州于是有古孤竹之虛有古肅愼氏之國古孤竹國在今遼西錦州府地肅愼國在今遼東吉林寧古塔地肅愼即女眞之轉音楛矢肇騎射之本俗至漢分爲三韓蓋三汗並治之徼天官書曰中國山川其維首在隴蜀其尾沒于碣渤蓋東方出震天地所以成終而成始旁薄鬱積數千年以有　大清國　大清國之興也肇有金遼部落

宋遼金元别史五種三百七卷

清嘉慶三年（1798）席氏埽葉山房刻本

DC0040四函二十八册

清席世臣輯。

席世臣，字鄰哉，仁和商籍，江蘇常熟人。乾隆五十三年進士，任四庫館分校官。

書高27.9釐米，寬17.3釐米。版框高21.7釐米，寬15釐米。每半葉十二行，行二十五字。白口，單黑魚尾。魚尾上方記“東都事畧”，魚尾下方記卷次及葉次，下書口記“埽葉山房”。書内封刻“宋遼金元四史/東都事畧/南宋書/契丹國志/大金國志/元史類編/埽葉山房藏板”。

卷一首葉第一行題“東都事畧卷第一”，第二行題“宋王偁撰”，下空六格題“埽葉山房校刊”，第三行起正文。

書首有嘉慶三年謝啟昆“宋遼金元别史序”，嘉慶三年阮元“宋遼金元别史序”，乾隆六十年席世臣序。

書中鈐“大倉文化財團藏書”朱印。

子目：

東都事畧一百三十卷　宋王偁撰

南宋書六十八卷　明錢士升增削

契丹國志二十七卷　宋葉隆禮撰

大金國志四十卷　宋宇文懋昭撰

元史類編四十二卷　清邵遠平撰

東都事畧卷第一

宋王偁撰

埽葉山房校刊

本紀一

太祖啓運立極英武睿文神德聖功至明大孝皇帝其先出于帝高陽氏之後造父爲周穆王御破徐偃封趙城因氏焉自漢京兆尹廣漢居涿郡遂爲涿郡人至唐而高祖僖祖皇帝生焉僖祖仕至文安令曾祖順祖皇帝仕歷藩府從事兼御史中丞皇祖翼祖皇帝少有大志仕至涿州刺史贈左驍衛上將軍皇考宣祖皇帝少驍勇善騎射而雅好儒素起家事趙王王鎔時梁晉爭天下晉求援於鎔鎔命宣祖以五百騎赴之莊宗嘉其勇敢因留之命掌禁軍爲飛捷指揮使自同光至開運逾二十年不遷而宣祖亦未嘗以介意漢乾祐中王景崇以鳳翔叛宣祖與征討禦之於寶雞

通志二百卷

元大德三山郡庠刻元明遞修本

DC0083三十夾板三百册

宋鄭樵撰。

鄭樵（1104—1162），字漁仲，南宋興化軍莆田人，世稱夾漈先生。

書高33.2釐米，寬23.8釐米。版框高29.5釐米，寬21釐米。每半葉九行，行二十一字，小字雙行，字數同。白口，雙黑魚尾，左右雙邊。上魚尾上方記字數，下方記"通志"及篇名篇次，又下方記葉次，下魚尾下方偶記刻工。補刻版上魚尾上方記"明萬曆十七年"。

卷一首葉第一行上方題"三皇紀第一"，下空八格題"通志一"，第二行起正文。

書首有元至治二年吴繹摹印序，至治元年吴繹撰"通志疏"，至治二年九月印造刊記，鄭樵撰"通志總序"，"通志總目録"。

書尾殘，有鈔配。

書中鈐"大倉文化財團藏書"朱印。

三皇紀第一　　　通志一

太昊　　炎帝　　黄帝

臣謹按三皇伏羲但稱氏神農始稱帝堯舜始稱國自上古至夏商皆稱名至周始稱謚而稱氏者三皇以來未嘗廢也年代則稱紀自開闢至獲麟凡二百七十六萬歲分爲十紀

厥初生民穴居野處聖人教之結巢以避蟲豸之害而食草木之實故號有巢氏亦曰大巢氏亦謂之君言君臣之道於是也有天下百餘代民知巢居未知熟食燧人氏星辰而察五木知

吾學編六十九卷

明隆慶元年（1567）刻本

DC0041二十四册

明鄭曉撰。

鄭曉（1499—1566），字窒甫，號淡泉，浙江海鹽人。嘉靖二年進士，官至兵部尚書。

書高26.9釐米，寬17釐米。版框高18.6釐米，寬14釐米。每半葉十行，行十九字。白口，單白魚尾，左右雙邊。魚尾上方記子目書名，魚尾下方記卷次及葉次，版心下方記刻工。每卷末鐫“子履準校正”。

卷一首葉第一行頂格題“皇明大政記第一卷”，下空四格題“吾學編第一卷”，第二行題“臣海鹽鄭曉”，第三行起正文。

書首有隆慶元年雷禮“吾學編序”，序後鐫“海鹽夏儒刻”，“序畧”，後有鄭履淳識語，“鄭端簡公吾學編總目”，後又有鄭履淳識語。書末有隆慶紀元鄭履淳“吾學編後敘”。

書中鈐“四明范光華家藏印”、“大倉文化財團藏書”朱印。

子目：

皇明大政記十卷

建文遜國記一卷

同姓諸王表二卷傳三卷

異姓諸王表一卷傳二卷

皇明直文淵閣諸臣表述一卷

皇明兩京典銓尚書表一卷

皇明名臣記三十卷

建文遜國臣記八卷

皇明天文述一卷

皇明地理述二卷

皇明三禮述二卷

皇明百官述二卷

皇明四異考二卷

皇明北虜考一卷

皇明大政記第一卷

吾學編第一卷

臣海鹽鄭曉

戊申大明太祖高皇帝洪武元年春正月乙亥即皇帝位○追尊四世考妣爲皇帝皇后立妃馬氏爲皇后世子標皇太子○戊寅居新宮○征南大將軍湯和克延平執陳友定○宣國公李善長信國公徐達爲左右丞相章溢劉基御史中丞○省府請皇太子爲中書令不許令廷臣勳德老成者兼東宮官○建南北郊太社稷○是月天下官來朝○二月湯和提督海運○征南將軍廖永忠副將

皇明泳化類編一百三十六卷

明隆慶戊辰（二年，1568）刻萬曆丁丑（五年，1577）修補本

DC0499八函六十四册

明鄧球編。

鄧球（1525—1595），字應鳴，號來溪，别號寄漫子，祁陽人。嘉靖己未進士，官至銅仁府知府。

書高26.8釐米，寬16.3釐米。版框高20釐米，寬13.4釐米。每半葉十一行，行二十二字。白口，單黑魚尾，四周雙邊。版心上方記"皇明泳化類編"，魚尾下記類目及卷次，版心下方記葉次。

卷一首葉第一行頂格題"皇明泳化類編開基之卷一"，下空七格題"日集"，第二行頂格題"太祖開基之跡"，下空六格題"明進士祁陽鄧球謹編"，第三行起正文。

書首有隆慶戊辰鄧球"皇明泳化類編序"，皇明泳化類編目録。《類編》卷末背面有萬曆丁丑鄧雲臺跋。

書中鈐"大倉文化財團藏書"朱印。

皇明泳化類編開基之卷一

日集

明進士祁陽鄧球謹編

太祖開基之跡

臣謹題其篇曰文王起百里孟軻曰難舜也玄側陋有堯薦天故曰匹夫而有天下德必若舜禹而又有天子薦之者今天厭胡元穢華起

太祖于江淮間命洗之有舜之德而無其薦無文之土而有其時乃提一劍奮旅於元至正乙未謀臣良將即識真主納心委命乃渡江據有金陵南征北伐東指西擒歷干戈至洪武癸亥始混一車書四海清廓至于諭將入城懇辭不殺凡二十九載雖不戢兵所至民無鋒鏑之慘蓋天將啓我

國家億萬年令緒而其積累締造

皇明泳化類編　開基卷之一　一

明書一百七十一卷目録二卷

清康熙三十四年（1695）傅氏刻本

DC0042六函四十八册

清傅維鱗纂。

傅維鱗（1608—1667），原名維楨，字個臣，號掌雷，河北靈壽縣人。明崇禎舉人，清順治進士，官至工部尚書。

書高26.1釐米，寬16.8釐米。版框高22.3釐米，寬14.5釐米。每半葉十行，行二十二字。白口，單黑魚尾，四周雙邊。魚尾上方記"明書"，魚尾下記卷次及葉次。

卷一首葉第一行題"明書第一卷"，第二行題"史官傅維鱗纂"，第三行起正文。

書首有康熙三十四年傅爕詷序，康熙十八年河南直隸汝州呈文，康熙二十年"繳送明書原文"，"明書目録"。

目録第十一至二十一葉鈔配。

書中鈐"壽松堂"、"大倉文化財團藏書"朱印。

明書第一卷

本紀一

史官傅維鱗纂

太祖高皇帝本紀一

帝姓朱氏諱元璋初名興宗字國瑞顓頊之後封于邾去邑爲朱世居沛之相徙句容祖徙泗州卒塟焉父世珍母陳徙鍾離之東鄉生四子上其季也母娠時夢神人饋白丸置掌有光吞之明日上生紅光燭天見者駭爲火發迹之無有時元天曆元年戊辰九月十八日丁丑昳時也取河水澡浴忽有紅羅浮來遂取衣之主人名其地爲紅羅

御定歷代紀事年表一百卷

清康熙五十四年（1715）內府刻本

DC0584六函六十册

清王之樞等撰。

王之樞（1666—1730），字雲麓、恒麓，號雪岩、雪石、靈石。直隸定州人。康熙二十年進士，官至吏部右侍郎。

書高27.8釐米，寬17釐米。版框高22.2釐米，寬13.6釐米。白口，四周雙邊。版心上方正面記“歷代紀事年表”及卷次，背面記朝代帝王，版心下方記葉次。內封題“御定歷代紀事年表”。

卷一首葉第一行題“御定歷代紀事年表卷一”，第二行起正文。

書首有康熙五十四年“御製歷代年表序”，“歷代三元甲子編年”，康熙五十一年王之樞“歷代紀事年表進呈表”，“康熙五十年正月二十三日奉旨開載纂修等官職名”，“御定歷代紀事年表凡例”，“御定歷代紀事年表目録”。

書中鈐“大倉文化財團藏書”朱印。

御定歷代紀事年表卷一

陶唐世系表畧

祁姓帝嚳高辛氏之子帝摯之弟始祖少典氏生黃帝黃帝生元囂元囂生蟜極蟜極生帝嚳帝嚳生堯曰放勳母陳豐氏名慶都大帝之女生斗維之野常在三河東南寄於伊氏之家出觀三河感赤龍負圖之祥孕十四月於高辛氏丁亥歲生堯於丹陵身長十尺豐下銳上龍顏日角眉有八采足履翼星從母所居爲伊姓後徙耆左傳作祁亦謂之伊祁氏○路史曰堯出於帝嚳姓姬年十三佐摯封植受封於陶底德靡解百姓和欣年十五改封於唐故又號陶唐氏勤勞不居儉而用禮摯在位九年荒淫諸侯尊堯代摯爲天子年十八即帝位以火德王色尚白都平陽○史記正義曰帝王紀云堯都平陽於詩爲唐國徐才宗國都城記云唐國帝堯之裔子所封其北禹都在古冀州太行恒山之西其南有晉水括地志云今晉州所理平陽故城是也平陽河水一名晉水也○南軒曰按太史公本五帝德以放勳重華文命爲名孔安國書傳則以堯舜禹爲名安國之說宋儒固多宗之而蔡氏書傳謂放勳重華文命皆稱述功德之詞似爲近之馬融諸儒乃以堯舜禹爲謚謚肇於周前古所未有也

新撰年表

日本順天堂刻本

DC0942—册

日本清宫秀堅著。

書高26.1釐米，寬18.3釐米。版框高20.3釐米，寬15.2釐米。三節板。每半葉三十行，行字不等。白口，三黑魚尾，四周單邊。版心上魚尾下記“新撰年表”，中魚尾下記“漢土”，下魚尾下記“西洋”，版心下記葉次。內封鐫“逢谷箕作先生閱/新撰年表/佐倉順天堂藏版”。卷末小字鐫“彫刻江川仙太郎”。

卷端第一至三行頂格題“新撰年表”，下空數格題“下總”，又下空數格題“清宫秀堅著”，第四行起正文。

書衣書籤題“新撰年表”。書首有安政乙卯藤田彪“新撰年表序”，嘉永甲寅清宫秀堅“新撰年表題言”，“圖表索引”十幅。書末有嘉永甲寅鹽谷世弘跋。

新撰年表

下總 清宮秀堅 著

皇國

○神代

天之御中主神

天地初發之時於高天原成神

高御産巣日神

神産巣日神

此三神者並獨神成坐而隱身也

宇麻志阿斯訶備比古遲神

天之常立神

此二神亦獨神成坐而隱身也

上件五神者別天神

國之常立神

豐雲野神

此二神亦獨神成坐而隱身也

宇比地邇神　須比智邇神

角杙神　活杙神

意富斗能地神　大斗乃辨神

淤母陀琉神　阿夜訶志古泥神

伊邪那岐神　伊邪那美神

上件自國之常立神以伊邪那美神以前并

稱神世七代

天照大御神

正勝吾勝勝速日天之忍穗耳命

○以上

天津日高日子番能邇々藝命　居笠狹宮

火遠理命　壽五百八十歲　居高千穗宮

日子波限建鵜葺草葺不合命　同上

漢土

太昊伏羲氏

畫八卦　造書契　制嫁娶　教民佃漁畜

牧　在位一百十五年

炎帝神農氏　在位一百四十年

藝五穀　爲廛市　制醫藥

黃帝有熊氏

誅蚩尤于涿鹿　制文字　立井疆田　作

宮室　服衣裳　作器用貨幣　設武備陣

法　在位一百年

○五帝

少昊金天氏　在位八十四年

顓頊高陽氏　在位七十八年

改曆象　以建寅月爲元

帝嚳高辛氏　在位七十年

帝堯陶唐氏　在位九十八年

紀年授時　命鯀治水　舉舜　使禹平水

土　益掌火　棄教民播種　契敷五教

制五刑　定九州貢賦　肇十有二州

帝舜有虞氏　在位六十一年

立誹謗木　定考功法

○夏　凡　十七君四百五十八年

大禹（姒以）在位二十七年

丙子　元歲會諸侯於塗山執玉帛者萬國

西洋

亞當　厄襪　紀元前三千九百八十四年

初造物主生男女二人于巴剌廷乙私地即

亞當厄襪也亞當子加印立爲王

加印

始制器財兵器子孫相傳凡一千六百五十

七年至諾爾的伊都時猛雨四十晝夜洪水

百五十餘日白浪涵沒山岳闔國人盡蕩然

當漢土帝嚳八年云

○第二世界

諾尼生於一千五十六年（前二千九百四十八年）　預知洪

水作一大船全家携書籍粮食器物衆之任

其所之至亞爾墨泥亞國大烏魯斯山止於

是人類再生五穀復蕃謂之二世界有子雅

白得設莫西亞莫是三子爲西洋諸國祖

○龍鼻露彌亞

第一　尼莫曾都

諾尼之曾孫也二千六百八十二年（前一千三百二十二年）　建都エウハラトチキル河邊号アッシリー

國在位六十三年死子尼々烏斯代立

第二　尼尼烏斯

二千七百九十七年（前一千二百七年）立

第三　瑟彌辣米斯

國語二十一卷補音三卷

宋紹興杭州刻元大德西湖書院修明弘治十七年(1504)南京國子監續修本

DC0036八册

三國吳韋昭解,宋宋庠撰。

韋昭(204—273),字弘嗣,吳郡雲陽人。官至中書僕射,封高陵亭侯。宋庠(996—1066),字公序,原名郊,入仕後改名庠,安州安陸人,後徙居開封雍丘。天聖二年殿試第一,官至兵部侍郎同平章事。

書高29.8釐米,寬18.7釐米。版框高22.5釐米,寬15.3釐米。每半葉十行,行二十字,小字雙行,字數同。白口,雙黑魚尾,左右雙邊。上魚尾下方記"國語"及卷次,下魚尾下方記葉次。修版大黑口,四周雙邊。弘治修版版心上記"弘治十七年補刊",下記補刊監生姓名。

卷一首葉第一行上題"周語上第一",空一格刻"國語",空二格刻"韋氏解",第二行正文。

書首有韋昭"國語解敘",國語目録。《國語補音》卷首宋宋庠撰"國語補音敘録",書末有弘治十七年南京國子監監丞戴鏞識語。

書根墨書册次。原書衣墨題"依宋本校國語",署"少山珍藏"。書首襯葉貼書籤篆題"國語注及音",署"淵如為恂齋主人題",旁有光緒三年少山墨筆注,鈐"丁少山"朱印。書中鈐"東吳高氏"、"艮善印信"、"丁少山"、"道甫曾經借閱"、"大倉文化財團藏書"朱印。

案語:清末丁少山據宋明道二年本朱筆校。

周語上第一　國語　韋氏解

穆王將征犬戎穆王周康王之孫昭王之子穆王滿也征正也上討下之稱犬戎西戎之別名在■服祭公謀父諫曰不可祭畿內之國周公之後為王卿士謀父字也傳曰凡蔣邢茅胙■周公之胤先王耀德不觀兵耀明也觀示也明德尚道化也不示兵者有大罪惡然後致誅不以小小而示威武夫兵戢而時動動則威戢聚也威畏也時動謂三時務農一時講武守則有財征則有威觀則玩玩則無震玩黷也震懼也是故周文公之頌曰文公周公旦之諡也頌時邁之詩武王既伐紂周公為作此詩巡守告祭之樂歌載戢干戈載櫜弓矢載則也干楯也戈戢也櫜韜也言天下已定聚斂其干戈韜藏其弓矢示不復用我求懿德肆于時夏懿美也肆陳也于於也時是也夏大也言武王常求美德故陳其功於是夏而歌之樂章大者曰夏允王保之

戰國策十卷

元至正二十五年（1365）平江路儒學刻明修本

DC0037十二册

宋鮑彪校注，元吳師道重校。

鮑彪，字文虎，龍泉人。建炎二年進士，官至司封員外郎。吳師道（1283—1344），字正傳，婺州蘭溪縣人，官至禮部郎中。

書高29.8釐米，寬18.6釐米。版框高21釐米，寬15.4釐米。每半葉十一行，行二十字，小字雙行，字數同。上下粗黑口，雙黑魚尾，左右雙邊。魚尾下方記“國策”及卷次，下記葉次。

卷一首葉第一行題“戰國策西周卷第一”，第二行題“縉雲鮑彪校注”，第三行題“東陽吳師道重校”，第四行起正文。

書首有劉向校《戰國策》書録，曾鞏序，吳師道識語，紹興十七年鮑彪“國策校注序”，泰定二年吳師道序，至正十五年陳祖仁序，《戰國策》目録，目録後有吳師道識語，校正凡例。書末有“李文叔書戰國策後”，“王覺題戰國策”，“孫元忠書閣本戰國策後”，“孫元忠記劉原父語”，至順四年吳師道識語，姚寬序，序後有吳師道識語，“括倉刊本序”等。卷十末鐫“平江路儒學正徐昭文校勘”。

目録分三十三卷，實分為十卷。

書中鈐“孫星衍印”、“執法僊官”、“伯淵宋元祕笈”、“東魯觀察使者”、“李親甫”、“彭宗因印”、“孫氏伯淵”、“紹川私印”、“大倉文化財團藏書”朱印。

有修版，有朱筆校改圈點，校改處多鈐“紹川私印”。修版有單魚尾。

戰國策西周卷第一

縉雲鮑彪校注
東陽吳師道重校

西周

漢志河南洛陽穀城平陰偃師鞏緱氏皆周地也正曰按大事記周貞定王二十八
年考王初立封其弟揭於河南是為桓公
河南郟鄏武王遷九鼎周公營以為都是為
王城洛陽周公所營下都以遷頑民是為成周
平王東遷定都王城王子朝之亂敬王徙都成
周至是考王以王城故地封桓公焉平王東遷
之後所謂西周者豐鎬也東周者東都也威烈
王以後所謂西周者河南也東周者洛陽也何
也以河南為西周自洛陽下都視王城則在西
也何以稱洛陽為東周自河南王城視下都則
在東也河南桓公卒子威公立威公卒子惠公
立考王十五年河南惠公復自封其少子班於
鞏以奉王號東周後亦稱惠公是時東西周雖未
分治河南惠公既與奉王者為東周亦多自号
西周矣顯王二年趙與韓分周為二於是東西

鮑氏國策十卷

明嘉靖七年(1528)吳門龔雷刻本

DC0038二函八册

宋鮑彪撰。

書高26釐米,寬16.9釐米。版框高21.4釐米,寬15.2釐米。每半葉十一行,行二十字,小字雙行,字數同。白口,單黑魚尾,左右雙邊。魚尾下方記"國策"及類目、卷數,下記葉次及刻工。

卷一首葉第一行題"鮑氏國策西周卷第一",第二行題"縉雲鮑彪校注",第三行起正文。

書首有紹興十七年鮑彪"戰國策序",曾鞏序,劉向序。書末有庚午年鮑彪重校記。

書中鈐"大倉文化財團藏書"朱印。

案語:此本缺李文叔書後、王覺"題戰國策",王覺"題戰國策"後鐫有"嘉靖戊子後學吳門龔雷校刊"。

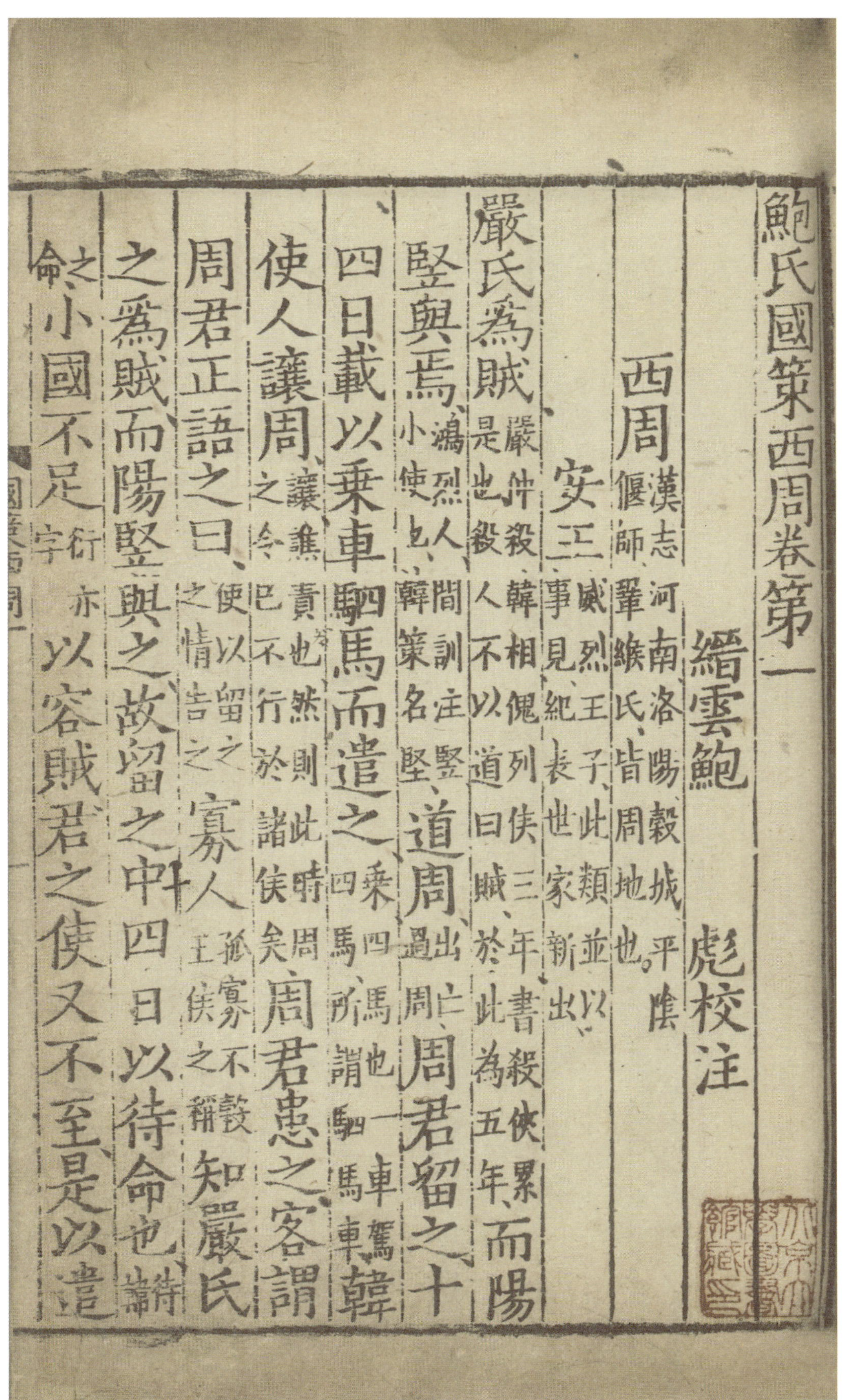

鮑氏國策西周卷第一

縉雲鮑　彪校注

西周漢志河南洛陽穀城平陰偃師鞏緱氏皆周地也

安王威烈王子此類並以事見紀表世家新出

嚴氏爲賊嚴仲殺韓相傀列侯三年書殺俠累是也殺人不以道曰賊於此爲五年而陽

竪與焉鴻烈人間訓注竪小使也韓策名堅道周出亡過周周君留之十

四日載以乘車駟馬而遣之乘四馬也一車駕四馬所謂駟馬車韓

使人讓周讓譙責也然則此時周之令已不行於諸侯矣周君患之客謂

周君正語之曰使以留之之情告之寡人孤寡不穀王侯之稱知嚴氏

之爲賊而陽竪與之故留之中四日以待命也待韓

之命小國不足衍字亦以容賊君之使又不至是以遣

采石瓜洲斃亮記一卷附録一卷

清初鈔本

DC0043一册

宋蹇駒編次。

書高27釐米，寬17.2釐米。每半葉九行，行二十字。

卷端首葉第一行題"采石瓜洲斃亮記"，第二行題"門人左宣教郎潼川蹇駒編次"，第三行起正文。

書首有宋隆興元年得月軒漫叟"采石瓜洲斃亮記序"。

有朱筆校注。

書中鈐"教經堂錢氏章"、"篤生經眼"、"犀盦藏本"、"翰林院印"（滿漢文）、"大倉文化財團藏書"朱印。書衣鈐"乾隆三十八年十一月浙江巡撫三寶送到鮑士恭家藏/采石瓜洲記壹部計書壹本"朱戳。

案語：《四庫全書總目》未著録。

采石瓜洲斃亮記

門人左宣教郎潼川　蹇駒　編次

紹興辛巳逆亮渝盟先是遣使賀天申節登對出悖語要將相大臣乞割兩淮襄漢之地朝廷駭愕上命宰相就都堂宣虜悖語問侍從臺諫備虜之策宰相又宣聖語今日更不問和與守只問戰當如何亮已提兵駐汝州之温湯詐示江渡漢從上流以窺吴會朝論欲遣成閔提禁衛五方兵守襄漢中書舍人虞允文言今虜為疑形〻我上流不足慮直恐盡撤禁

中興禦侮録二卷

清鈔本

DC0044一函一册

宋佚名撰。

書高28釐米，寬17.5釐米。版框高24.5釐米，寬15釐米。每半葉十一行，行二十字，小字雙行，字數同。

卷一首葉第一行題“中興禦侮録”，第二行起正文。

書中鈐“犀盦藏本”、“教經堂錢氏章”、“畿輔譚氏藏書印”、“篤生經眼”、“翰林院印”（滿漢文）、“大倉文化財團藏書”朱印。原書衣鈐“乾隆三十八年十一月浙江巡撫三寶送到鄭大節家藏/中興禦侮録壹部/計書壹本”朱戳。

案語：《四庫全書總目》著録為《禦侮録》。

中興禦侮録

女真部落初三種曰生女真熟女真黄頭女真金國即生女真之所出肅慎氏之遺種也居籍大遼之東北族長最為強盛其酋有楊割太師者驍勇雄毅善御其下為諸部所推數與黄頭熟女真爭長相攻卒服屬之因其衆稍侵略旁近諸小國而蚕食焉雖臣屬契丹二百餘年頗叛附不常後天祚浸失道遂絶朝貢誘納叛亡潛圖異志終其世未有以發之楊割死子阿骨打立用其弟吴乞賣姪粘罕兀木輩謀興師叛之數月之間攻陷城邑數十遼人之師屢戰奔敗天祚度不能禦遂割遼東諸郡與之以議和遣

金志不分卷

明藍格鈔本

DC0039一册

元宇文懋昭撰。

宇文懋昭，不詳其里貫。"大金國志進書表"自署淮西歸正人，改授承事郎工部架閣。

書高28.6釐米，17.3釐米。版框高21.6釐米，寬15.5釐米。每半葉九行，行二十二字。白口，單魚尾。

書首葉第一行頂格題"金志"，下空九格題"說選十一"，下小字題"偏記/八"，第二行起正文。書末署"宇文懋昭撰"。

本書不分卷，分初興本末、初興風土、男女冠服、婚姻、飲食、皂隸、浮圖、道教、科條、赦宥、屯田、田獵、兵制、旗幟、車轍、服色篇。

書中鈐"犀盦藏本"、"教經堂錢氏章"、"篤生經眼"、"翰林院印"（滿漢文）、"大倉文化財團藏書"朱印。書衣鈐"乾隆三十八年十一月浙江巡撫三寶送到范懋柱家藏/金志壹部/計書壹本"朱戳。

案語：乾隆間進呈本，《四庫全書總目》未見著録。

金志　說選十一　偏記八

初興本末

金國本名朱里眞蕃語舌音訛爲女眞或曰慮眞避契丹興宗名又曰女直肅愼氏遺種渤海之别族也或曰三韓辰之後挈氏於此地中最微且賤唐貞觀中靺鞨來中國始聞女眞之名世居混同江之東長白山下其山乃鴨緑水源南鄰高麗北接室韋西界渤海鐵離東瀕海三國志所謂挹婁元魏所謂勿吉唐所謂黑水靺鞨者今其地也其屬分六部有黑水部即今女眞其水掬之則色微黑契

革除編年不分卷

明藍格鈔本

DC0045一函四册

不著撰者。

書高28.3釐米，寬18.8釐米。版框高21釐米，寬15.4釐米。每半葉十行，行二十五字。

書首葉第一行題"革除編年"，第二行起正文。建文元年卷首題"革除遺事"。

書中鈐"犀盦藏本"、"篤生經眼"、"教經堂錢氏章"、"錢犀盦珍藏印"、"翰林院印"（滿漢文）、"大倉文化財團藏書"朱印。又一印不清。原書衣鈐"乾隆三十八年十一月浙江巡撫三寶送到范懋柱家藏/革除編年壹部計書壹本"朱戳。

案語：《四庫全書總目》卷五十三"史部九·雜史類·存目二"著録。

革除編年

建文皇帝諱　字

太祖高皇帝嫡長孫

初太祖從滁陽王日侍左右王夫人善觀人謂太祖風格異常語王妻以養女馬氏周旋兵間生五子長諱標幼有異質聰明英毅豁如也稍長師事宋濂通經史大旨洪武戊申太祖即位于南郊既還宮受賀遂追尊四祖為皇帝冊立馬氏為皇后長子標為皇太子大赦天下洪武十五年高后崩太祖倦勤命皇太子裁決庶政惟軍國重務以聞于是皇太子日御文華殿百官啓事寬仁有斷臣工盡服歲餘太祖復親政時有告密者以

滿洲老檔秘録二卷

民國己巳（十八年，1929）金梁鉛印本

DC0502二册

書高26.5釐米，寬14.9釐米。版框高17.1釐米，寬11.5釐米。每半葉十一行，行二十五字。下黑口，單黑魚尾，四周雙邊。版心上記“滿洲老檔秘録”，魚尾下記編次，版心下方記葉次。

卷一首葉第一行題“滿洲老檔秘録上編”，第二行起正文。

書衣書籤題“滿州老檔秘録”。書首有民國戊午金梁序，己巳年金梁識語，徐世昌序，宣統庚申林紓序，上編目録。書末附趙爾巽“崇謨舊檔跋”。

書中鈐“大倉文化財團藏書”朱印。

滿洲老檔秘錄 上編

太祖起居瑣記

上自二十五歲與額赫庫倫戰即長於用兵能以寡勝衆每臨陣敵兵未集上已出奇勝之又善射發無不中敵將未遑返射即受矢而殪每出兵所遣諜者恒先見敵或遇敵之偵卒肉搏輒勝戰時敵軍刀矢常若虛發而上所率兵射必透甲刃必斷脰如有神助故頻年征討而我師賢將未喪一人西至於明東至於海南距朝鮮北達蒙古戰無不勝攻無不克蓋天眷獨隆非盡人力也然猶謙謙令德未嘗有驕矜之意每戰勝輒諭諸將士曰吾仰荷天眷不敢因驕而慢凡事一以敬愼出之汝輩所當法也

上微時忠亮公正語不輕發族人有爭必婉言勸阻勸阻不從則

嘯亭雜録十卷續録三卷

清宣統元年(1909)中國圖書公司鉛印本

DC0095一函四册

清昭槤著。

昭槤(1776—1833),自號汲修主人,又號檀樽主人,嘉慶十年襲禮親王爵。

書高20釐米,寬13.1釐米。版框高14.1釐米,寬10.3釐米。每半葉十行,行二十五字。白口,四周單邊。版心上方印"嘯亭雜録"及卷次,下方記葉次。內封記"足本嘯亭雜録/鄭孝胥題",內封背面印"宣統元年正月中國圖書公司印行",續録內封印"足本嘯亭雜録/通州張謇書端",內封背面印"宣統元年正月中國圖書公司印行"。

卷一首葉第一行題"嘯亭雜録卷之一",第二行題"汲修主人著",第三行起正文。

書衣書籤題"足本嘯亭雜録/張謇題"。書首有宣統元年端方"重刊足原本嘯亭雜録序",光緒六年耀年序,"嘯亭雜録目次"。續録書首有"嘯亭續録目次"。

書中鈐"大倉文化財團藏書"朱印。

嘯亭雜録卷之一

汲修主人著

太宗伐明

天聰己巳文皇帝欲伐明先與明巡撫袁崇煥書申講和議崇煥信其言故對莊烈帝有五載復遼之語實受文皇紿也　帝乃因其不備假科爾沁部道自喜峯口洪山入明人震驚薊遼總督劉策潛逃　帝率八旗勁旅抵燕圍之匝月諸將爭請攻城　帝笑曰城中痴兒取之若反掌耳但其疆圉尚强非旦夕可潰者得之易守之難不若簡兵練旅以待　天命可也因解圍向房山謁金太祖陵返下遵化四城振旅而歸偉哉　帝言雖周武觀兵孟

唐大詔令集一百三十卷

清道光咸豐間實米齋鈔本

DC0051十四册

宋宋敏求輯。

宋敏求（1019—1079），字次道，趙州平棘人。宋寶元二年賜進士，官至史館修撰，龍圖閣直學士。

書高29.9釐米，寬18.5釐米。版框高21.5釐米，寬14.6釐米。每半葉十行，行二十五字。黑口，雙黑魚尾，四周雙邊。版心下方記“實米齋”。毛邊裝。清諱避至“寧”字。

存四十八卷：卷五十三至六十一、卷六十六至八十六、卷九十九至一百十、一百二十五至一百三十。

卷五十三首葉第一行題“唐大詔令集卷第五十三”，第二行起正文。

書中有朱墨筆校。

鈐“大倉文化財團藏書”朱印。

唐大詔令集卷第五十三

大臣

宰臣

出鎮上

陸象先益州大都督府長史制

杜黄裳河中節度平章事制

武元衡西川節度平章事制

李夷簡淮南節度平章事制

裴度河東節度平章事制

韓弘河中節度兼中書令制

五朝聖訓一百一十二卷

清乾隆四年至六年（1739—1741）武英殿刻本

DC0506十函一百一十二册

書高29釐米，寬19.3釐米。版框高24.1釐米，寬17釐米。每半葉九行，行十八字。白口，單黑魚尾，四周雙邊。上魚尾上方記某某皇帝聖訓，上魚尾下方記卷次，版心下方記葉次。

《太祖高皇帝聖訓》卷一首葉第一行至第二行題"大清太祖承天廣運聖德神功肇紀立極仁孝/睿武端毅欽安弘文定業高皇帝聖訓卷之一"，第三行起正文。

各書首有乾隆四至六年序。

聖祖仁皇帝聖訓卷十五、卷四十一、卷四十八至四十九、卷五十一之五十二鈔配。

書中鈐"大倉文化財團藏書"朱印。

子目：

大清太祖承天廣運聖德神功肇紀立極仁孝睿武端毅欽安弘文定業高皇帝聖訓四卷

大清太宗應天興國弘德彰武寬溫仁聖睿孝敬敏昭定隆道顯功文皇帝聖訓六卷

大清世祖體天隆運定統建極英睿欽文顯武大德弘功至仁純孝章皇帝聖訓六卷

大清聖祖合天弘運文武睿哲恭儉寬裕孝敬誠信中和功德大成仁皇帝聖訓六十卷

大清世宗敬天昌運建中表正文武英明寬仁信毅大孝至誠憲皇帝聖訓三十六卷

大淸太祖承天廣運聖德神功肇紀立極仁孝睿武端毅欽安弘文定業高皇帝聖訓卷之一

敬天

天命三年戊午閏四月壬午

上諭貝勒諸臣曰人君卽天之子也貝勒諸臣卽君之子也民卽貝勒諸臣之子也君以父事天敬念不忘克明厥德仰承天錫丕基則帝祚日隆貝勒諸臣以父事君敬念不忘勿懷貪黷之心勿爲姦慝之事以公忠自効則

上諭（清康熙六十一年十一月至雍正十三年八月）

清雍正武英殿刻乾隆六年（1741）續刻本

DC0504四函三十二册

清弘晝等編次。

弘晝（1712—1770），愛新覺羅氏，雍正帝第五子，封和碩和親王，謚恭。

書高27.4釐米，寬17.7釐米。版框高21釐米，寬14.8釐米。每半葉十一行，行二十一字。白口，單黑魚尾，四周雙邊。上魚尾下方記年次月次，版心下方記葉次。

卷一首葉第一行起正文。

書末有乾隆六年編次校刊諸臣銜名。

書中鈐"大倉文化財團藏書"朱印。

康熙六十一年十一月

詔一道

奉

天承運

皇帝詔曰惟我國家受

天綏祐

太祖

太宗肇造區夏

世祖章皇帝統一疆隅我

皇考大行皇帝臨御六十一年德茂功高文經武緯海宇

寧謐曆數悠長不謂謝棄臣民遽升

硃批諭旨不分卷

清乾隆三年（1738）武英殿刻朱墨套印本

DC0505十八函一百一十二册

清鄂爾泰等編次。

書高27.5釐米，寬17.5釐米。版框高20.4釐米，寬14.6釐米。每半葉十行，行二十一字。白口，單黑魚尾，四周雙邊。上魚尾上方記"硃批諭旨"，下方記葉次，版心下記奏稿者姓氏。

卷一首葉第一行起正文。

書首有雍正十年上諭，硃批上諭目録。書末有乾隆三年"世宗憲皇帝硃批諭旨後序"，乾隆三年開列編次校對監造收掌諸臣銜名。

書中鈐"退舟"、"貞亮"、"玄思閣"、"漢陽周氏書種樓藏籍"、"漢陽周貞亮退舟民國紀年後所收善本"、"鬻及借人為不孝"、"大倉文化財團藏書"朱印。

硃批范時繹奏摺

雍正四年六月二十四日署理江南江西總督印

務總兵官臣范時繹謹

奏爲恭謝

天恩事伏念臣庸愚下質恭膺

寵命署任封疆臣自入境抵任以來悉心體察竊念兩

江地方廣遠兵民繁庶其間財賦攸關政令所繫

以及海隅之巡防山陬之保障分任專司其責綦

重必在得人務求實政臣謹將總督衙門遠近歷

凡此皆不待言者

天下事未有難於此者

奏

宋丞相李忠定公奏議六十九卷附録九卷

明正德丙子（十一年，1516）胡文静刻本

DC0053四函十六册

宋李綱撰。

李綱（1083—1140），字伯紀，邵武人。宋政和二年進士，官至尚書右僕射兼中書侍郎。謚忠定。

書高32.2釐米，寬18.7釐米。版框高20.1釐米，寬12.8釐米。每半葉十行，行二十二字，小字雙行，字數同。細黑口，雙白魚尾，四周雙邊。上魚尾下方記"奏議"及卷次，下魚尾下方記葉次。

卷一首葉第一行題"宋丞相李忠定公奏議卷之一"，第二行題"後學同郡畏庵朱欽彙校"，第三行題"文林郎邵武縣知縣泰和蕭泮繡梓"，第四行題"邵武縣儒學署教諭事嚴陵洪肅校正"，第五行起正文。

書首有"宋丞相李忠定公遺像"，郭伯寅贊，陳俊卿撰"宋丞相李忠定公奏議序"，淳熙十年朱熹撰"宋丞相李忠定公奏議後序"，目録。書末有"李忠定公祠堂祭田記"，正德丙子林俊撰"宋丞相李忠定公奏議後序"。

鈐"大倉文化財團藏書"朱印。

宋丞相李忠定公奏議卷之一

後學同郡畏庵朱欽彙校

文林郎邵武縣知縣泰和蕭泮繡梓

邵武縣儒學署教諭事嚴陵洪纛校正

辭免監察御史兼殿中侍御史奏狀

右臣今月十一日准閤門告報，已降告命除臣監察御史兼權殿中侍御史者。聞命震驚，罔知所措。竊以監察御史之職，分察六曹，糾其稽違，以成治體；而殿中侍御史實爲天子耳目之官，朝廷政事與夫百官之邪正，皆得風聞而上言，厥任重矣。自非明習世務而有剛果不畏强禦之材

歷代名臣奏議三百五十卷

明初內府刻本

DC0055十九函一百四十二册

明黄淮、楊士奇等奉敕編。

黄淮（1367—1449），字宗豫，號介庵，江浙等處行中書省溫州路永嘉縣人。明洪武三十年進士，官至戶部尚書，兼武英殿大學士。謚文簡。楊士奇（1366—1444），名寓，字士奇，以字行，號東里，江西泰和人。明代大臣、學者，官至禮部侍郎兼華蓋殿大學士。謚文貞。

書高34釐米，寬19.5釐米。版框高25.6釐米，寬16.2釐米。每半葉十二行，行二十六字。大黑口，雙黑魚尾，四周雙邊。兩魚尾間上方記“奏議”及卷次，下方記葉次。

卷一首葉第一行題“歷代名臣奏議卷之一”，第二行起正文。

闕卷一百一十至卷一百三十。

目録題名下墨書“信古齋藏”。書中鈐“濯流舫”、“信古齋”、“明善堂覽書畫印記”、“名子曰弘嘉字曰軒質”、“軒質”、“弘嘉私印”、“王宜章印”、“徵”、“函雅堂祕笈印”、“舉世皆濁我獨清眾人皆醉我獨醒”、“大倉文化財團藏書”朱印。

又一部

DC0055存七册

版本同上。

存卷七十八至七十九，卷一百十三至一百十五，卷一百十八至一百十九，卷一百二十九至一百三十八。

歷代名臣奏議卷之一

君德

周武王踐阼三日。召師尚父而問焉。曰。黄帝顓帝之道存乎。曰在丹書。王欲聞之則齋矣。齋三日。王端冕。師尚父亦端冕奉書而入。王東面而立。師尚父西面道書之言曰。敬勝怠者吉。怠勝敬者滅。義勝欲者從。欲勝義者凶。凡事不強則枉。弗敬則不正。枉者滅廢。敬者萬世。王聞書之言。惕若恐懼。

魯哀公問於孔子曰。吾聞君子不博。有之乎。孔子對曰有之。哀公曰。何爲其不博也。孔子對曰。爲其有二乘。哀公曰。有二乘則何爲不博也。孔子對曰。爲行惡道也。哀公懼焉。有間曰。若是乎君子之惡惡道之甚也。孔子對曰。惡惡道不能甚。則其好善道亦不能甚。好善道不能甚。則百姓之親之也亦不能甚。詩云。未見君子。憂心惙惙。亦既見

御選明臣奏議四十卷

清乾隆武英殿聚珍本

DC0054四函二十四册

清高宗御選。

清高宗（1711—1799），愛新覺羅氏，諱弘曆。清朝第六位皇帝，年號乾隆，在位六十年，以太上皇帝訓政三年。

書高27.2釐米，寬16.8釐米。版框高19.3釐米，寬12.3釐米。每半葉九行，行二十一字，小字雙行，字數同。白口，單黑魚尾，四周雙邊。魚尾上方記"御選明臣奏議"，下方記卷次，又下記葉次。

卷一首葉第一行題"御選明臣奏議卷一"，第二行起正文。

書首有乾隆甲午仲夏"御製題武英殿聚珍版十韻有序"、"凡例"及"御選明臣奏議目録"。

目録首葉書根處鈐"集梧"朱印一枚。書前襯葉鈐"大倉文化財團藏書"朱印。

御選明臣奏議卷一

應求直言詔上書 洪武九年

葉伯巨

臣伏讀聖諭因遍者五星紊度日月相刑詔臣民直言得失海内聞之懽呼雷動皆曰此禹湯罪己之道也凡有識知莫不欲竭智盡忠況臣愚蒙久承養育以至今日者乎臣竊惟漢晉唐宋之世凡有災異必由刑政失宜賢愚倒置遂至紀綱不振或制于權臣或移于宦寺或陵夷于女主或潰敗于邊戎上下偷安苟延歲月天變于上而不知戒人怨于下而不知恤天下已壞而莫

定盦先生年譜一卷後記一卷

清光緒三十四年（1908）雙照樓刻朱印本

DC0059一册

吳昌綬編。

吳昌綬（約1867—？），字伯宛，一字印臣，號甘遯，晚號松鄰。浙江仁和人，吳焯後裔。光緒二十三年舉人，官內閣中書。

書高26.1釐米，寬16.5釐米。版框高16.5釐米，寬9.2釐米。每半葉九行，行二十一字，小字雙行，字數同。版心上下細黑口，四周單邊。版心上方記“年譜”，下方記葉次。內封鐫“雙照樓/龍先生年譜”。

卷一首葉第一行頂格題“定盦先生年譜”，下空九格題“龔禮部集附録三”，第二行題“同縣後學吳昌綬編”，第三行起正文。

書首有昌紳至吳昌綬啟，光緒戊申八月吳昌綬識語。

書中鈐“大倉文化財團藏書”朱印。

定盦先生年譜　　　　龔禮部集附錄三

同縣後學吳昌綬編

先生名自珍字璱人號定盦一名易簡字伯定更名鞏祚案內閣漢票簽中書舍人題名龔鞏祚榜名自珍又名易簡破戒草有投牒更名易簡詩在道光七年四月而其年十月自書破戒草後則稱龔自珍一名易簡似擬改未果也道光十六年五月送廣西巡撫梁公序十八年正月上堂上官言禮曹事書署名並稱鞏祚其時碻已改定然十六年後文字亦有仍題自珍者今據自訂文集重槧不得不概從原名坿著義例於此先生初名自暹又字愛吾說見後　璱人亦作璱人見鈕非石詩　姓龔氏先世隨宋南渡遷餘姚後遷杭州著籍仁和六世祖煜原名國昌字旦公吳振棫國朝杭郡詩續輯卷三旦公五歲失

曾文正公手書日記

清宣統元年（1909）上海中國圖書公司影印本

DC0511四十册

清曾國藩撰。

曾國藩（1811—1872），初名子城，字伯涵，號滌生。湖南長沙府湘鄉縣人。道光十八年進士，官至兩江總督、直隸總督、武英殿大學士，封一等毅勇侯，謚文正。

書高26.2釐米，寬15.2釐米。版框高26.2釐米，寬15.2釐米。無行欄。每半葉十行，行約二十五字。內襯題“曾文正公手書日記/何維樸敬題”。內封背面印“宣統元年己酉孟冬上海中國圖書公司印行”，書後有版權葉。

卷一首葉第一行起正文。

書衣書籤印“曾文正公手書日記”。書首有肖像，宣統元年王開運序，宣統元年唐文治“石印曾文正公手書日記序”。

書中鈐“大倉文化財團藏書”朱印。

辛丑年

晴

正月元日二鼓起出東長安門步至午門外翰林院朝房

胡應春蔣華祁仍章在房五鼓跪送

聖駕出長安門詣

堂子行禮鼓樂前導旋迎

駕入宮黎明隨班朝賀在

太和殿下行禮是日有高麗國陪臣數員亦列禮畢西廡設宴

祀祖宗為公親慶賀飯後倦假寐旋出各老師處拜年是日

出西城申刻還寓

晴

初二日早起出東頭飯後請山雲旋出內東城走後門至雲出內西城頭

紹興十八年同年小録不分卷

清道光鈔本

DC0093一册

不著撰者。

書高29釐米，寬18.5釐米。書口下方記葉次。書衣墨筆題名"紹興十八年同年小録"。毛邊裝。

書首有紹興十七年三月二十四日御筆手詔，紹興十八年四月初三日御試策一道，紹興十八年二月十二日鏁院勑差官姓名。

書首有同治八年徐時棟題記，鈐"柳泉"朱印。書中有徐氏校。

書中鈐"城西草堂"、"徐時棟秘笈印"、"柳泉書畫"、"山陰杜氏知聖教齋藏書"、"大倉文化財團藏書"朱印。

案語：與DC0094《寶祐四年登科録》合鈔。

第一人　王佐字宣子小名千里小字驥兒
年二十九月初一日生　外氏葉　具慶下
第五十八兄弟五人　一舉　娶高氏
曾祖仁故不仕　祖忠故不仕　父俊彦見任左
廸功郎鎮江府教授
本貫紹興府山陰縣禹會鄉廣陵里父爲户

第二人　董德元字體仁小名丙哥小字長壽初奏第一以有
官遜佐特勑還擢居首詳卷末
年五十三十月初五日生　外氏曾　永感下
第七十七兄弟二人　六舉　娶曾氏
曾祖倚故都官員外郎累至太子太保　祖蒙休
故延賞都官贈太子太傅　父奨累贈少卿
本貫吉州永豐縣雲蓋鄉善和里曾祖爲户

第三人　陳孺字漢卿小名叔禎小字石老
年三十一十一月初十日生　外氏湯　具慶下

五朝名臣言行録前集十卷後集十四卷續集八卷別集二十六卷外集十七卷

明張鰲山刻本

DC0058十二册

宋朱熹纂集，宋李幼武續纂集。

李幼武，生卒年不詳，字士英，南宋吉州廬陵人。

書高25.6釐米，寬16釐米。版框高18.3釐米，寬13.6釐米。每半葉十二行，行二十三字。白口，雙黑魚尾，四周單邊。上魚尾下記“言行”及集名、卷次，下魚尾上記葉次。

前集總目首葉第一行頂格題“宋名臣言行録總目”，下空六格題“前集”，第二行題“晦庵先生朱熹纂集”，第三行題“太平老圃李衡校正”，第四行題“後學安福張鰲山校正重刊”，第五行起目録正文。前集卷一首葉第一行頂格題“五朝名臣言行録卷之一”，下空六格題“前集”，第二行起正文。

外集卷首有宋景定辛酉趙崇硂序，外集目録後有“道統傳授之圖”及“像”。

闕續集八卷。

書中鈐“大倉文化財團藏書”朱印。

案語：別集原分十三卷，各卷又分上下二卷，故作二十六卷。

五朝名臣言行録卷之一　前集

趙普　韓國忠獻王

字則平幽州人事太祖太宗位至中書令配享太祖廟庭

普為滁州判官太祖與語奇之會獲盗百餘人將就死普意其有寃啓太祖更訊之所全活十七八范蜀公蒙求

太祖既得天下誅李筠李重進召普問曰天下自唐季以來數十年間帝王凡易十姓兵革不息蒼生塗地其故何也吾欲息天下之兵為国家建長久之計其道何如普曰陛下之言及此天地人神之福也唐季以來戰鬭不息国家不安者其故非它節鎮太重君弱臣強而已今所以治之

寶祐四年登科録不分卷

清道光十一年（1831）鈔本

DC0094二册

不著撰者。

書高29釐米，寬18.5釐米。無行欄。每半葉七行。毛邊裝。書尾朱筆記"道光辛卯夏鈔"。

書首有寶祐四年五月八日御試策題，御試敕差官姓名。書末有龔開"文丞相傳"，《宋史》謝疊山傳，龔開"陸君實傳"，康熙甲子林佶識語，康熙乙丑葉封觀識語，丁卯黄晉良識語，乾隆三十四年陳淮識語，辛丑吳孝顯識語，乾隆三十一年梁國治題記，乾隆丁酉校記，乾隆癸卯謝袞識语。

書首有徐時棟題記，書尾林佶識語後有同治己巳徐時棟墨書識語。

書中鈐"柳泉"、"城西草堂"、"徐時棟秘笈印"、"柳泉書畫"、"山陰杜氏知聖教齋藏書"、"大倉文化財團藏書"朱印。

案語：與DC0093《紹興十八年同年小録》合鈔。

第一甲 二十一人

第一人 文天祥 吉州廬陵縣 治賦

第二人上舍 陳賞 福州懷安縣 治賦

第三人廸功郎 楊起莘 鄂州通城縣 治秋春

第四人上舍學錄 陳俞 福州長樂縣 治賦

第五人 鄭君薦 治賦

第六人太學 李會龍 興化軍莆田縣 治詩賦

元朝名臣事略十五卷

清乾隆武英殿聚珍本

DC0056一函四册

元蘇天爵撰。

蘇天爵（1294—1352），字伯修，眞定人。官至江浙行省參知政事。

書高27.2釐米，寬17釐米。版框高19.2釐米，寬12.8釐米。每半葉九行，行二十一字。白口，單黑魚尾，四周雙邊。版心魚尾上方記“元朝名臣事略”，魚尾下記卷次，版心下記葉次。書中有四庫館臣提要，其卷端印“武英殿聚珍版”。

卷一首葉第一行題“元朝名臣事略卷一”，第二行題“元蘇天爵撰”，第三行起正文。

書首有乾隆甲午仲夏“御製題武英殿聚珍版十韻有序”，元天曆己巳歐陽元序，至順辛未鄭王理序，四庫館臣提要，“元朝名臣事略目録”。

書中鈐“大倉文化財團藏書”朱印。

元朝名臣事略卷一　　蘇天爵撰

太師魯國忠武王

王名穆呼哩扎喇爾氏以戚里從討幕北諸部有功歲丙寅拜左萬戶進兵討金丁丑封太師國王都行省承制行事癸未薨年五十四

王生于鄂諾水之東生時白氣充帳有神巫見而異之曰此非常兒也及長身長七尺虎首虯鬚黑面多謀略雄勇冠一時與博爾珠博勒呼齊拉袞俱以忠勇佐太

明末忠烈紀實二十卷

清道光咸豐間鈔本

DC0057九册

書高27.6釐米，寬17.4釐米。版框高21.5釐米，寬15.1釐米。每半葉九行，行二十一字，小字雙行，字數同。白口，單黑魚尾，左右雙邊。魚尾上方記“明末忠烈紀實”，下方記卷次，版心下記葉次。全書避“寧”字，不避“淳”字。

卷一首葉第一行題“明末忠烈紀實卷一”，第二行起正文。

書首録錢澄之撰“明末忠烈紀實序”，“明末忠烈紀實凡例”，“明末忠烈紀實目録”。

闕卷二至卷十。

書中鈐“大倉文化財團藏書”朱印。

明末忠烈紀實卷一

殉豫傳

汪喬年

汪喬年字歲星浙江遂安人天啟壬戌進士授刑部主事出知青州府值歲荒力行補救民以不困歷山東山西兵備副使陝西提學副使詔舉邊才閣臣方逢年以喬年應詔一歲中自陝西按察使即代丁啟睿巡撫其地喬年以崇禎十四年四月二十日聞命諜報李自成將叩關西入遂馳至商雒修烽堠分汛地及總督傅宗

宋元學案一百卷卷首一卷

清末刻本

DC0592六函四十一册

清黄宗羲撰，清黄百家纂輯，清全祖望修定。

黄宗羲（1610—1695），字太沖，號梨洲，浙江紹興府余姚縣人。黄百家（1643—1709），字主一，浙江餘姚人，黄宗羲第三子。國子監生。全祖望（1705—1755），字紹衣，鄞州人，乾隆元年進士。選翰林院庶吉士。次年即返里，後未出仕，專事著述。曾主講於浙江蕺山書院、廣東端溪書院。

書高25.3釐米，寬15.9釐米。版框高17.4釐米，寬13.3釐米。每半葉十一行，行二十四字。上下大黑口，雙黑魚尾，左右雙邊。上魚尾下方記“宋元學案”及卷次，下魚尾上方記葉次。

卷一首葉第一行題“宋元學案卷一”，第二至四行上方題“餘姚黄宗羲原本/黄百家纂輯/鄞縣全祖望修定”，第二至四行下方題“慈谿馮雲濠/鄞縣王梓材校刊/道州何紹基”，第五行起正文。各卷首附表。

書首內封題“宋元/學案”，內封背面題“光緒五年重刊/於長沙之寄廬”，其後為道光十八年何淩漢“宋元學案原敘”，丙午秋何紹基識語，光緒己卯龍汝霖跋，《宋元學案》考略，校刊《宋元學案》條例，《宋元學案》總目。總目後有道光十七年及二十年王梓材識語二則。

卷六十八第二至二十二葉、卷六十九第一至四十五葉及表十一葉、卷七十二第十八至二十一葉、卷七十三第一至九葉及表九葉鈔補。

書中鈐“大倉文化財團藏書”朱印。

案語：據光緒五年長沙刻本翻刻。

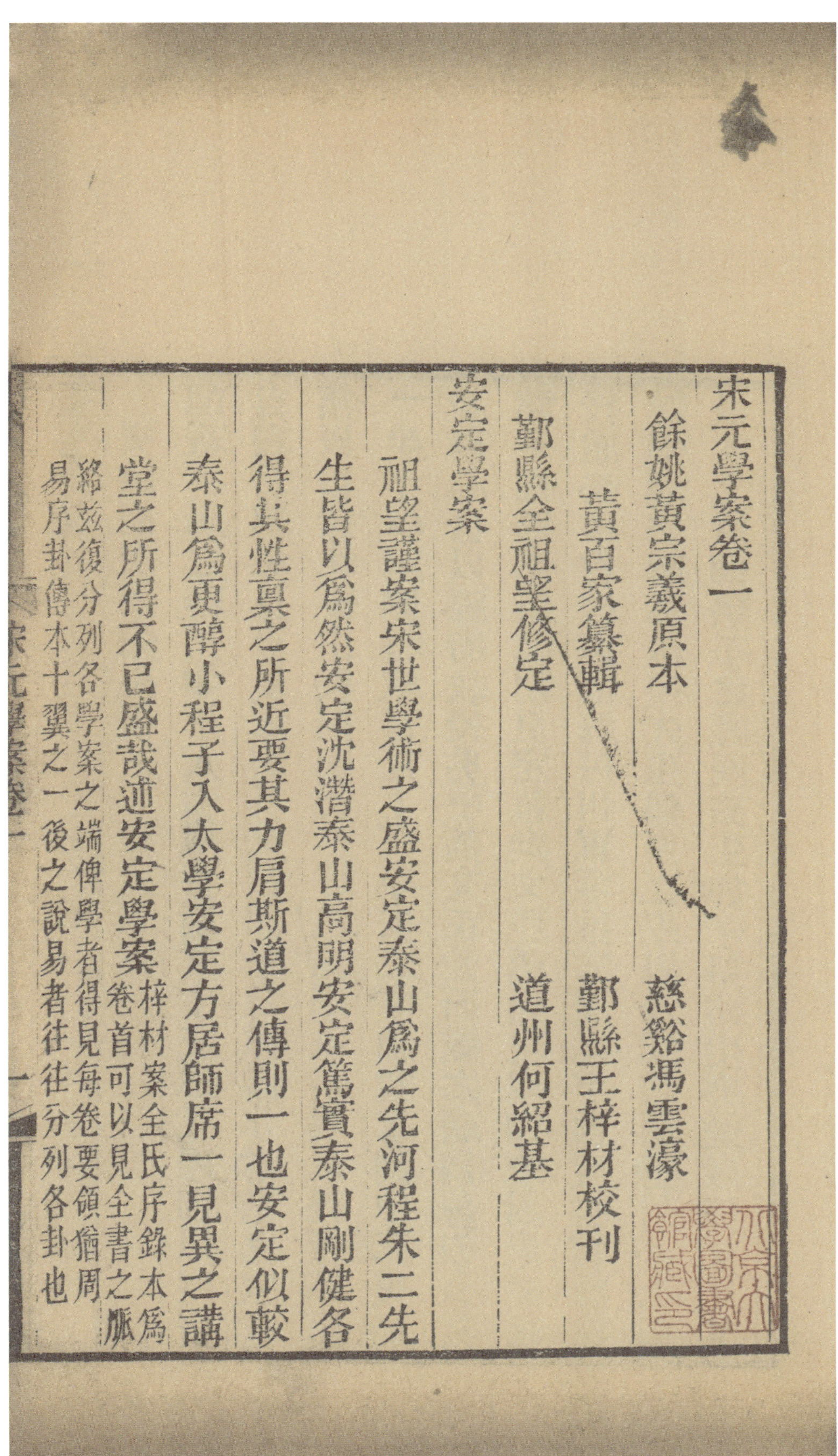
宋元學案卷一

餘姚黄宗羲原本　　慈谿馮雲濠

黄百家纂輯　　鄞縣王梓材校刊

鄞縣全祖望修定　　道州何紹基

安定學案

祖望謹案宋世學術之盛安定泰山爲之先河程朱二先生皆以爲然安定沈潛泰山高明安定篤實泰山剛健各得其性禀之所近要其力肩斯道之傳則一也安定似較泰山爲更醇小程子入太學安定方居師席一見異之講堂之所得不已盛哉述安定學案梓材案全氏序録本爲卷首可以見每卷要領猶周易序卦傳本十翼之一後之説易者往往分列各卦也絡茲復分列各學案之端俾學者得見全書之脈

宋元學案卷一　一

明儒學案六十二卷

清康熙癸酉（三十二年，1693）紫筠齋刻本

DC0593四函三十二册

清黄宗羲輯著。

書高26.9釐米，寬16.9釐米。版框高18.7釐米，寬14.1釐米。每半葉十二行，行二十四字。上下大黑口，雙花魚尾，左右雙邊。上魚尾下方記“明儒學案”及卷次，下魚尾下記葉次。内封題“黄梨洲先生輯著/賈若水先生參閲/明儒學案/紫筠齋藏板”，鈐“紫筠齋藏板”朱印記。黄序後鐫“康熙癸酉歲紫筠齋謹刊”。

卷一首葉第一行題“明儒學案卷一”，第二行題“姚江黄宗羲輯著”，第三行題“故城賈潤条閲”，第四行起正文。

書首有康熙癸酉仇兆鰲“明儒學案序”，“黄梨洲先生原序”，康熙辛未賈潤“明儒學案序”，《明儒學案》發凡，“師説”，賈潤“明儒學案總評”，《明儒學案》總目。書末有癸酉賈樸跋。

書中鈐“大倉文化財團藏書”朱印。

明儒學案卷一

姚江黄宗羲輯著

故城賈　潤參閱

河東學案

河東之學悃愊無華恪守宋人矩矱故數傳之後其議論設施不問而可知其出於河東也若陽明門下親炙弟子已往往背其師說亦以其言之過高也然河東有未見性之譏所謂此心始覺性天通者定非欺人語可見無事乎張皇耳

文清薛敬軒先生瑄

御史閻子與先生禹錫

侍郎張自在先生鼎

郡守段容思先生堅

八旗滿洲氏族通譜八十卷目録二卷

清乾隆九年(1744)武英殿刻本

DC0507二夾板二十六册

清弘晝等纂修。

書高28.3釐米,寬18.1釐米。版框高20.1釐米,寬14.4釐米。每半葉十行,行二十字,小字雙行,字數同。白口,單黑魚尾,四周雙邊。魚尾上方題"八旗滿洲氏族通譜",下方記卷次,版心下方記葉次。

卷一首葉第一行題"八旗滿洲氏族通譜卷之一",第二行起正文。

書前有乾隆九年"御製八旗滿洲氏族通譜序",雍正十三年上諭,"八旗滿洲氏族通譜凡例","八旗滿洲氏族通譜目録","纂修八旗滿洲氏族通譜王大臣官員職名"。

書中鈐"大倉文化財團藏書"朱印。

八旗滿洲氏族通譜卷之一

瓜爾佳氏

瓜爾佳。本係地名。因以爲姓。其氏族甚繁。散處於蘇完。葉赫。訥殷。哈達。烏喇。安褚拉庫。蜚悠城。瓦爾喀。嘉木湖。尼馬察。輝發。長白山。及各地方。

蘇完地方瓜爾佳氏

瓜爾佳爲滿洲著姓。而居蘇完者尤著。其先有同胞兄弟三人。長曰佛爾和。次曰尼雅哈齊。三曰珠察。後離居。佛爾和仍居蘇完。尼雅哈齊遷席北。珠察由瓦爾喀。再遷西爾希昂阿濟哈渡口。珠察生素爾達。素爾達生二子。長曰王沙魯。次曰王扎拉達。王扎拉達生莽喀尼。莽喀尼生羅羅墨爾根。羅羅墨爾根生常喀尼墨爾根。常喀尼墨爾根生二子。長曰尼堪。次曰索爾果。索爾果爲蘇完部長。有子十人。其族最盛。

史姓韻編六十四卷

清同治庚午（九年，1870）金陵書局活字本

DC0028四函二十四册

清汪輝祖述。

汪輝祖（1730—1807），字煥曾，號龍莊，浙江蕭山人。清乾隆四十年（1775）進士，官至善化令。

書高25.4釐米，寬16.4釐米。版框高19.3釐米，寬13.7釐米。每半葉八行，行十九字，小字雙行，字數同。版心單魚尾，黑口，四周單邊。魚尾下方記"史姓韻編"及卷次，又下方記葉次。

總目首葉第一行頂格題"史姓韻編總目"，下空三格題"蕭山汪輝祖煥曾述"。卷一首葉第一行頂格題"史姓韻編卷一"，下空四格題"蕭山汪祖煥曾述"，第二行起正文。

書首内封題"史姓韻編"，内封背面牌記"同治庚午冬十月用聚珍版重印于金陵書局"。其後為乾隆四十九年魯仕驥撰"史姓韻編序"，乾隆四十八年汪輝祖自序，二十四史目次，"史姓韻編總目"。

書中鈐"戴經堂藏書"、"大倉文化財團藏書"朱印。

史姓韻編卷一

蕭山汪祖煥曾述

（東）

東郊

明史卷一百九十二附張日韜傳目無名

正德時應天巡按御史

（冬）

東方朔

前漢書卷六十五字曼倩平原厭次人

史記卷一百二十六滑稽傳齊人

東方顥

唐書卷二百附儒學趙冬曦傳目無名不

詳所自官校理以上書忤旨左遷高安丞

（東郭）

東郭先生

史記卷一百二十六滑稽傳齊人

人壽金鑑二十二卷

清嘉慶二十五年(1820)寫刻本

DC0510一函六册

清程得齡輯。

程得齡,字與九,安東人。

書高26.5釐米,寬16.3釐米,版框高21釐米,寬14.3釐米。每半葉十二行,行二十四字。上下黑口,單黑魚尾,左右雙邊。魚尾下方記"人壽金鑑"及卷次,版心下方記葉次;版心下黑口右側記字數。書後鎸"金陵柏華昇董刊/店開揚州青蓮巷内"。

卷一首葉第一行題"人壽金鑑卷第一",第二行題"安東程得齡與九氏輯",第三行起正文。

書首有嘉慶二十五年程元吉、張頡雲、顧廣圻序,嘉慶二十五年自序,鄧立誠後序,"人壽金鑑凡例","人壽金鑑目録"。

書中鈐"大倉文化財團藏書"朱印。

人壽金鑑卷第一

安東程得齡與九氏輯

初生

左傳曰。莊公寤生。驚姜氏。故名曰寤生。

又曰。初。晉穆侯之夫人姜氏。以條之役生太子。命之曰仇。其弟以千畝之戰生。命之曰成師。

又曰。九月。丁卯。子同生。以太子生之禮舉之。接以太牢。卜士負之。士妻食之。公與文姜宗婦命之。

又曰。陳厲公蔡出也。故蔡人殺五父而立之。生敬仲。其少也。周史有以周易見陳侯者。陳侯使筮之。遇觀之否。

又曰。成季之將生也。桓公使卜楚邱之父卜之。曰男也。其名曰友。在公之右。間于兩社。爲公室輔。季氏亡。則魯不昌。又筮之。遇

學案小識十五卷卷首一卷卷末一卷

清道光二十六年(1846)四砭齋刻本

DC0508一函八册

清唐鑑撰。

唐鑑(1778—1861),字鏡海,號翕澤,湖南善化人。嘉慶十四年進士,官至太常寺卿。

書高23.9釐米,寬15.5釐米。版框高17.9釐米,寬14.2釐米。每半葉十行,行二十一字。上下黑口,雙黑魚尾,左右雙邊。上魚尾上方記"學案小識",上魚尾下方記卷次,下魚尾下方記葉次。内封題"學案小識十五卷",内封背面鐫"道光二十有六年四砭齋栞"。

卷一首葉第一行題"學案小識卷一",第二行起正文。

書首有道光二十五年沈維鐈序,道光二十五年唐鑑"學案小識敘"。書末有"學案後序",竇垿跋,道光二十五年何桂珍跋,黄倬跋,道光二十五年曾國藩"書學案小識後"。

書中鈐"大倉文化財團藏書"朱印。

學案小識卷一

傳道學案

平湖陸先生

先生諱隴其字稼書歷官御史勵志聖賢博文約禮由洛閩而上追沂兖嘗謂聖門之學雖一以貫之未有不從多聞多見入者欲求聖學斷不能舍經史又謂今之論學者無他亦宗朱子而已宗朱子爲正學不宗朱子卽非正學董子云諸不在六藝之科孔子之術者皆絶其道勿使並進然後統紀可一而法度可明今有不宗朱子者亦當絶其道勿使並進嘗點勘四書大全參以

詞林輯略十一卷附詞林姓氏韻編一卷

民國中央刻經院鉛印本

DC0509一函五册

朱汝珍輯。

朱汝珍（1870—1943），字玉堂，號聘三，又號隘園，清遠人。光緒三十年榜眼，授翰林院編修。

書高19.9釐米，寬13釐米。版框高16釐米，寬10.5釐米。每半葉十二行，行二十一字，小字雙行，行二十九字。下黑口，單黑魚尾，四周單邊。上魚尾上方記“詞林輯略”，上魚尾下方記卷次、皇帝年號、干支及葉次。版心下背面印“中央刻經院印”。《詞林姓氏韻編》卷尾有版權葉。

卷一首葉第一行題“詞林輯略卷一”，第二行題“清遠朱汝珍隘園輯”，第三行起正文。

書末有《詞林輯略》正誤、補漏。

書中鈐“大倉文化財團藏書”朱印。

詞林輯略卷一

清遠朱汝珍隘園輯

順治三年丙戌科

傅以漸 字于磐號星巖山東聊城人授修撰官至秘書院大學士著有貞固齋詩集

呂纘祖 字伯承一字修祉號峻發直隸滄州人授編修官至侍讀學士著有几園集

李奭棠 會元字貳公號瀫菴順天大興人授編修官至禮部侍郎

梁清寬 字敷五直隸真定人散館授編修官至吏部侍郎

陳爌 字公朗河南孟津人散館授編修官至陝西布政使

王炳昆 字慰生號立芝山東掖縣人散館授編修官至江西糧道

朱之錫 字孟九號梅麓浙江義烏人散館授編修官至河道總督加兵部尚書以勞卒爲河神褒封助順永寧侯著有河防疏略

黃志遴 字銓士號鷗湄福建晉江人散館授編修官至湖廣布政使

古今逸士傳八卷

日本刻本

DC0923三册

野間三竹輯。

野間三竹，字子苞，號靜軒。

書高26.8釐米，寬19釐米。版框高21.2釐米，寬15.9釐米。每半葉十一行，行二十一字。白口，雙花魚尾，四周單邊。上魚尾上方記"逸士傳"，下方記卷次，下魚尾上方記葉次。

卷一首葉第一行題"古今逸士傳卷之一"，第二行起正文。

書首有萬治辛丑金節"古今逸士傳序"，萬治三年林彥父復"古今逸士傳序"，"古今逸士傳目録"。

書中鈐"壽也"、"何不樂菴"、"敬義齋圖書記"、"自成一家"、"未誚得憐我多才多藝"朱印。

古今逸士傳卷之一

三代

伊尹

伊尹名摯力牧之後生於空桑後居伊水命曰伊尹史記隱耕於有莘之野而樂堯舜之道焉非其義也非其道也祿之以天下弗顧也繫馬千駟弗視也非其義也非其道也一介不以與人一介不以取諸人湯使人以幣聘之囂囂然曰我何以湯之聘幣為哉我豈若處畎畝之中由是以樂堯舜之道哉湯三使往聘之既而幡然改曰與我處畎畝之中由是以樂堯舜之道吾豈若使是君為堯舜之君哉吾豈若使是民為堯舜之民哉吾

詩仙堂志四集

日本寬政九年（1797）刻本

DC0928四册

日本藤原成烈輯。

書高27.4釐米，寬18.8釐米。版框高21.3釐米，寬16.2釐米。每半葉十一行，行二十字。白口，單黑魚尾，四周雙邊。魚尾上方記“詩仙堂志”，下方記集次，版心下方記葉次。書末鐫“洛北一乘寺村/詩遷堂藏板”，鈐“詩仙堂印”，有寬政七年刊記。

卷一首葉第一行頂格題“詩仙堂志”，下空一格題“起集目録”。

書衣書籤題“詩仙堂志”。書首有序，寬政庚戌菅原為德“詩仙堂志序”，寬政九年柴邦彥“詩僊堂志序”，明和七年藤原序，天明八年藤原“凡例”。書末有寬政六年平孝盛跋，寬政六年勝戌方“題詩仙堂志後”，寬政己酉詩仙眞光跋。

詩仙堂志　起集目録

又一部

DC0929四册

書高25.7釐米，寬18.6釐米。版框高21.4釐米，寬16.3釐米。

詩仙堂志　起集目錄

詩仙堂志　起集　一

近世儒林年表一卷附人名索引

日本大正十五年（1926）鉛印本

DC0920一册

日本內野悟編次。

書高18.8釐米，寬12.5釐米。每葉行款字數不等。四周單邊。版心上方題“增補近世儒林年表”。書內封印書名，題“內野皎亭編次/近世儒林年表/松雲堂發行”。

書首有大正甲寅澹如滑川引，明治四十三年內野悟自序，凡例。書末有版權葉。

增補近世儒林年表

永祿

年			
永祿四年 辛酉 明嘉靖四十年 2221	藤原惺窩（名肅字斂夫播磨人）		
同五年 壬戌 同四十一年 2222			
同六年 癸亥 同四十二年 2223			
同七年 甲子 同四十三年 2224		五山僧刻韻鏡	
同八年 乙丑 同四十四年 2225	江村專齋（名宗貝平安人）		
同九年 丙寅 同四十五年 2226			
同十年 丁卯 隆慶元年 2227			
同十一年 戊辰 同二年 2228